Maurice Joly
Ein Streit in der Hölle

DIE ANDERE BIBLIOTHEK
Herausgegeben
von
Hans Magnus Enzensberger

MAURICE JOLY
EIN STREIT IN DER HÖLLE

*Gespräche zwischen Machiavelli
und Montesquieu über
Macht und Recht*

*Aus dem Französischen
von Hans Leisegang*

*Eichborn Verlag
Frankfurt am Main 1990*

© für die deutsche Übersetzung:
Felix Meiner Verlag, Hamburg, 1979.

© für diese Ausgabe:
Vito von Eichborn GmbH & Co. Verlag KG,
Frankfurt am Main, 1991.

VORBEMERKUNG

Die Ausführungen, die dieses Buch enthält, lassen sich auf jede Regierung anwenden; aber es dient noch einem besonderen Zweck: In ihm wird durch die Schilderung einer Persönlichkeit ein politisches System dargestellt, das schon viel zu lange existiert und sich seit der unseligen Zeit seines Aufkommens nie geändert hat. Es handelt sich hier nicht um eine Schmähschrift oder ein Pamphlet. Der Geschmack der modernen Völker ist zu gebildet, als daß man ihnen mit kräftigen Worten die Wahrheit über die gegenwärtige Politik sagen könnte. Auch bringen gewisse Erfolge, wenn sie außergewöhnlich lange andauern, es mit sich, daß sie die anständige Gesinnung selbst verderben. Aber das öffentliche Gewissen lebt noch, und der Himmel wird sich doch noch eines Tages in das Spiel hineinmischen, das gegen ihn selbst gespielt wird.

Es gibt Handlungen und Prinzipien, die man besser beurteilen kann, wenn man sie einmal außerhalb des Rahmens sieht, in dem sie sich für gewöhnlich vor unseren Augen abspielen. Der bloße Wechsel des Gesichtspunktes bringt oft schon einen Abscheu vor dem hervor, was wir zu sehen bekommen.

Hier wird alles in der Form einer dichterischen Erfindung dargeboten. Es wäre überflüssig, den

Schlüssel zu ihr schon im voraus anzugeben. Wenn das Buch einen tieferen Sinn hat, wenn es eine Lehre enthält, so muß der Leser sie selbst finden, und man darf sie ihm nicht erklären. Die Lektüre wird ihm übrigens recht viel Freude machen; nur muß er langsam in ihr fortschreiten, so wie man es bei allen ernst zu nehmenden Schriften tun muß.

Er frage auch nicht nach der Hand, die diese Seiten geschrieben hat. Ein Werk wie dieses ist an keine Person gebunden. Es gibt die Antwort auf einen Anruf des Gewissens. Jeder hat es in seinen Gedanken getragen. Ist es ausgeführt, so verschwindet der Verfasser; denn er hat nur Gedanken aufgezeichnet, die im Bewußtsein aller da sind. Er ist nur einer der mehr oder weniger im Dunkeln bleibenden Verschwörer, die sich zum Kampf für das Gute vereinigt haben.

Genf, den 15. Oktober 1864

ERSTER TEIL

ERSTES GESPRÄCH

Machiavelli
Man hat mir gesagt, ich könnte am Ufer dieser öden Küstenlandschaft dem Schatten des großen Montesquieu begegnen. Steht er selber vor mir?

Montesquieu
Das Wort »groß« kommt hier keinem zu, Machiavelli. Aber ich bin der, den Sie suchen.

Machiavelli
Unter den berühmten Persönlichkeiten, deren Schatten dies Reich der Finsternis bevölkern, gibt es kaum eine, die ich hätte lieber treffen mögen als Montesquieu. Verstoßen in diese unbekannten Weiten bei der Wanderung der Seelen danke ich dem Zufall, der mich endlich dem Verfasser des *Geistes der Gesetze* gegenüberstellt.

Montesquieu
Der einstige Staatssekretär der Florentinischen Republik hat die Hofsprache noch nicht vergessen. Aber worüber sollten wir, wenn wir diese düsteren Ufer überschritten haben, miteinander reden,

es sei denn über unsere Qualen und unseren Jammer.

Machiavelli
Spricht so der Philosoph, der Staatsmann? Was bedeutet der Tod für die Menschen, die das Leben des Geistes gelebt haben, da doch der Geist nicht stirbt? Was mich betrifft, so kann ich mir keine erträglichere Lage wünschen als die, die uns hier bis zum Tag des letzten Gerichts bereitet wurde. Befreit sein von den Sorgen und Nöten des materiellen Lebens, leben im Reiche der reinen Vernunft, reden können mit den großen Männern, die die Welt mit dem Klang ihres Namens erfüllt haben; aus der Ferne die Revolutionen der Staaten, den Sturz und die Umbildung der Reiche verfolgen, nachdenken über die neuen Verfassungen, über den Wandel in den Sitten und Ideen der Völker Europas, über die Fortschritte ihrer Kultur in der Politik, in den Künsten, in der Industrie ebenso wie auf dem Gebiete der philosophischen Gedanken, welch Schauspiel für den Denker! Was gibt es da zu staunen! Was für neue Gesichtspunkte! Was für unerhörte Offenbarungen! Was für Wunder, wenn man den Schatten glauben darf, die hier zu uns niedersteigen! Der Tod ist für uns wie das Sichzurückziehen in eine tiefe Stille, in der wir unser Werk vollenden und die Lehren der Geschichte und die Errungenschaften der Humanität sammeln. Unsere Vernichtung hat nicht alle Bande zerreißen können, die uns an die

Erde fesseln; denn die Nachwelt spricht immer noch von denen, die wie Sie den menschlichen Geist in große Erregung versetzt haben. Ihre politischen Prinzipien herrschen zur Zeit über fast die Hälfte Europas; und wenn jemand frei sein könnte von der Angst, die ihn auf dem dunklen Wege befällt, der in der Hölle oder in den Himmel führt, wer könnte es besser sein als Sie, der Sie im Besitze eines so reinen Rufes vor die ewige Gerechtigkeit treten?

Montesquieu
Sie sprechen von sich selbst gar nicht, Machiavell. Sie sind zu bescheiden, wenn Sie das außerordentlich große Ansehen, das der Verfasser des Buches über den Fürsten genießt, ganz mit Stillschweigen übergehen.

Machiavelli
Ich glaube die Ironie herauszuhören, die sich hinter Ihren Worten verbirgt. Sollte der große französische Staatsrechtslehrer mich wirklich so wie die große Menge beurteilen, die von mir nur meinen Namen und ein kritiklos übernommenes Vorurteil kennt? Dieses Buch hat mich in einen fatalen Ruf gebracht, das weiß ich. Es hat mich für jede Tyrannenherrschaft verantwortlich gemacht. Es hat mir die Verwünschung der Völker zugezogen, die in mir den Despotismus verkörpert sahen, den sie haßten. Es hat meine letzten Tage vergiftet, und das Verdam-

mungsurteil der Nachwelt scheint mir bis hierher gefolgt zu sein. Was aber habe ich denn getan? Ich habe fünfzehn Jahre lang meinem Vaterlande gedient, und das war eine Republik. Ich habe mich an einer Verschwörung beteiligt, um ihm seine Unabhängigkeit zu erhalten, und ich habe es unermüdlich verteidigt gegen Ludwig XII., gegen die Spanier, gegen Julius II., selbst gegen Borgia, der es ohne mich vernichtet hätte. Ich habe es geschützt gegen alle blutigen Intrigen, mit denen es von allen Richtungen her umsponnen wurde, und dabei mit den Mitteln der Diplomatie gekämpft, so wie ein anderer mit dem Degen gekämpft hätte: durch den Abschluß von Verträgen, durch Unterhandlungen, dadurch, daß ich die Fäden knüpfte oder zerriß je nach den Interessen der Republik, die damals zwischen den Großmächten zerdrückt wurde und die der Krieg wie ein kleines Boot auf den Wellen schaukelte. Und das war keine Regierung der Unterdrückung und der Selbstherrlichkeit, die wir in Florenz hatten; es handelte sich um einen Volksstaat. Gehörte ich zu denen, die man ihren Charakter mit dem Wandel des Glücks wechseln sah? Die Henker der Medici wußten mich nach dem Sturze Soderinis zu finden. Erzogen in Freiheit, bin ich mit ihr untergegangen. Ich habe in der Verbannung gelebt, ohne daß der Blick eines Fürsten geruhte, sich mir zuzuwenden. Ich bin arm und vergessen gestorben. Das ist mein Leben, und das sind die Verbrechen, die mir die Undankbarkeit meines

Vaterlandes, den Haß der Nachwelt eingetragen haben. Der Himmel wird vielleicht gerechter gegen mich sein.

Montesquieu
Ich wußte das alles, Machiavell, und deshalb habe ich nie begreifen können, wie der florentinische Patriot, wie der Diener einer Republik zum Begründer dieser finsteren Schule werden konnte, die alle gekrönten Häupter als ihre Schüler ausgab und es fertigbringt, die größten Frevel der Tyrannei zu rechtfertigen.

Machiavelli
Und wenn ich Ihnen nun sagte, daß dieses Buch nur eine Diplomatenphantasie war, daß es gar nicht für den Druck bestimmt war, daß es eine öffentliche Zustimmung fand, die der Verfasser nicht teilte, daß er es konzipiert hat unter dem Einfluß von Ideen, die damals Gemeingut aller italienischen Fürstlichkeiten waren, die danach gierten, ihre Macht auf Kosten der anderen zu vergrößern, und die sich durch eine hinterlistige Politik leiten ließen, bei der der Perfideste für den Geschicktesten gehalten wurde...

Montesquieu
Ist das wirklich Ihre Meinung? Da Sie zu mir mit solcher Offenheit sprechen, kann ich Ihnen gestehen, daß dies *meine* Meinung war und daß ich hierbei die Meinung derer teilte, die Ihr Leben kannten und

Ihre Werke aufmerksam gelesen haben. Jawohl, Machiavelli, und dies Geständnis ehrt Sie. Sie haben damals nicht das gesagt, was Sie dachten, oder Sie haben es nur gesagt unter dem Zwang persönlicher Eindrücke, die für einen Augenblick Ihr hochsinniges Denken getrübt haben.

Machiavelli
Da sind Sie im Irrtum, Montesquieu, und folgen dem Beispiel derer, die hierüber ebenso geurteilt haben wie Sie. Mein einziges Verbrechen ist es gewesen, daß ich den Völkern ebenso wie den Königen die Wahrheit gesagt habe, nicht die Wahrheit über die Moral, sondern die Wahrheit über die Politik, nicht die Wahrheit über das, was sein sollte, sondern die Wahrheit über das, was ist und was immer sein wird. Nicht ich bin der Begründer der Lehre, die von mir stammen soll; es ist das menschliche Herz. Der Machiavellismus ist älter als Machiavelli.

Moses, Sesostris, Salomo, Lysander, Philipp und Alexander von Makedonien, Agathokles, Romulus, Tarquinius, Julius Cäsar, Augustus und auch Nero, Karl der Große, Theoderich, Chlodwig, Hugo Capet, Ludwig XI., Gonzalo de Córdoba, Cesare Borgia, das sind meine geistigen Vorfahren. Von ihnen, und zwar von den Besten unter ihnen, gehe ich aus, und man bedenke, daß ich von denen gar nicht rede, die nach mir aufgetreten sind. Das Verzeichnis ihrer Namen würde lang werden. Sie haben aus dem Buche über den Fürsten nur das gelernt, was sie aus dem praktischen Gebrauche der Macht bereits wußten. Wer hat mir zu Ihrer Zeit eine glänzendere Huldigung dargebracht als Friedrich II.? Er widerlegte mich in seinen Schriften im Interesse seiner Popularität, und in seiner Politik hielt er sich streng an meine Lehren.

Durch welche unerklärliche Verwirrung des menschlichen Geistes ist es gekommen, daß man mir aus dem, was ich in diesem Werke geschrieben habe, einen Strick gedreht hat? Ebensogut könnte man es einem Gelehrten verargen, daß er nach den physischen Ursachen forschte, die den Fall der Körper herbeiführen, wenn uns ein fallender Körper verletzt, dem Arzte, daß er die Krankheiten beschreibt, dem Chemiker, daß er eine Geschichte der Gifte verfaßt, dem Moralisten, daß er die Laster darstellt, dem Historiker, daß er Geschichte schreibt.

Montesquieu

Aber Machiavell! Schade, daß kein Sokrates hier ist, um die Sophisterei aufzudecken, die sich in Ihren Worten versteckt! Wenn die Natur mir auch wenig Anlage zum Diskutieren gegeben hat, so fällt es mir doch gar nicht schwer, Ihnen zu antworten. Sie vergleichen das Böse, das durch den Geist der Herrschsucht, der Hinterlist und der Gewalt verursacht wird, mit dem Gifte und mit der Krankheit. Und aus Ihren Schriften lernt man, wie man die Staaten mit diesen Krankheiten infiziert, und Sie erteilen Unterricht darin, wie man solche Gifte herstellt. Wenn der Forscher, der Arzt, der Moralist nach dem Übel forschen, so doch nicht, um Unterricht darin zu geben, wie man es verbreiten kann, sondern um es zu heilen. Das aber tut Ihr Buch nicht. Aber darauf kommt es mir wenig an, und ich lasse mich dadurch nicht aus der Ruhe bringen. Wenn Sie den Despotismus nicht zum Prinzip erheben, wenn Sie ihn selbst für ein Übel halten, so verurteilen Sie ihn hierdurch doch wohl selbst, und hierin wenigstens können wir einig sein.

Machiavelli
Wir sind es gar nicht, Montesquieu; denn Sie haben meinen ganzen Gedankengang nicht begriffen. Ich habe mir eine Blöße gegeben durch einen Vergleich, den man allzu leicht widerlegen konnte. Die Ironie des Sokrates an sich würde mich nicht beunruhigen; denn er war auch nur ein Sophist, nur daß er sich geschickter als die anderen eines falschen Mittels bediente: des Wortstreits. Bei ihm sind Sie nicht in die Schule gegangen, und ich auch nicht. Lassen wir also die Worte und die Vergleiche, um uns an die Ideen zu halten. Ich formuliere mein System folgendermaßen, und ich zweifle daran, daß Sie es erschüttern können: Der schlechte Instinkt ist beim Menschen mächtiger als der gute. <u>Der Mensch fühlt sich mehr zum Bösen als zum Guten hingezogen. Die Furcht und die Macht haben über ihn mehr Gewalt als die Vernunft</u>. Ich halte mich nicht dabei auf, solche Wahrheiten zu beweisen. In Ihrer Heimat

konnte ihnen ja auch nur durch die leichtfertige Gesellschaft widersprochen werden, deren Hoherpriester J.-J. Rousseau und deren Apostel Diderot waren. Die Menschen streben alle nach der Herrschaft, und es gibt unter ihnen keinen, der nicht ein Unterdrücker wäre, wenn er es sein könnte. Alle, oder fast alle, sind dazu bereit, die Rechte ihrer Mitmenschen ihren eigenen Interessen zu opfern.

Was hält diese reißenden Tiere, die man Menschen nennt, zusammen? Bei der Entstehung der Gesellschaftsordnungen ist es die brutale und ungezügelte Gewalt, später ist es das Gesetz, also wieder die Gewalt, nur geregelt durch gewisse Formen. Sie haben ja die Geschichte aus ihren Quellen studiert; überall erscheint die Gewalt vor dem Recht.

Die politische Freiheit ist ein Ideal, das nur einen relativen Wert hat. Die Not des Lebens ist es, die die Staaten ebenso beherrscht wie die einzelnen Menschen.

Unter bestimmten Breitengraden Europas leben Völker, die einfach unfähig dazu sind, von der Freiheit einen mäßigen Gebrauch zu machen. Wenn bei ihnen die Freiheit länger dauert, geht sie in Zügellosigkeit über. Der Bürger- oder Bruderkrieg kommt, und der Staat ist verloren; er wird in Parteien aufgespalten und zerfällt durch seine inneren Erschütterungen, oder die Zerteilung in Parteien macht ihn zur Beute des Auslands. Unter solchen Umständen ziehen dann die Völker den Despotismus der Anarchie vor. Haben sie damit nicht recht?

Haben sich die Staaten einmal gebildet, so haben sie zwei Arten von Feinden: die Feinde, die sie im Innern, und die Feinde, die sie von außen bedrohen. Welche Waffen werden sie im Kriege gegen das Ausland anwenden? Werden die beiden feindlichen Generale sich gegenseitig ihre Feldzugspläne mitteilen, damit sich jeder von beiden in Verteidigungszustand setzen kann? Werden sie auf Nachtangriffe, Überfälle, Reserven im Hinterhalt, Schlachten mit ungleicher Truppenzahl verzichten? Das werden sie sicher nicht tun. Solche Kämpfer würden sich nur lächerlich machen. Und diese Fallen, diese Schliche, diese ganze Strategie, die für den Krieg unentbehrlich ist, meinen Sie, daß man sie gegen die Feinde im Innern, gegen die Aufrührer, nicht anwendet? Gewiß, man wird dabei nicht so streng vorgehen; aber im Grunde genommen werden die Kriegsregeln dieselben sein. Ist es möglich, die gewalttätigen Massen, die durch ihre Gefühle, ihre Leidenschaften und ihre Vorurteile in Bewegung geraten sind, durch die reine Vernunft zu leiten?

Mag die Führung der Staatsgeschäfte einem einzelnen Regenten, einer kleinen Gruppe oder dem ganzen Volke selbst anvertraut sein, kein Krieg, kein Handel, keine innere Reform kann gelingen ohne die Zuhilfenahme solcher Mittel, die Sie zu verwerfen scheinen, die Sie aber selbst hätten anwenden müssen, wenn der König von Frankreich Sie auch nur mit dem geringsten Staatsgeschäft beauftragt hätte.

Wie kindlich ist doch der Vorwurf, der das Buch über den Fürsten getroffen hat! Es enthalte die Lehre, daß die Politik gar nichts mit der Moral zu tun habe. Haben Sie je auch nur einen einzigen Staat kennengelernt, der sich nach den Prinzipien gerichtet hätte, die für die Moral des Privatmanns gelten? Dann wäre jeder Krieg ein Verbrechen, auch wenn er einen gerechten Grund hätte; jede Eroberung, die keinen anderen Grund als das Streben nach Ruhm hat, wäre ein Frevel; jeder Vertrag, in dem eine Macht sich den größeren Vorteil sichert, wäre ein schmählicher Betrug; jede Usurpation souveräner Macht wäre eine Handlung, die den Tod verdiente. Nichts wäre legitim als das, was sich auf das Recht gründet. Aber ich habe es Ihnen schon eben gesagt, und ich halte es auch aufrecht angesichts der Geschichte dieser Zeit: Alle souveränen Mächte sind aus der Gewalt entsprungen oder, was dasselbe ist, aus der Verneinung des Rechts. Soll das heißen, daß ich das Recht verwerfe? Nein, ich betrachte es als nur in seinen beschränkten Grenzen anwendbar in den Beziehungen der Völker zueinander ebenso wie in den Beziehungen der Regierungen zu den Regierten.

Der Sinn des Wortes Recht selbst übrigens, sehen Sie denn gar nicht, daß er von einer undefinierbaren Unbestimmtheit ist? Wo fängt es an, wo hört es auf? Wann wird das Recht auftreten, und wann wird es nicht auftreten? Ich bringe Beispiele: Da ist ein Staat. Die schlechte Organisation der öffentlichen

Gewalten, das Durcheinander der Demokratie, die Ohnmacht der Gesetze gegen die Aufrührer, die Unordnung, die überall herrscht, treiben ihn seinem Untergang entgegen. Ein kühner Mann schwingt sich empor aus den Reihen der Aristokraten oder aus dem Schoße des Volkes. Er bricht die Verfassung, er legt Hand an die Gesetze, er arbeitet alle Einrichtungen um, und er schenkt seinem Lande zwanzig Jahre des Friedens. Hatte er das Recht zu tun, was er tat?

Peisistratos bemächtigt sich der Burg von Athen durch einen Handstreich; er bereitet dadurch das Jahrhundert des Perikles vor. Brutus verletzt die monarchische Verfassung Roms, vertreibt die Tarquinier und begründet durch Dolchstiche eine Republik, deren Größe das imposanteste Schauspiel ist, das der Welt gegeben wurde. Aber der Kampf zwischen Patriziern und Plebejern, der, solange er anhielt, das innere Leben der Republik beherrschte, hat ihre Auflösung herbeigeführt, und alles ging dem Untergang entgegen. Cäsar und Augustus erscheinen. Das sind wieder Gewaltmenschen. Aber das römische Kaiserreich, das auf die Republik folgte, dauerte durch sie ebensolange, und als es zusammenbrach, bedeckte es die ganze Welt mit seinen Trümmern. Nun? War das Recht mit diesen kühnen Männern? Nein, nach Ihrer Ansicht. Und doch hat sie die Nachwelt mit Ruhm überschüttet. Sie haben wirklich ihrem Lande gedient und es gerettet. Sie haben seine Existenz durch Jahrhunderte hindurch verlängert. Sie sehen, daß bei den Staaten das Prinzip des Rechts dem des Nutzens untergeordnet ist, und was sich aus diesen Erwägungen ergibt, ist: daß das Gute aus dem Bösen hervorgehen kann, daß man zum Guten kommt durch das Böse hindurch, so wie man geheilt wird durch das Gift, so wie man das Leben rettet durch das scharfe Messer. Ich habe mich weniger mit dem beschäftigt, was gut und moralisch ist, als mit dem, was nützlich und notwendig ist. Ich habe die menschlichen Gesellschaften so genommen, wie sie sind, und ich habe Regeln für sie aufgestellt, die sich aus ihrem Wesen ergeben.

Rein theoretisch verstanden: Sind Gewalt und Hinterlist etwas Böses? Ja. Aber man muß sie anwenden, wenn man Menschen beherrschen will, solange die Menschen keine Engel sind.

Alles ist gut oder schlecht, je nach dem Gebrauch, den man davon macht, und dem Ergebnis, das man daraus gewinnt; der Erfolg rechtfertigt die Mittel. Und wenn Sie mich jetzt fragen, warum ich als Republikaner doch der Regierungsform des Absolutismus den Vorzug gebe, so muß ich Ihnen sagen: weil ich in meinem Vaterlande Zeuge der Unbeständigkeit und der Feigheit des Pöbels war, seiner ihm angeborenen knechtischen Gesinnung, seiner Unfähigkeit, die Bedingungen, unter denen man ein freies Leben führen kann, zu begreifen und zu achten. Es handelt sich dabei in meinen Augen um eine blinde Kraft, die früher oder später zerfällt, wenn sie nicht in der Hand eines einzelnen Mannes ruht.

Ich bürge Ihnen dafür, daß das Volk, sich selbst überlassen, nichts versteht, als sich selbst zu zerstören, daß es niemals verwalten, richten, Krieg führen kann. Ich muß Ihnen sagen, daß Griechenland nur in den Zeiten geglänzt hat, in denen es nicht frei war, daß ohne den Despotismus der römischen Aristokratie und später ohne den Despotismus der Kaiser sich niemals die glänzende Kultur Europas entwickelt hätte.

Soll ich auch noch nach Beispielen unter den modernen Staaten suchen? Sie sind so schlagend und zahlreich, daß ich nur die ersten besten herausgreife:

Unter welchen Verfassungen und unter welchen Männern haben die italienischen Republiken ihre Glanzzeit gehabt? Durch welche Herrscher haben Spanien, Frankreich, Deutschland ihre Macht begründet? Unter Männern wie Leo X., Julius II., Philipp II., Barbarossa, Ludwig XIV., Napoleon, alles Männer mit eiserner Faust, die sich meist mehr auf den Schutz ihrer Schwerter verließen als auf die Verfassungsurkunden ihrer Staaten.

Doch ich wundere mich selbst darüber, daß ich so lange geredet habe, um den berühmten Autor zu überzeugen, der mir zuhört. Steht nicht ein Teil dieser Gedanken, wenn ich recht unterrichtet bin, im *Geist der Gesetze?* Sollte diese meine Rede den ernsten und ruhigen Mann verletzt haben, der so leidenschaftslos über die Probleme der Politik nachgedacht hat? Die Enzyklopädisten waren keine Männer wie Cato; der Verfasser der *Persischen*

Briefe war kein Heiliger, nicht einmal ein fanatischer Gläubiger. Unsere Schule, die man unmoralisch nennt, hielt sich vielleicht mehr an den wahren Gott als die Philosophen des achtzehnten Jahrhunderts.

Montesquieu
Mit Ihren letzten Worten haben Sie mich nicht erzürnt, Machiavell, und ich habe Ihnen aufmerksam zugehört. Wollen Sie nun mich anhören und wollen Sie mir Ihnen gegenüber dieselbe Offenheit gestatten?

Machiavelli
Ich verstumme und höre in andachtsvollem Schweigen den Mann, den man den Gesetzgeber der Völker genannt hat.

ZWEITES GESPRÄCH

Montesquieu
Ihre Ausführungen bringen mir nichts Neues, Machiavell, und wenn ich etwas in Verlegenheit bin, wie ich sie widerlegen soll, so weniger, weil sie mein Denken beunruhigen, als weil sie, mögen sie nun falsch oder wahr sein, auf keiner philosophischen Grundlage ruhen. Ich begreife wohl, daß Sie vor allem Politiker sind und daß Ihnen die Tatsachen näher liegen als

die Theorien. Aber sie werden doch wohl zugeben, daß man sich, wenn es sich ums Regieren handelt, nach Prinzipien richten muß. Sie lassen in Ihrer Politik weder der Moral noch der Religion noch dem Recht irgendwelchen Platz. Sie führen nur zwei Worte im Munde: Macht und List. Wenn Ihr ganzes System sich darauf beschränkt, zu erklären, daß die Macht in den menschlichen Angelegenheiten eine große Rolle spielt, daß die Schlauheit eine Eigenschaft ist, die der Staatsmann notwendig haben muß, so sehen Sie wohl ein, daß das Wahrheiten sind, die keines Beweises bedürfen. Aber wenn Sie die Gewalt zum *Prinzip* erheben und die Hinterlist zur Regierungsmaxime, wenn Sie bei Ihren Berechnungen die Gesetze der Humanität überhaupt nicht berücksichtigen, dann ist das Recht der Tyrannei kein anderes als das Recht der wilden Tiere, denn die Tiere sind auch gewandt und stark, und es gibt bei ihnen tatsächlich kein anderes Recht als das der brutalen Gewalt. Aber ich glaube nicht, daß Sie selbst in Ihrem Fatalismus so weit gehen; denn Sie erkennen ja die Existenz des Guten und des Bösen an.

Ihr Grundsatz ist, daß das Gute aus dem Bösen hervorgehen kann und daß es erlaubt ist, das Böse zu tun, wenn sich daraus etwas Gutes ergeben könnte. Sie sagen also nicht: Es ist an sich gut, sein Wort zu brechen, es ist gut, sich der Bestechung, der Gewalttat und des Mordes zu bedienen. Wohl aber sagen Sie: Man kann Verrat üben, wenn das nützlich ist, töten, wenn es nötig ist, den Besitz seines Nächsten nehmen, wenn das vorteilhaft ist. Ich füge gleich hinzu, daß in Ihrem System diese Grundsätze nur für die Fürsten gelten und nur, wenn es sich um ihre Interessen und um die des Staates handelt. Infolgedessen hat der Fürst das Recht, seine Eide zu brechen; er kann das Blut in Strömen vergießen, um sich die Macht zu verschaffen oder sich in ihr zu erhalten; er kann die ausplündern, die er geächtet hat, er kann alle Gesetze umstoßen, neue geben und sie wieder übertreten; er kann die Staatsgelder verschwenden, kann bestechen, erpressen, strafen und immer wieder losschlagen.

Machiavelli
Aber haben Sie denn nicht selbst gesagt, daß in despotisch regierten Staaten die Furcht notwendig, die Tugend unnütz, das Ehrgefühl gefährlich ist, daß man einen blinden Gehorsam braucht und daß der Fürst verloren wäre, der einen Augenblick seinen Arm ruhen ließe?*

Montesquieu
Gewiß habe ich das gesagt. Aber als ich, wie Sie, die furchtbaren Bedingungen feststellte, durch die sich eine Tyrannenherrschaft aufrechterhält, tat ich es, um sie zu brandmarken, aber nicht, um ihr Altäre zu errichten. Ich tat es, um den Abscheu vor ihr meinem Vaterlande einzuflößen, das glücklicherweise niemals das Haupt unter ein derartiges Joch gebeugt hat. Wie

* *Geist der Gesetze*, III. Buch, 9. Kap.

können Sie sich nur der Erkenntnis verschließen, daß die Gewaltherrschaft nur ein Ausnahmefall in der regelrechten Entwicklung der menschlichen Gesellschaft ist und daß die größten Willkürherrschaften dazu gezwungen sind, ihre Rechtfertigung in Gedankengängen zu suchen, die den Theorien der Gewalt ganz fern liegen. Nicht nur auf den Nutzen, sondern auch auf ihre Pflicht berufen sich alle Unterdrücker. Die Nützlichkeitslehre allein ist also ebensowenig beweiskräftig wie die Mittel, deren sie sich zu ihrer Begründung bedient.

Machiavelli
Hier muß ich Sie unterbrechen. Sie räumen dem Nutzen eine gewisse Bedeutung ein, und das genügt, um alle politischen Notwendigkeiten zu rechtfertigen, die sich nicht mit dem Recht vertragen.

Montesquieu
Die Staatsraison ist es, auf die Sie sich berufen. Aber beachten Sie doch, daß ich den menschlichen Gesellschaften nicht gerade das als Grundlage geben kann, was sie zerstört. Im Namen des Nutzens werden die Fürsten und die Völker ebenso wie die einzelnen Bürger nur Verbrechen begehen. Das Staatsinteresse, sagen Sie! Aber wie soll ich erkennen, ob es dem Fürsten von Vorteil ist, diese oder jene Ungerechtigkeit zu begehen? Wissen wir nicht, daß das Staatsinteresse nur allzu oft das Interesse des Fürsten allein ist oder das der korrupten Günstlinge seiner Um-

gebung? Ich bin nicht solchen Konsequenzen ausgesetzt, wenn ich dem Aufbau der Gemeinschaften das Recht als Grundlage gebe, weil der Rechtsbegriff Grenzen zieht, die das Interesse nicht überschreiten darf.

Und wenn Sie mich fragen, was das Fundament des Rechts ist, so muß ich Ihnen antworten, daß es die Ethik ist, deren Gebote nichts Zweifelhaftes und nichts Dunkles an sich haben, weil sie in allen Religionen enthalten und weil sie mit leuchtenden Buchstaben in das Gewissen der Menschen eingeprägt sind. Aus dieser reinen Quelle müssen alle bürgerlichen, politischen, wirtschaftlichen, internationalen Gesetze entspringen.

Ex eodem jure, sive ex eodem fonte, sive ex eodem principio.

Aber hier tritt Ihre Inkonsequenz in Erscheinung. Sie sind Katholik, Sie sind Christ, wir beten beide zu demselben Gott, Sie erkennen seine Gebote an, Sie erkennen die Moral an, Sie erkennen das Recht in den Beziehungen der Menschen zueinander an, und Sie treten alle diese Normen mit Füßen, wenn es sich um den Staat oder um den Fürsten handelt. Mit einem Wort: Die Politik hat nach Ihrer Meinung nichts mit der Moral zu tun. Sie erlauben dem Monarchen, was Sie dem Untertan verbieten. Je nachdem dieselben Handlungen von dem Schwachen oder von dem Starken begangen worden sind, werden sie von Ihnen gepriesen oder getadelt. Je nach dem Rang dessen, der sie ausführte, sind es Verbrechen oder Tugenden. Sie loben den Fürsten, weil er sie getan hat, und Sie schicken den Untertan auf die Galeeren. Sie denken aber nicht daran, daß mit solchen Grundsätzen keine menschliche Gesellschaft leben könnte. Glauben Sie, daß der Untertan seine Eide lange halten wird, wenn er sieht, wie der Fürst sie bricht, daß er die Gesetze respektieren wird, wenn er weiß, daß er, der sie ihm gab, sie übertreten hat und sie jeden Tag übertritt? Glauben Sie, daß er zögern wird, den Weg der Vergewaltigung, der Bestechung und des Betrugs zu beschreiten, wenn er sieht, wie er ständig von denen eingeschlagen wird, die dazu berufen sind, ihn zu führen? Geben Sie sich keiner Täuschung hin. Sie müssen einsehen, daß jeder Übergriff des Fürsten auf dem Gebiete des Staatslebens zu einem ähnlichen Rechtsbruch in der Sphäre des Untertans berechtigt, daß jede politische Gemeinheit eine Gemeinheit im bürgerlichen Leben nach sich zieht, daß jede Gewalttat oben zu einer Gewalttat unten das Recht gibt. Soviel über das Verhältnis der Bürger zueinander.

Was ihr Verhältnis zu den Regierenden angeht, so brauche ich Ihnen nicht zu sagen, daß es der Bürgerkrieg ist, der im Schoße der Gesellschaft gärt. Das Schweigen des Volkes ist nur der Waffenstillstand des Besiegten, der nicht klagen darf. Warten Sie nur, bis er erwacht. Sie haben die Theorie der Gewalt erfunden, Sie können mit Sicherheit darauf rechnen, daß das Volk sich das merken wird. Bei der ersten besten Gelegenheit wird es seine Ketten zerbrechen. Es wird sie vielleicht unter dem nichtigsten Vorwand zerbrechen, und es wird sich mit Gewalt das wieder nehmen, was die Gewalt ihm entrissen hat.

Der Despotismus gründet sich auf den Kadavergehorsam, wie ihn die Jesuiten fordern. Töten oder getötet werden, das ist sein Gesetz. Heute verübt er seine Grausamkeiten, morgen gibt es den Bürgerkrieg. So jedenfalls spielen sich die Dinge im Klima Europas ab. Im Orient schlafen die Völker friedlich in würdeloser Sklaverei.

Die Fürsten können sich das nicht erlauben, was auch die Privatmoral nicht erlaubt: das ist mein Schluß. Er ist richtig. Sie glauben, Sie könnten mich dadurch in Verlegenheit bringen, daß Sie mir das Beispiel vieler großer Männer vor Augen stellen, die durch kühne Taten, die durch die Vergewaltigung der Gesetze vollbracht wurden, ihren Ländern den Frieden, manchmal auch den Ruhm gebracht haben, und so haben Sie Ihren großen Beweis geführt, daß das Gute aus dem Bösen entspringt. Es fehlt mir aber der Beweis dafür, daß diese kühnen Männer mehr Gutes als Böses getan haben. Es ist dadurch in keiner Weise erwiesen, daß die Völker sich nicht auch ohne sie gerettet und ohne sie erhalten hätten. Die Heilmittel, die Sie anwenden, sind kein Ersatz für die Keime der Auflösung, die Sie in die Staaten hineinbringen. Einige Jahre der Anarchie sind für ein Reich oft weniger verderblich als viele Jahre eines schweigend ertragenen Despotismus.

Sie bewundern die großen Menschen, ich bewundere nur die großen Ordnungen der menschlichen

Gesellschaft. Ich glaube, daß die Völker, um glücklich zu sein, weniger geniale als rechtschaffene Männer brauchen; aber ich gebe Ihnen zu, wenn Sie Wert darauf legen, daß einige der gewalttätigen Unternehmen, die Sie so verteidigt haben, zum Vorteil gewisser Staaten ausschlagen konnten. Solche Handlungen ließen sich rechtfertigen bei den Völkern des Altertums, bei denen die Sklaverei und der Fatalismus herrschten. Sie tauchen wieder auf im Mittelalter und sogar in den neuesten Zeiten. Aber in demselben Maße, wie die Sitten sich gemildert haben, wie die Aufklärung sich bei den verschiedenen Völkern Europas verbreitet hat, vor allem in demselben Maße, wie die Grundzüge der Staatswissenschaft besser bekannt wurden, ist prinzipiell und tatsächlich das Recht an die Stelle der Gewalt getreten. Gewiß, es wird immer wieder Befreiungskämpfe geben, und sehr viele Verbrechen werden im Namen der Freiheit begangen werden: aber den politischen Fatalismus gibt es nicht mehr. Wenn Sie sagen konnten, daß zu ihrer Zeit der Despotismus ein notwendiges Übel war, so könnten Sie das heute nicht mehr; denn bei dem gegenwärtigen Stand der Sitten und der Staatseinrichtungen der Hauptvölker Europas ist der Despotismus eine Unmöglichkeit geworden.

Machiavelli
Eine Unmöglichkeit? ... Wenn es Ihnen gelingen sollte, mir das zu beweisen, bin ich bereit, Ihnen in

Ihren Gedankengängen einen Schritt entgegenzukommen.

Montesquieu
Ich werde es Ihnen auf die leichteste Art und Weise beweisen, wenn Sie so gut sein wollen, mir noch weiter zuzuhören.

Machiavelli
Recht gern. Aber nehmen Sie sich in acht. Ich glaube, Sie nehmen sich zuviel vor.

DRITTES GESPRÄCH

Montesquieu
Eine dicht gedrängte Menge von Schatten kommt auf dieses Gestade zu. Der Platz, auf dem wir stehen, wird bald von ihnen überflutet sein. Kommen Sie hier herüber, sonst werden wir bald getrennt werden.

Machiavelli
Ich habe in Ihren letzten Worten gar nichts mehr von der Klarheit gefunden, die Ihre Ausdrucksweise zu Beginn unserer Unterhaltung kennzeichnete. Ich finde, Sie haben die Konsequenzen übertrieben, die aus den Grundsätzen folgen, die in Ihrem *Geist der Gesetze* aufgestellt werden.

Montesquieu
In diesem Werke habe ich es absichtlich vermieden, ausführliche Theorien aufzustellen. Wenn Sie es nicht nur aus den Mitteilungen kennten, die man Ihnen darüber gemacht hat, so würden Sie erkennen, daß die einzelnen Gedanken, die ich Ihnen hier entwickle, unmittelbar aus den Grundsätzen hervorgehen, die ich aufgestellt habe. Im übrigen scheue ich mich nicht, einzugestehen, daß die Kenntnis, die ich von den neuen Zeiten erhielt, einige meiner Gedanken geändert oder vervollständigt hat.

Machiavelli
Wollen Sie im Ernst die Behauptung aufrechterhalten, daß der Despotismus mit dem politischen Zustand unverträglich ist, in dem sich die Völker Europas befinden?

Montesquieu
Ich habe nicht von *allen* Völkern gesprochen. Aber ich will Ihnen, wenn Sie es wünschen, die Nationen nennen, bei denen die Entwicklung der Staatswissenschaft diesen großen Erfolg herbeigeführt hat.

Machiavelli
Welche Völker sind das?

Montesquieu
England, Frankreich, Belgien, ein Teil Italiens, Preußen, die Schweiz, der Deutsche Bund, Holland, auch Österreich, also, wie Sie sehen, fast der ganze

Teil Europas, über den sich einst das Römische Reich erstreckte.

Machiavelli
Mir ist nicht ganz unbekannt, was sich in Europa seit 1527 bis in die Gegenwart hinein zugetragen hat, und ich muß Ihnen gestehen, daß ich sehr neugierig bin zu hören, wie Sie Ihre Behauptung begründen werden.

Montesquieu
So hören Sie mir denn zu, und es wird mir vielleicht gelingen, Sie zu überzeugen. Nicht die Menschen sind es, sondern die Einrichtungen, die die Herrschaft der Freiheit und der guten Sitten in den Staaten sichern. Von der Vollkommenheit oder Unvollkommenheit der Institutionen hängt alles Gute ab, wird aber notwendig auch alles Schlechte abhängen, das sich für die Menschen aus ihrer Vereinigung in einer Gemeinschaft ergeben kann. Und wenn ich die besten Einrichtungen fordere, so verstehen Sie wohl, daß ich damit, dem so schönen Worte Solons folgend, die vollkommensten Einrichtungen meine, die ein Volk ertragen kann. Damit meine ich, daß ich für die Völker keine unmöglichen Existenzbedingungen fordere und daß ich mich dadurch von jenen kläglichen Reformatoren unterscheide, die sich anmaßen, Gemeinschaften auf Grund reiner Begriffskonstruktionen zu errichten, ohne dem Klima, den Gewohnheiten, den Sitten, ja sogar den Vorurteilen Rechnung zu tragen.

Im Anfangsstadium ihrer Entwicklung haben die Nationen Verfassungen, die so sind, wie sie sein können. Die Antike hat uns wundervolle Kulturen gezeigt, Staaten, in denen die Bedingungen, die zu einer freiheitlichen Regierungsform gehören, bewundernswert begriffen waren. Die Völker der christlichen Zeit haben es schwerer gehabt, ihre Verfassungen mit der Entwicklung des öffentlichen Lebens in Einklang zu bringen. Aber sie sind bei der Antike in die Schule gegangen, und trotz ihrer viel komplizierteren Kulturen sind sie zu noch vollkommeneren Ergebnissen gekommen.

Eine der ersten Ursachen der Anarchie ebenso wie des Despotismus ist die theoretische und praktische Unwissenheit gewesen, in der sich die Staaten Europas so lange über die Grundsätze befanden, die für die Verteilung der Gewalten gelten. Wenn das Prinzip der Souveränität ausschließlich auf der Person des Fürsten ruhte, wie konnte man da von einem Recht des Volkes reden? Wenn derjenige, der die Aufgabe hatte, die Gesetze durchzuführen, zugleich der Gesetzgeber war, wie hätte seine Herrschaft etwas anderes sein können als eine Tyrannei? Wie konnten die Bürger gegen die Willkür geschützt werden, wenn zu dieser Verbindung der legislativen mit der exekutiven Gewalt nun noch die richterliche kam, um sich mit ihnen in derselben Hand zu vereinen?*

---

* *Geist der Gesetze*, IX. Buch, 16. Kap.

Ich weiß wohl, daß die früher oder später einmal erfolgende Einführung gewisser Freiheiten und Rechte des Volkes auch in das rückständigste politische Leben es ermöglicht, der unbeschränkten Auswirkung des absoluten Königtums Hindernisse in den Weg zu legen, daß andererseits die Furcht vor dem Geschrei des Volkes, die milde Gesinnung einiger Könige sie dazu veranlaßten, die außerordentliche Macht, mit der sie ausgestattet waren, mit Maß zu gebrauchen; aber es ist deshalb nicht weniger wahr, daß diese nicht gesicherten Zugeständnisse nur zum Nutzen des Monarchen gemacht wurden, der im Prinzip die Güter, die Rechte und die Person seiner Untertanen besaß. <u>Erst durch die Teilung der Gewalten wurde in Europa das Problem der freien Gesellschaftsordnungen gelöst und seine Lösung</u> in die Wirklichkeit umgesetzt, und wenn mir etwas die Angst vor den Stunden, die dem Jüngsten Gericht vorausgehen, beschwichtigen kann, so ist es der Gedanke daran, daß mein Leben auf dieser Erde zu dieser großen Befreiung der Völker aus ihrem Zustand der Unmündigkeit etwas beigetragen hat.

Sie, Machiavelli, sind am Ende des Mittelalters geboren, und Sie haben in der Renaissance der Künste die Morgenröte der modernen Zeit aufflammen sehen. Aber die Gesellschaft, in der Sie gelebt haben, stand — gestatten Sie mir, das auszusprechen — noch ganz unter dem Druck der Verirrungen der Barbarei. Europa war ein einziger Turnierplatz.

Die Gewalt galt damals alles, das Recht sehr wenig. Die Königreiche waren die Beute der Eroberer. Im Innern der Staaten kämpften die Herrscher mit ihren mächtigen Vasallen, die großen Vasallen vernichteten die Städte. Inmitten der feudalen Anarchie, die ganz Europa unter die Waffen brachte, hatten sich die niedergetretenen Völker daran gewöhnt, die Fürsten und die Großen wie Götter zu betrachten, denen das Menschengeschlecht durch ein unabänderliches Schicksal ausgeliefert war. In diese stürmische, aber auch große Zeit fiel Ihr Leben. Sie haben kühne Heerführer gesehen, Männer von Eisen, wagemutige Geister, und diese Welt von düsterer Schönheit in ihrem Durcheinander erschien Ihnen, wie sie einem Künstler erscheinen würde, dessen Phantasie davon mehr ergriffen wird als sein moralisches Empfinden. So erklärt sich mir das Buch über den Fürsten. Und Sie waren näher an der Wahrheit, als Sie es zugeben möchten, als Sie sich vorhin mit einer echt italienischen Finte den Spaß machten, es einer Diplomatenlaune zuzuschreiben, um mich darüber auszuhorchen. Aber seit Ihrer Zeit ist die Welt fortgeschritten. Die Völker betrachten sich heute als die Herren ihres Schicksals. Sie haben *de facto* und *de jure* die Privilegien und die Aristokratie vernichtet. Sie haben ein Prinzip aufgestellt, das für Sie, den Nachkommen des Marquis Hugo, sehr neu sein muß: das Prinzip der Gleichheit. Sie sehen in ihren Herrschern nur noch Beauftragte des Volkes. Sie haben das

Gleichheitsprinzip durch Gesetze verwirklicht, die für alle Bürger gelten und die man ihnen nicht wieder nehmen kann. Sie hängen an diesen Gesetzen weil sie ihre Vorfahren wirklich viel Blut gekostet haben.

Ich erwähnte vorhin die Kriege. Sie wüten immer noch, ich weiß es; aber — und das ist der erste Fortschritt — sie geben heute den Siegern kein Eigentumsrecht mehr an den besiegten Staaten. Ein Recht, das Sie kaum gekannt haben, das internationale Recht, beherrscht heute die Beziehungen der Völker zueinander, so wie das bürgerliche Recht die Beziehungen der Untertanen zueinander in jedem Volk regelt.

Nachdem die Völker ihre privaten Rechte durch bürgerliche Gesetze, ihre öffentlichen Rechte durch Verträge sichergestellt hatten, wollten sie ihre Verhältnisse zu ihren Fürsten regeln, und sie haben ihre politischen Rechte durch Verfassungen gesichert. Lange der Willkür ausgesetzt durch die Vereinigung der Gewalten, die es dem Fürsten erlaubte, tyrannische Gesetze zu geben und sie tyrannisch durchzuführen, haben sie die drei Gewalten — die legislative, die exekutive und die richterliche — durch in der Verfassung festgelegte Abgrenzungen getrennt, die nicht überschritten werden können, ohne daß das ganze Staatswesen in Aufruhr versetzt wird.

Durch diese Reform allein, die eine ganz gewaltige Tat war, ist das innerstaatliche öffentliche Recht geschaffen worden, und die höheren Prinzipien, die ihm zugrunde liegen, traten hierdurch in Erscheinung. Die Person des Fürsten hört auf, mit dem Staate als juristischer Person zusammengeworfen zu werden. Die Souveränität erscheint jetzt als etwas, das zu einem Teile seine Quelle im Schoße der Nation selbst hat, die die Verteilung der voneinander unabhängig gemachten Gewalten auf den Fürsten und auf die politischen Körperschaften vollzieht. Ich will hier, wo ein berühmter Staatsmann mein Zuhörer ist, nicht die ganze Theorie des Regimes entwickeln, das in England und Frankreich das konstitutionelle Regime heißt. Es ist heute in den bedeutendsten Staaten Europas eingeführt, nicht nur, weil es der Ausdruck der höchsten politischen Weisheit ist, sondern vor allem, weil es die einzige praktisch durchführbare Möglichkeit bietet, den Ideen der modernen Kultur entsprechend zu regieren.

Zu allen Zeiten, unter freiheitlicher Herrschaft ebenso wie unter tyrannischer, hat man nur mit Hilfe von Gesetzen regieren können. In der Art und Weise, wie die Gesetze gemacht werden, ist daher der ganze gesetzliche Schutz der Staatsbürger begründet. Wenn der Fürst der einzige Gesetzgeber ist, wird er nur tyrannische Gesetze machen, und man wird schon glücklich sein, wenn er die Staatsverfassung nicht in wenigen Jahren völlig umstürzt; jedenfalls hat man es mit einem reinen Absolutismus zu tun. Ist es ein Senat, so hat man die Oligarchie als Verfassung, ein dem Volk verhaßtes Regiment, weil es ihm ebenso viele Tyrannen zu Herren gibt, wie Senatoren da sind. Ist es das Volk, so gelangt man zur Anarchie, was nur ein anderer Weg ist, der zum Despotismus führt. Ist es eine vom Volke gewählte Versammlung, so ist der erste Teil des Problems schon gelöst; denn damit ist der Grund zur repräsentativen Regierung gelegt, wie sie heute im ganzen mittleren Teile Europas zur Macht gekommen ist.

Aber eine Versammlung von Repräsentanten des Volkes, die allein die ganze gesetzgebende Macht hätte, würde sofort ihre Macht mißbrauchen und den Staat in die größten Gefahren bringen. Die Regierungsform, die sich schließlich durchgesetzt hat, ist ein glücklicher Ausgleich zwischen der Aristokratie, der Demokratie und der monarchischen Staatsform und hat an diesen drei Formen gleichzeitig teil, und zwar dadurch, daß sie deren Gewalten ins Gleichgewicht bringt, was mir ein Meisterstück des menschlichen Geistes zu sein scheint. Die Person des Herrschers bleibt heilig, unverletzlich. Aber wenn er auch eine Menge wichtiger Vorrechte behält, die zum Wohle des Staates ihm erhalten bleiben müssen, so ist doch seine wesentliche Aufgabe nur die, dafür zu sorgen, daß die Gesetze durchgeführt werden. Da er nicht mehr alle Gewalten in seiner Hand vereinigt, erlischt seine Verantwortlichkeit und geht auf die Minister über, mit denen er die Regierung gemeinsam führt. Das Gesetz, das er allein oder im Zusammenwirken mit anderen Körperschaften des Staates vorzuschlagen hat, wird durch einen Staatsrat vorbereitet, der sich aus Männern zusammensetzt, die in der Praxis der Staatsgeschäfte herangereift sind, einem Oberhaus vorgelegt, das aus erblichen oder lebenslänglich berufenen Mitgliedern besteht und prüft, ob seine Vorschläge nichts enthalten, was verfassungswidrig ist; es wird darüber abgestimmt durch eine gesetzgebende Körperschaft, die aus einer Volksabstimmung hervorgegangen ist, und es wird ausgeführt durch eine unabhängige Beamtenschaft. Wenn das Gesetz mangelhaft ist, wird es von der gesetzgebenden Versammlung verworfen oder verbessert; das Oberhaus widersetzt sich seiner Annahme, wenn es den Grundsätzen zuwiderläuft, auf denen die Verfassung ruht.

Der Sieg dieses Systems, das so tief durchdacht ist und dessen Mechanismus, wie Sie verstehen werden, sich auf die verschiedenste Weise je nach dem Temperament der Völker, auf die es angewendet wird, zusammensetzen läßt, ist es gewesen, der die Ordnung mit der Freiheit, die Statik mit der Dynamik verband, die Gesamtheit der Bürger am politischen Leben teilnehmen ließ und die Unruhen auf der Straße unterdrückte. Das ganze Land regiert sich selbst durch die wechselnde Verschiebung der Majoritäten, die in den Kammern auf die Ernennung der leitenden Minister Einfluß haben.

Die Beziehungen zwischen dem Fürsten und seinen Untertanen ruhen, wie Sie sehen, auf einem umfassenden System von Garantien, deren unerschütterliche Grundlagen in der bürgerlichen Ordnung liegen. Niemand kann in seiner Person oder in seinem Besitz durch einen Akt behördlicher Autorität getroffen werden. Die persönliche Freiheit steht unter dem Schutz der Behörden. Im Rechtsleben gilt der Grundsatz, daß die Angeklagten von ihresgleichen gerichtet werden. Über allen Gerichten gibt es einen höchsten Gerichtshof, dessen Aufgabe es ist, ein Urteil zu kassieren, wenn es durch eine Verletzung der Gesetze zustande gekommen sein sollte. Die Bürger selbst sind bewaffnet zur Verteidigung ihrer Rechte durch die Errichtung von Bürgermilizen, die der Polizei in den Städten zur Seite stehen. Der einfachste Privatmann kann auf dem Wege der Petition seine Beschwerde bis vor die souveränen Körperschaften bringen, die das Volk repräsentieren. Die Gemeinden werden durch öffentliche Beamte verwaltet, die durch Wahl ernannt werden. Jedes Jahr treten große Provinzialversammlungen, die ebenfalls aus einer Abstimmung hervorgegangen sind, zusammen, um die Bedürfnisse und die Wünsche der Bevölkerung zum Ausdruck zu bringen.

Damit habe ich Ihnen, Machiavell, ein noch recht schwach ausgefallenes Bild von einigen der Einrichtungen gegeben, die heute in den modernen Staaten und besonders in meinem schönen Vaterlande in Blüte stehen. Aber da die Öffentlichkeit zum Wesen eines freien Volkes gehört, könnten alle diese Einrichtungen nicht lange bestehen, wenn ihre

Funktionen nicht im hellen Lichte der öffentlichen Meinung ausgeübt würden. Eine Macht, die in Ihrem Jahrhundert noch ganz unbekannt war und die zu meiner Zeit gerade anfing zu entstehen, hat jetzt begonnen, diese Einrichtungen mit dem intensivsten Leben zu erfüllen. Das ist die Presse, die lange geächtet war, die immer noch von den Unwissenden verschrieen wird, aber auf die man das schöne Wort anwenden könnte, das Adam Smith gebrauchte, als er vom Kredit sprach: »Das ist eine Stimme des Volkes.« Tatsächlich offenbart sich durch diese Stimme die ganze Entwicklung der Ideen der modernen Völker. <u>Die Presse</u> übt im Staate so etwas wie die Funktionen einer Polizei aus. Sie bringt die Bedürfnisse zum Ausdruck, trägt die Klagen vor, zeigt die Übergriffe und Willkürakte an; sie zwingt alle Träger der Gewalt zur Berücksichtigung der Moral. Dazu genügt es, ihnen die öffentliche Meinung ins Gesicht zu sagen.

Wo bliebe, Machiavelli, in derart geregelten Gemeinwesen Raum für den Ehrgeiz der Fürsten, für die Taten eines Tyrannen? Ich weiß sehr wohl, durch welche schmerzlichen Erschütterungen diese Fortschritte zum Siege gekommen sind. In Frankreich hat sich die Freiheit, die während der Revolutionszeit in Blut ertränkt wurde, erst wieder mit der Restauration erhoben. Neue Erschütterungen bereiten sich dort immer noch vor; aber schon sind alle Grundsätze, alle Einrichtungen, von denen ich Ihnen gesprochen habe, zum Bestandteil der Sitten Frankreichs und aller der Völker geworden, die sich in der Sphäre der Kultur bewegen. Ich bin am Ende, Machiavelli. Die Staaten wie ihre Herrscher richten sich heute nur noch nach den Regeln der Gerechtigkeit. Der moderne Minister, der sich an Ihre Lehren hielte, würde nicht ein Jahr lang an der Macht bleiben. Der Monarch, der die Maximen des Buches über den Fürsten in die Praxis umsetzen wollte, würde die Empörung seiner Untertanen gegen sich heraufbeschwören; er würde von ganz Europa in den Bann getan werden.

Machiavelli
Glauben Sie?

Montesquieu
Sollten Sie mir meine Offenheit übelnehmen?

Machiavelli
Warum denn!

Montesquieu
Darf ich damit rechnen, daß Sie Ihre Gedanken ein klein wenig geändert haben?

Machiavelli
Ich erbiete mich, alle die schönen Dinge, von denen Sie eben geredet haben, Stück für Stück zu erledigen und Ihnen zu beweisen, daß es allein meine Lehren

sind, die auch heute noch gelten trotz der neuen Ideen, trotz der neuen Sitten, trotz Ihrer sogenannten Prinzipien des Staatsrechts, trotz aller Einrichtungen, von denen Sie eben gesprochen haben. Aber gestatten Sie mir, vorher eine Frage an Sie zu richten: Bis zu welchem Zeitpunkt haben Sie die Geschichte der Gegenwart verfolgt?

Montesquieu
Die Kenntnisse, die ich mir über die verschiedenen Staaten Europas erworben habe, reichen bis in die letzten Tage des Jahres 1847. Auf meinem Irrweg durch diese endlosen Weiten und durch die wirre Menge abgeschiedener Seelen, die sie erfüllen, hat mich der Zufall keine einzige treffen lassen, die mich über diese Zeit hinaus hätte unterrichten können, die ich Ihnen angegeben habe. Seit ich in das Reich der Schatten hinabstieg, habe ich etwa ein halbes Jahrhundert unter den Völkern der Alten Welt verbracht, und es ist kaum ein Vierteljahrhundert her, daß ich auf die Scharen der modernen Völker gestoßen bin. Dabei kamen die meisten aus den entlegensten Winkeln der Welt. Ich weiß nicht einmal genau, in welchem Jahre der Welt wir jetzt sind.

Machiavelli
Hier sind also die Letzten die Ersten, Montesquieu! Der Staatsmann des Mittelalters, der Politiker bar-

barischer Zeiten ist in der Lage, daß er von der Geschichte der modernen Zeit mehr weiß als der Philosoph des achtzehnten Jahrhunderts. Die Völker leben im achtzehnhundertvierundsechzigsten Jahre des Heils.

Montesquieu
Würden Sie die Güte haben, Machiavelli, mich wissen zu lassen — ich bitte Sie sehr darum —, was sich in Europa seit dem Jahre 1847 zugetragen hat?

Machiavelli
Das werde ich, wenn Sie gestatten, nicht eher tun, als bis ich mir das Vergnügen gemacht habe, Ihre Theorien bis in ihren letzten Grund zu erschüttern.

Montesquieu
Ganz nach Ihrem Belieben. Aber Sie können mir glauben, daß ich mir hierüber keine Sorgen mache. Jahrhunderte sind nötig, um die Grundsätze und die Form der Regierung zu wechseln, an die sich die Völker einmal gewöhnt haben. Eine neue Staatslehre könnte seit den letzten fünfzehn Jahren gar nicht entstanden sein, und wenn es so wäre, dann wären es jedenfalls niemals die Lehren Machiavellis, die gesiegt haben könnten.

Machiavelli
Sie denken sich das so! Hören nun Sie mir zu.

VIERTES GESPRÄCH

Machiavelli

Als ich von Ihren Theorien über die Teilung der Gewalten hörte und von den Wohltaten, die ihr die Völker Europas verdanken, konnte ich mich, mein lieber Montesquieu, nicht enthalten, mich darüber zu wundern, wie sehr das Blendwerk der Systeme auch über die größten Geister Macht gewinnen kann.

Verführt durch die Verfassung Englands, haben Sie geglaubt, Sie könnten aus dem konstitutionellen Regime das Allheilmittel der Staaten machen. Aber Sie haben nicht mit der zwangsläufigen Entwicklung gerechnet, die heute die Gemeinschaften aus ihren Traditionen von gestern herausreißt. Es werden nicht zwei Jahrhunderte vergehen, und diese Regierungsform, die Sie so bewundern, ist in Europa nichts weiter als eine historische Erinnerung, etwas Veraltetes und nicht mehr Geltendes, etwa so wie die Regel von den drei Einheiten des Aristoteles.

Gestatten Sie mir zunächst, Ihren Staatsmechanismus als solchen einer Prüfung zu unterziehen: Sie balancieren die drei Gewalten gegeneinander aus, und Sie beschränken jede auf ihr Gebiet. Die eine wird die Gesetze machen, die andere wird sie geben, eine dritte sie ausführen. Der Fürst wird herrschen, die Minister werden regieren. Eine vortreffliche Sache, diese konstitutionelle Schaukel! Sie haben alles vorausgesehen, alles geregelt, nur nicht den Antrieb. Ein solches System würde nicht zur

Aktivität, sondern zur Unbeweglichkeit führen, wenn der Mechanismus genau funktionierte. Aber in Wirklichkeit werden sich die Dinge nicht so abspielen. Bei der ersten Gelegenheit wird sich die Bewegung von selbst einstellen, dadurch, daß eine der Federn zerbricht, die Sie so sorgsam geschmiedet haben. Glauben Sie wirklich, daß die Gewalten lange in ihren durch die Verfassung festgelegten Grenzen bleiben werden, die Sie ihnen gesteckt haben, und daß sie diese nicht einmal überschreiten sollten? Wo gäbe es eine unabhängige gesetzgebende Versammlung, die nicht nach der Souveränität strebte? Wo gäbe es die Behörde, die der öffentlichen Meinung keine Konzessionen machte? Wo gäbe es vor allem den Fürsten, den Herrscher über ein Reich oder den Präsidenten einer Republik, der ohne Vorbehalt die passive Rolle zu spielen bereit wäre, zu der Sie ihn verurteilt haben, der nicht im geheimen daran dächte, die mit ihm rivalisierenden Gewalten, die seine Handlungsfreiheit beeinträchtigen, zu stürzen? In Wirklichkeit haben Sie nur alle einander entgegengesetzten Mächte gegeneinander gehetzt, zu allen Übergriffen angeregt, allen Parteien Waffen in die Hand gegeben. Sie haben die Macht dem Ansturm eines jeden Ehrgeizes ausgesetzt und aus dem Staat eine Arena gemacht, in die sich die entfesselten Parteien stürzen werden. In kurzer Zeit wird alles in Unordnung sein. Geschwätzige Redner werden aus den beratenden Versammlungen Redeturniere machen. Freche Journalisten, zügellose Pamphletisten werden jeden Tag die Person des Souveräns angreifen, die Regierung, die Minister, die Staatsbeamten diskreditieren ...

Montesquieu
Ich kenne diese Vorwürfe gegen die liberalen Regierungen schon lange. Sie haben für mich keine Bedeutung. Der Mißbrauch von Einrichtungen ist kein Urteil gegen sie selbst. Ich kenne viele Staaten, die unter solchen Gesetzen in Frieden leben, und zwar seit langer Zeit. Ich bedaure die, die nicht mit solchen Gesetzen leben können.

Machiavelli
Warten Sie nur ab! Bei Ihren Erwägungen haben Sie nur mit sozialen Minderheiten gerechnet. Es gibt ungeheuer große Volksschichten, die durch ihre Armut an die Arbeit gefesselt sind, so wie sie es einst durch die Sklaverei waren. Ich frage Sie: Was bedeuten alle ihre parlamentarischen Erfindungen für deren Wohlergehen? Ihre große politische Entwicklung hat nur mit dem Siege einer Minderheit geendet, die ihre Privilegien dem Zufall der Wahlen verdankt, so wie der alte Adel sie seiner Geburt verdankte. Was bedeutet es für den Proletarier, der von der Last seiner Arbeit niedergebeugt, von der Wucht seines Schicksals erdrückt wird, daß ein paar Redner das Recht zu sprechen haben, daß ein paar Journalisten das Recht zu schreiben haben? Ihr habt Rechte geschaffen, die für die Masse des Volkes

immer reine Theorie bleiben werden, da sie keinen Gebrauch von ihnen machen kann. Diese Rechte, die theoretisch der Masse durch das Gesetz eingeräumt werden und deren praktische Ausübung ihr durch die Not des Lebens vorenthalten wird, sind für sie nur ein bitterer Hohn auf ihr Schicksal. Ich sage Ihnen, daß die große Masse diese Gesetze eines Tages hassen und sie mit eigener Hand zerschlagen wird, um sich dem Despotismus anzuvertrauen.

Montesquieu
Wie doch Machiavelli die Humanität mißachtet, wie niedrig er sich die Gesinnung der modernen Völker vorstellt! Allmächtiger Gott, ich kann nicht glauben, daß Du sie so schlecht geschaffen hast. Was auch Machiavell über sie sagen mag, er kennt eben die Grundsätze und die Existenzbedingungen der gegenwärtigen Kultur nicht. Daß man arbeiten muß, das ist heute für alle das gemeinsam geltende Gesetz, so wie es auch ein göttliches Gesetz ist; und weit entfernt davon, daß es bei den Menschen ein Zeichen der Knechtschaft wäre, ist es vielmehr das Rad, das sie vereinigt, das Mittel, das sie alle gleich macht.

Die politischen Rechte sind für das Volk nichts Illusorisches in den Staaten, in denen das Gesetz keine Privilegien kennt und jede Laufbahn jedem Tüchtigen offensteht. Gewiß — und in keiner Gesellschaft kann das anders sein — zieht die Ungleichheit der Intelligenz und des Vermögens für die einzelnen unvermeidliche Ungleichheiten in der Ausübung ihrer Rechte nach sich; aber ist es nicht genug, daß die Rechte existieren, damit die Forderung der Aufklärung erfüllt wird, damit die Mündigsprechung der Menschen so weit gesichert ist, wie sie es nur sein kann? Selbst für die, die der Zufall unter den allerniedrigsten Bedingungen geboren sein ließ, bedeutet es für sie gar nichts, im Gefühl ihrer Unabhängigkeit und ihrer Bürgerwürde zu leben? Und das ist nur die eine Seite der Sache; denn wie der hohe Stand der Sittlichkeit der Völker von ihrer Freiheit abhängt, so hängen ebenso auch ihre materiellen Interessen von ihr ab.

Machiavelli
Darauf habe ich nur gewartet. Die Schule, zu der Sie gehören, hat Prinzipien aufgestellt, deren letzte Konsequenzen sie gar nicht zu sehen scheint. Sie glauben, daß sie zur Herrschaft der Vernunft führen werden. Ich werde Ihnen zeigen, daß sie zur Herrschaft der Gewalt zurückführen. Nimmt man Ihr politisches System in seiner ursprünglichen Reinheit, so besteht es darin, daß den verschiedenen Mächtegruppen, aus denen die Gesellschaften sich zusammensetzen, ein ungefähr gleicher Anteil an der politischen Betätigung gegeben wird, daß man die sozialen Kräfte in ein richtiges Verhältnis zueinander setzt. Sie wollen nicht, daß das aristokratische Element einen Druck auf das demokratische ausübt. Trotzdem ist das Mischungsverhältnis Ihrer Einrichtungen

so, daß der Aristokratie mehr Gewalt gegeben wird als dem Volke, dem Fürsten mehr als der Aristokratie, da Sie die Gewalten nach dem Verhältnis der politischen Fähigkeit derer verteilen, die sie ausüben sollen.

Montesquieu
Das ist richtig.

Machiavelli
Sie lassen die verschiedenen Gesellschaftsklassen an den öffentlichen Ämtern teilnehmen je nach dem Grade ihrer Eignung und ihrer Begabung. Sie geben der Bürgerschaft die Gleichberechtigung durch das Stimmrecht. Sie beschränken den Einfluß des Volkes durch das Zensuswahlrecht. Aus den dem Volke gegebenen Freiheiten geht die Macht der öffentlichen Meinung hervor. Die Aristokratie blendet durch ihre großartige Lebensführung. Der Thron wirft den Glanz der höchsten Würde über die Nation. Sie bewahren alle Traditionen, alle großen Erinnerungen, den Kultus alles Bedeutenden. Bei oberflächlicher Betrachtung sieht man eine monarchisch regierte Gesellschaft, aber im Grunde ist alles demokratisch; denn in Wirklichkeit gibt es keinerlei Schranken zwischen den Klassen, und die Arbeit ist das Mittel, durch das jeder sein Glück machen kann. Ist es nicht ungefähr so?

Montesquieu
Jawohl, Machiavelli, und Sie sind wenigstens imstande, die Ansichten zu verstehen, die Sie nicht teilen.

Machiavelli
Gut! Aber alle diese schönen Dinge sind vorbei, oder sie werden vorbei sein wie ein schöner Traum. Denn Sie haben da noch ein Prinzip, durch das alle diese Einrichtungen mit einer blitzartigen Geschwindigkeit vernichtet werden.

Montesquieu
Und was ist das für ein Prinzip?

Machiavelli
Es ist die Souveränität des Volkes. Man wird wohl eher die Quadratur des Kreises finden, als daß es gelingt, den Ausgleich der Gewalten mit dem Auftreten dieses Prinzips bei den Völkern, bei denen man es einführt, in Einklang zu bringen. Mit ganz unvermeidbarer Konsequenz wird sich das Volk eines Tages aller der Gewalten bemächtigen, von denen man erklärt hat, daß ihr Prinzip im Volke selbst liege. Und wird es das tun, um sich die Ausübung dieser Gewalten für immer zu sichern? Nein. Ein paar Tage lang tobt es sich aus, dann wirft es sie, ihrer müde geworden, dem ersten besten Glücksritter hin, der ihm in den Weg läuft. In Ihrem Lande haben Sie ja im Jahre 1793 gesehen, wie die französischen Halsabschneider mit der konstitutionellen Monarchie umgegangen sind: Das Volk hat sich seine Souveränität durch die Hinrichtung seines Königs selbst bestätigt, dann hat es alle seine Rechte verschleudert; es hat sich an

einen Robespierre, einen Barras, einen Napoleon verschenkt.

Sie sind ein großer Theoretiker, aber Sie kennen die unfaßbar niedrige Gesinnung der Völker nicht. Ich denke dabei nicht an die Völker meiner Zeit, sondern an die der Ihren. Kriecherisch vor der Gewalt, erbarmungslos gegen jede Anwandlung von Schwäche, keinen harmlosen Fehltritt verzeihend, aber nachsichtig, wenn es sich um Verbrechen handelt, unfähig, die Unbequemlichkeiten eines freiheitlichen Regimes zu ertragen, aber geduldig bis zum Martyrium gegenüber allen Gewaltakten eines frechen Despoten, zerschlagen sie in Augenblicken des Zornes die Throne, um sich an Herrscher wegzuwerfen, denen sie Schändlichkeiten vergeben, für deren kleinste sie zwanzig konstitutionelle Könige enthauptet hätten.

Suchen Sie nur nach der Gerechtigkeit, suchen Sie nach dem Recht, der Stabilität, der Ordnung, nach dem Respekt vor den so komplizierten Formen Ihres parlamentarischen Mechanismus bei den gewalttätigen, undisziplinierten, ungebildeten Massen, zu denen Sie selbst gesagt haben: Ihr seid das Recht, ihr seid die Herren, ihr seid die Richter über den Staat! Oh, ich weiß, daß der weise Montesquieu, der vorsichtige Politiker, der die Prinzipien aufstellte und die aus ihnen sich ergebenden Konsequenzen für sich behielt, in seinem *Geist der Gesetze* nichts von dem Dogma der Volkssouveränität geschrieben hat. Aber — wie Sie es eben gesagt haben — die

Konsequenzen ergeben sich von selbst aus den Prinzipien, die Sie aufgestellt haben. Die Verwandtschaft Ihrer Lehren mit der Lehre vom *contrat social* ist deutlich genug zu erkennen. Daher war mit dem Tage, an dem die französischen Revolutionäre, die auf die Worte ihres Meisters schwuren, erklärten: »Eine Verfassung kann nur das freie Werk der Übereinkunft zwischen Gleichgestellten sein«, die monarchische und die parlamentarische Regierung in Ihrem Vaterlande zum Tode verurteilt. Vergebens hat man versucht, die Prinzipien wiederherzustellen, vergebens hat Ihr König Ludwig XVIII., als er nach Frankreich zurückkehrte, versucht, die Staatsgewalten wieder auf diesen ihren Ursprung zurückzuführen, dadurch, daß er die Erklärungen vom Jahre 1789 veröffentlichte, als ob sie aus einem Zugeständnis des Königs entstanden wären; dieser fromme Betrug einer aristokratischen Monarchie stand in zu flagrantem Widerspruch mit der Vergangenheit. Er mußte untergehen im Geschrei der Revolution von 1830, so wie die Regierung von 1830 ihrerseits ...

Montesquieu
Sprechen Sie nur weiter.

Machiavelli
Ich möchte nicht vorgreifen. Das, was Sie und ich von der Vergangenheit wissen, gibt mir von hier an das Recht zu behaupten, daß das Prinzip der Volks-

souveränität alle Stabilität zerstört, daß es ohne jede Einschränkung das Recht zur Revolution geheiligt hat. Es bringt die Gesellschaften in einen offenen Krieg gegen alle menschlichen Mächte und selbst gegen Gott. Es ist die Verkörperung der Gewalt selbst. Es macht aus dem Volke eine wilde Bestie, die erst dann zur Ruhe kommt, wenn sie satt ist vom Blut, und die man an die Kette legen muß. Und die unabänderliche Entwicklung, die alle Gesellschaften durchmachen, deren Leben nach diesem Prinzip gestaltet wird, ist dann: Die Volkssouveränität bringt die Demagogie hervor, die Demagogie die Anarchie, die Anarchie führt zum Despotismus zurück. Für Sie ist der Despotismus etwas Barbarisches. Schön! Sie sehen also, daß die Völker auf dem Wege der Zivilisation zur Barbarei zurückkehren.

Aber das ist noch nicht alles. Ich behaupte ferner, daß der Despotismus, wenn man die Sache von anderen Gesichtspunkten aus betrachtet, auch die einzige Regierungsform ist, die wirklich zum sozialen Zustand der modernen Völker paßt. Sie haben zu mir gesagt, die materiellen Interessen der Völker hingen von ihrer Freiheit ab. Damit haben Sie es mir allzu leicht gemacht. Was sind denn so im allgemeinen die Staaten, die es nötig haben, sich auf die Freiheit zu stützen? Es sind solche, die von großen Gefühlen leben, von großen Passionen, vom Heroismus, vom Glauben, auch von der Ehre, so wie zu Ihrer Zeit die französische Monarchie, von der Sie das selbst sagten.* Der Stoizismus kann ein Volk frei machen, auch das Christentum könnte, unter gewissen Umständen, diesen Vorzug für sich beanspruchen. Ich verstehe, daß die Freiheit für Athen eine Notwendigkeit war, für Rom, für Völker, die nur vom Waffenruhm lebten, deren Bedürfnisse nach Ausbreitung der Krieg befriedigte, die infolgedessen alle Energien des Patriotismus brauchten, alle Begeisterung der Bürger, um über ihre Feinde zu siegen. Die dem Volke gewährten Freiheiten waren in den Staaten ein natürliches Erbgut, in denen die niedrigen und mechanisch zu verrichtenden Arbeiten den Sklaven überlassen wurden und der Mann des Volkes ein unnützes Geschöpf gewesen wäre, wenn er sich nicht als Staatsbürger politisch betätigte. Die Freiheit hat für mich auch noch einen Sinn zu gewissen Zeiten der christlichen Ära, besonders in den kleinen Staaten, die untereinander so wie die griechischen Republiken durch Bündnissysteme verknüpft waren, zum Beispiel in Italien und in Deutschland. Ich finde hier so etwas wie natürliche Ursachen, die die Freiheit nötig machen. Sie wäre eine fast harmlose Sache gewesen zu Zeiten, in denen das Autoritätsprinzip nicht in Frage gestellt war, wo die Religion noch eine absolute Macht über die Gemüter ausübte, wo das Volk unter der Vormundschaft der

---

* Im III. Buche des *Geistes der Gesetze* stellte Montesquieu die Prinzipien der Staatsformen auf. Das Prinzip der Demokratie ist die politische Tugend, die in der Achtung vor dem Gesetz und in der Liebe zum Vaterland besteht, das der Monarchie ist die Ehre, das des Despotismus die Furcht.

Innungen, Zünfte, Kirchen gefügig unter der Hand seiner Hirten dahinlebte. Wenn man damals an seine politische Befreiung herangegangen wäre, hätte sie ganz gefahrlos sein können; denn sie hätte sich im Einklang mit den Prinzipien vollzogen, auf denen die Existenz aller Gemeinschaften ruht. Aber bei Ihren großen Staaten, die nur noch von der Industrie leben, bei Ihren Bevölkerungen ohne Gott und ohne Glauben, in diesen Zeiten, wo die Völker nicht mehr durch Kriege zufriedengestellt werden und wo ihre gewaltige Aktivität notwendig nach innen schlägt, kann die Freiheit mitsamt den Prinzipien, die ihr Fundament bilden, nur noch der Grund zur Auflösung und zum Untergang sein. Dazu kommt, daß sie für die moralischen Bedürfnisse der Individuen ebensowenig nötig ist wie für die Staaten.

Die Ermattung des selbständigen Denkens und die Erschütterung durch die Revolutionen haben Gemeinschaften hervorgebracht, die, ausgebrannt und verbraucht, gegen die Politik ebenso wie gegen die Religion gleichgültig geworden sind, die keinen anderen Reiz mehr kennen als die materiellen Genüsse, die nur noch für ihren eigenen Vorteil leben, die keinen anderen Kultus als den des Geldes kennen, die in ihren Handelspraktiken die Juden noch übertreffen, die sie sich zum Vorbild genommen haben. Glauben Sie, daß die unteren Klassen es aus Liebe zur Freiheit als solcher unternehmen werden, sich die Macht im Staate zu erobern? Sie tun es aus Haß gegen die Besitzenden; sie tun es im Grunde genommen, um ihnen die Reichtümer, die Mittel zum Genuß, zu entreißen.

Die Besitzenden aber bitten flehentlich nur um eins: um die energische Faust, um eine starke Staatsgewalt. Sie fordern von ihr nur: den Staat gegen Agitationen zu schützen, denen seine schwache Konstitution nicht standhalten könnte, und ihnen selbst die Sicherheit zu geben, die sie brauchen, um ihren Genüssen und ihren Geschäften nachgehen zu können. Welche Regierungsform wollen Sie denn solchen Gesellschaften geben, in die sich die Korruption überall eingeschlichen hat, in denen man sein Vermögen nur durch Überlistung und Betrug erwirbt, wo die Sittlichkeit nur noch durch die Strafgesetze aufrechterhalten wird, wo selbst die Vaterlandsliebe in einem allgemeinen Kosmopolitismus untergegangen ist?

Ich kenne für solche Gemeinwesen, die in Wahrheit nur Kolosse auf tönernen Füßen sind, keine andere Rettung als die Einführung einer straffen Zentralisation, die die ganze Staatsmacht den Regierenden zur Verfügung stellt, in einer Beamtenhierarchie ähnlich der des Römischen Reiches, die das ganze Leben der einzelnen mechanisch regelt, in einem umfassenden System von Gesetzen, die jede einzelne von den Freiheiten, die unklugerweise gewährt wurden, wieder rückgängig machen, kurz in einem gigantischen Despotismus, der unmittelbar und sofort jeden, der Widerstand leistet, jeden, der sich beklagt, niederschlagen kann. Das Cäsarentum des oströmischen Kaiserreichs scheint mir ganz gut das verwirklicht zu haben, was ich mir für das Wohl der modernen Staaten wünsche. Dank des ausgedehnten Verwaltungsapparates, der, wie man mir sagte, in mehr als einem Lande Europas bereits in Betrieb ist, können sie in Frieden leben wie die Völker in China, in Japan, in Indien. Ein verbreitetes Vorurteil darf uns nicht dazu verleiten, diese orientalischen Kulturen zu verachten, deren Einrichtung man von Tag zu Tag mehr schätzenlernt. Das chinesische Volk zum Beispiel ist ein sehr kultiviertes Volk und sehr gut verwaltet.

FÜNFTES GESPRÄCH

Montesquieu
Ich zögere, Ihnen zu antworten, Machiavelli; denn in Ihren letzten Worten liegt etwas so satanisch Spöttisches, daß ich Sie in dem stillen Verdacht habe, daß Ihre Reden nicht ganz mit Ihren geheimen Gedanken zusammenstimmen. Ja, Sie haben jene fatale Beredsamkeit, die einen von der Fährte der Wahrheit abführt, und Sie sind wirklich der finstere Geist, dessen Name immer noch das Entsetzen der gegenwärtig lebenden Menschen ist. Immerhin erkenne ich gern an, daß man bei der Begegnung

mit einem so gewaltigen Geiste zu viel verlieren würde, wenn man alles, was er sagt, schweigend hinnähme. Ich will Sie bis zu Ende anhören, und ich will Ihnen auch antworten, obgleich ich nach den bis jetzt gemachten Erfahrungen wenig Hoffnung habe, Sie zu überzeugen. Sie haben soeben von der modernen Gesellschaft ein recht düsteres Bild entworfen. Ich kann nicht beurteilen, ob es getreu ist, aber es ist zum mindesten unvollständig. Denn immer steht neben dem Schlechten das Gute, und Sie haben mir nur das Schlechte gezeigt. Außerdem haben Sie mir kein Mittel an die Hand gegeben, durch das ich nachprüfen könnte, wieweit Sie die Wahrheit sagen; denn ich weiß weder, welche Völker, noch, welche Staaten Sie gemeint haben, als Sie mir dieses dunkle Bild von der Gesinnung unserer Zeitgenossen entwarfen.

Machiavelli
Nun, dann nehmen wir an, daß ich mir als Beispiel unter allen Nationen Europas das Volk ausgesucht habe, das am meisten in der Kultur fortgeschritten ist und zu dem — ich möchte das gleich betonen — das Bild, das ich entworfen habe, noch am wenigsten passen dürfte ...

Montesquieu
Sie meinen doch wohl das französische Volk.

Machiavelli
Jawohl.

Montesquieu
Sie haben recht. Denn in dieses Volk sind die trüben Lehren des Materialismus noch am wenigsten eingedrungen. Frankreich ist der Herd der großen Ideen und der großen Passionen geblieben, von denen Sie glauben, daß ihre Quelle versiegt, und von hier sind die großen Prinzipien des Staatsrechts ausgegangen, denen Sie keinerlei Einfluß auf die Regierung der Staaten einräumen.

Machiavelli
Sie können noch hinzufügen, daß es die altehrwürdige Versuchsanstalt für politische Theorien ist.

Montesquieu
Ich kenne kein Experiment, das auf die Dauer dem Aufkommen des Despotismus förderlich gewesen wäre, in Frankreich ebensowenig wie woanders bei den Völkern der Gegenwart, und das ließ mich eben Ihre Theorien von der Notwendigkeit des Absolutismus sehr wenig der Wirklichkeit entsprechend finden. Ich kenne bis jetzt nur zwei Staaten in Europa, die vollkommen frei von allen den liberalen Einrichtungen sind, durch die das monarchische Element nach allen Seiten hin eingeschränkt wurde, das sind die Türkei und Rußland. Wenn Sie aber näher in die Umtriebe hineinblicken, die sich im Innern der zuletzt genannten Macht abspielen, so würden Sie doch vielleicht die Symptome eines nahen Umsturzes finden. Sie sagen mir voraus — und das mag richtig

sein —, daß in einer mehr oder weniger nahen Zukunft die Völker, die von einer für sie unvermeidlichen Auflösung bedroht sind, zum Despotismus als zu ihrer letzten Zuflucht zurückkehren und daß sie sich eine Verfassung nach dem Muster großer absolutistischer Monarchien geben werden, die denen in Asien ähnlich sind. Das ist nur eine Voraussage. Wieviel Zeit wird vergehen, bis sie sich erfüllt?

Machiavelli
Weniger als hundert Jahre.

Montesquieu
Sie machen es wie alle Propheten. Ein ganzes Jahrhundert! Damit haben Sie immer gewonnenes Spiel. Aber lassen Sie mich Ihnen jetzt sagen, warum Ihre Prophezeiung sich nicht erfüllen wird. Die modernen Gesellschaften dürfen heute nicht mehr mit den Augen der Vergangenheit betrachtet werden. Ihre Sitten, ihre Gewohnheiten, ihre Bedürfnisse, alles hat sich geändert. Man darf sich nicht mehr ohne Einschränkung auf Analogien in der Geschichte verlassen, wenn es sich darum handelt, sich ein Urteil über die Zukunft zu bilden. Man muß sich vor allem davor hüten, Tatsachen, die nur zufällig sind, für allgemeine Gesetze zu halten und das, was in bestimmten Situationen oder Zeiten notwendig war, in allgemeingültige Regeln umzusetzen. Folgt aus der Tatsache, daß der Despotismus im Laufe der Geschichte mehrmals als Folge sozialer Umwälzungen auftrat, daß er zum Regierungsprinzip erhoben

werden muß? Darf ich daraus, daß er in der Vergangenheit als Übergangsstadium diente, schließen, daß er dazu geeignet ist, die Krisen der modernen Zeiten zu beseitigen? Ist es nicht viel vernünftiger, wenn man sagt, daß andere Übelstände auch andere Abhilfen erfordern, andere Probleme andere Lösungen, andere soziale Zustände andere politische? Ein unabänderliches Gesetz der menschlichen Gesellschaft ist es jedenfalls, daß sie nach der Vervollkommnung, nach dem Fortschritt strebt. Die ewige Weisheit hat sie, wenn ich so sagen darf, hierzu verurteilt; sie hat ihr die Rückentwicklung versagt. Sie muß das Endziel dieses Fortschritts erreichen.

Machiavelli
Oder sie muß sterben.

Montesquieu
Verlieren wir uns nicht in Extreme. Die Völker sterben nicht, wenn sie sich noch im Kindesalter befinden. Haben sie sich auf die für sie passende Art und Weise eingerichtet, dann können sich ihre Einrichtungen verschlechtern, zerfallen und zugrunde gehen; aber sie haben dabei mehrere Jahrhunderte überdauert. So sind die verschiedenen Völker Europas nacheinander durch Umformungen hindurchgegangen, vom Feudalsystem zum monarchischen System, vom monarchischen zum konstitutionellen Regime. Diese fortschreitende Entwicklung, deren Einheitlichkeit so imposant ist, hat nichts

Zufälliges an sich. Sie hat sich als notwendige Folge der Entwicklung vollzogen, die sich auf dem Gebiete der Gedanken abspielte, bevor diese in Taten umgesetzt wurden.

Die Gesellschaften können keine anderen Regierungsformen haben als solche, die mit ihren Prinzipien übereinstimmen, und es geht gegen dieses allgemeingültige Gesetz, für das Sie selbst eingetreten sind, wenn Sie meinten, der Despotismus vertrage sich mit der modernen Kultur. Solange die Völker die Souveränität als etwas unmittelbar aus dem Willen Gottes Hervorgehendes betrachteten, unterwarfen sie sich der absoluten Gewalt, ohne zu murren. Solange ihre Einrichtungen noch nicht dazu genügten, ihre Entwicklung sicherzustellen, haben sie die Willkürherrschaft angenommen. Aber mit dem Tage, an dem ihre Rechte anerkannt und feierlich verkündet wurden, mit dem Tage, an dem bessere Einrichtungen es erlaubten, in Freiheit über alle Funktionen des Gemeinschaftsorganismus Beschlüsse zu fassen, stürzte die Fürstenpolitik von ihrer Höhe herab, die Macht wurde vom öffentlichen Leben abhängig, die Regierungskunst verwandelte sich in eine Sache der Verwaltung. Heute sind die Dinge in den Staaten derart geregelt, daß die leitende Staatsmacht in ihnen nur noch als Antrieb der organisierten Kräfte in Erscheinung tritt.

Gewiß, wenn Sie annehmen, daß diese Gesellschaften von all den Korruptionen, all den Lastern infiziert sind, von denen Sie eben gesprochen haben, dann werden sie mit einem einzigen raschen Schritt ihrer Auflösung entgegengehen. Aber wie kann es Ihnen entgehen, daß die Folgerung, die Sie daraus ziehen, eine echte *petitio principii* ist? Seit wann erniedrigt die Freiheit die Seelen und degradiert den Charakter? Das lehrt uns die Geschichte nicht. Denn sie bezeugt überall in leuchtenden Lettern, daß die bedeutendsten Völker auch die freiesten gewesen sind. Wenn, wie Sie sagten, in einem mir unbekannten Teile Europas die Sittlichkeit gesunken ist, so geschah es, weil der Despotismus darüber kam, weil dort die Freiheit erlosch. Man muß sie also dort erhalten, wo sie ist, und sie da wiederherstellen, wo sie nicht mehr ist.

Vergessen Sie nicht, daß wir hier von den Prinzipien reden. Und wenn die Ihren auch andere sind als die meinen, so verlange ich von Prinzipien doch, daß sie sich nicht ändern. Aber ich weiß nicht, was ich davon denken soll, wenn ich höre, wie Sie die Freiheit im Altertum rühmen, sie aber für die modernen Zeiten in Acht und Bann tun, wenn Sie sie je nach Zeit und Ort bald verwerfen, bald anerkennen. Selbst wenn man diese Unterschiede als zu Recht bestehend zugibt, so bleibt doch das Prinzip deshalb nicht weniger in Geltung, und das Prinzip allein ist es, an das ich mich halte.

Machiavelli
Ich sehe nur, daß Sie wie ein geschickter Lotse die Klippen vermeiden und sich auf hoher See halten.

Die Allgemeinheiten leisten in der Diskussion immer die besten Dienste. Aber ich gestehe, daß ich recht ungeduldig geworden bin. Ich will doch wissen, wie sich der würdige Montesquieu mit dem Prinzip der Volkssouveränität abfindet. Ich habe bis jetzt noch nicht zu hören bekommen, ob es nun einen Teil Ihres Systems bildet oder nicht. Erkennen Sie es an oder tun Sie das nicht?

Montesquieu
Ich kann auf eine Frage, die so formuliert wird, nicht antworten.

Machiavelli
Ich konnte mir schon denken, daß auch Ihr Verstand vor diesem Gespenst in Verwirrung geraten würde.

Montesquieu
Sie irren sich, Machiavelli. Aber bevor ich Ihnen antworte, muß ich Sie daran erinnern, was meine Schriften eigentlich waren und was für eine Mission sie erfüllen konnten. Sie haben meinen Namen mit der Verantwortung für die Ungerechtigkeiten der französischen Revolution belastet. Das ist ein recht hartes Urteil über den Philosophen, der auf der Suche nach der Wahrheit mit so vorsichtigen Schritten vorgegangen ist. Geboren in einem Jahrhundert geistiger Erregung, am Vorabend einer Revolution, die die alten Formen der monarchischen Regierung in meinem Vaterlande beseitigen sollte, kann ich wohl

sagen, daß seitdem mein Blick keine der unmittelbaren Folgen übersah, die sich aus der Fortentwicklung der Ideen ergaben. Ich konnte mich nicht der Erkenntnis verschließen, daß das System der Teilung der Gewalten eines Tages notwendigerweise die Stelle, von der die Souveränität ausgeht, verschieben würde.

Wenn dieses Prinzip schlecht erkannt, schlecht definiert, vor allem schlecht angewendet wurde, so konnte es furchtbare Mißdeutungen nach sich ziehen und die französische Gesellschaft von Grund aus umstürzen. Das Gefühl für diese Gefahren wurde mir bei der Arbeit an meinen Werken zur Richtschnur. Während unvorsichtige Neuerer, die sich unmittelbar an die Quelle der Macht heranwagten, in ihrer Ahnungslosigkeit eine furchtbare Katastrophe vorbereiteten, gab ich mich allein damit ab, die Formen der freiheitlichen Regierungen zu studieren und die eigentlichen Prinzipien herauszuarbeiten, die ihrer Durchführung vorangehen. Da ich mehr Staatsmann als Philosoph, mehr Jurist als Theologe, eher ein praktischer Gesetzgeber, wenn ich mich so nennen darf, als ein Theoretiker bin, glaubte ich für mein Land mehr zu tun, wenn ich es lehrte, sich selbst zu regieren, als wenn ich das Prinzip der Autorität selbst in Frage stellte. Aber ich möchte um Gottes willen nicht versuchen, mir auf Kosten derer, die wie ich voll guten Glaubens nach der Wahrheit gesucht haben, ein größeres Verdienst zuzuschreiben. Wir haben alle Fehler gemacht, aber jeder muß die Verantwortung für seine eigenen Taten tragen.

Gewiß, Machiavelli, und ich zögere keinen Augenblick, Ihnen dieses Zugeständnis zu machen, Sie hatten recht, wenn Sie eben sagten, die Befreiung des französischen Volkes hätte mit den höheren Prinzipien in Übereinstimmung stehen müssen, die über die Existenz der menschlichen Gesellschaften entscheiden, und dieses Zugeständnis kann Ihnen schon eine Vorstellung davon vermitteln, welches Urteil ich über das Prinzip der Volkssouveränität abgeben werde.

Zunächst lasse ich keine Auffassung der Volkssouveränität zu, die die Klasse der Gebildeten von ihr auszuschließen scheint. Diese Bestimmung ist grundlegend, weil nur durch sie aus einem Staate eine reine Demokratie oder ein Repräsentativstaat gemacht werden kann. Wenn die Souveränität irgendwo ist, dann ist sie bei der *ganzen* Nation. Ich werde sie daher von jetzt an die nationale Souveränität nennen. Aber die Idee dieser Souveränität enthält keine absolute, sondern nur eine relative Wahrheit. Die Unumschränktheit der dem Menschen gegebenen Macht ist mit einem Gedanken verbunden, dessen Durchführung alles von Grund aus umstürzt, mit dem Gedanken der Souveränität der Menschenrechte. Diese materialistische und atheistische Lehre hat die französische Revolution in Ströme von Blut gestürzt und hat ihr nach dem Rausch der Freiheit die Schmach des Despotismus gebracht. Es ist nicht ganz richtig, wenn man sagt, daß die Völker die absoluten Herren ihres Geschicks sind; denn ihr souveräner Herr ist Gott selbst, und sie werden niemals außerhalb des Bereichs seiner Macht stehen. Wenn sie im Besitz der absoluten Souveränität wären, so könnten sie alles auch gegen die ewige Gerechtigkeit, auch gegen Gott vollbringen. Wer sollte es wagen, so weit zu gehen? Aber wenn man das Prinzip des göttlichen Rechtes in der Bedeutung nimmt, die man für gewöhnlich mit diesem Worte verbindet, dann ist es nicht weniger verderblich, denn es liefert die Völker dem Obskurantismus, der Willkür und der Niedertracht aus, es führt wieder zur Kastenherrschaft als seiner logischen Konsequenz, es macht aus den Völkern eine Herde von Sklaven, die, wie in Indien, von Priestern gelenkt wird und unter der Geißel ihres Herrn zittert. Wie könnte es anders sein? Wenn der Souverän der Gesandte Gottes, wenn er sogar der Stellvertreter Gottes auf Erden ist, dann hat er alle Macht über die menschlichen Kreaturen, die seiner Herrschaft unterworfen sind, und diese Macht wird ihre Schranke nur an den allgemeinen Regeln haben, nach denen dem einen recht ist, was dem andern billig ist, die man immer leicht durchbrechen kann.

Auf dem Felde, das zwischen diesen beiden Extremen liegt, sind die erbittertsten Schlachten des Parteigeistes geschlagen worden. Die einen schrieen: Nur keine göttliche Autorität!, die anderen: Nur keine menschliche Autorität! Du erhabene Vorsehung, meine Vernunft sträubt sich dagegen, die eine oder die andere dieser Alternativen anzunehmen. Sie erscheinen mir beide als dieselbe Lästerung deiner Weisheit. Zwischen dem göttlichen Recht, das den Menschen ausschließt, und dem menschlichen Recht, das Gott ausschließt, liegt die Wahrheit in der Mitte, Machiavell. Die Völker sind ebenso wie die Individuen frei in den Händen Gottes. Sie haben alle Rechte, alle Macht nur unter der Bedingung, sie nach den Regeln der ewigen Gerechtigkeit zu gebrauchen. Die Souveränität ist eine menschliche in dem Sinne, daß sie von Menschen verliehen und von Menschen ausgeübt wird; sie ist eine göttliche in dem Sinne, daß sie von Gott gewollt ist und daß sie nur nach den Geboten ausgeübt werden kann, die er gegeben hat.

SECHSTES GESPRÄCH

Machiavelli
Ich möchte gern, daß wir zu präzisen Ergebnissen kommen. Bis wohin reicht die Hand Gottes, die sich über die Menschheit ausstreckt? Wer setzt die Herrscher ein?

Montesquieu
Die Völker.

Machiavelli
Es stehet geschrieben: *Per me reges regnant.* Das heißt buchstäblich: Gott setzt die Könige ein.

Montesquieu
Das ist eine Übersetzung, wie Sie sie nur zur Nutzanwendung für Ihren Fürsten brauchten, Machiavelli, und sie ist in diesem Jahrhundert von einem Ihrer berühmtesten Anhänger übernommen worden*), aber sie entspricht nicht dem Sinn, den dieses Wort in der heiligen Schrift hat. Gott will, daß es eine Souveränität gibt, aber er hat nicht die einzelnen Souveräne eingesetzt. Seine allmächtige Hand machte hier Halt; denn hier beginnt die Willensfreiheit des Menschen. Der in dem göttlichen Buche gemeinte Sinn ist: Die Könige regieren nach meinen Geboten, sie sollen nach meinem Gesetz herrschen. Sonst müßte man sagen, daß die guten Fürsten ebenso wie die schlechten von der Vorsehung eingesetzt werden. Man müßte sich vor einem Nero ebenso beugen wie vor einem Titus, vor einem Caligula wie vor einem Vespasian. Nein, es ist nicht Gottes Wille, daß die ruchlosesten Herrscher sich unter seinen Schutz stellen, daß die gemeinsten Tyrannen sich darauf berufen können, daß er sie eingesetzt hat. Er hat den Völkern wie den Königen die Verantwortung für ihre Taten gelassen.

---

* Montesquieu spielt hier offenbar auf Joseph de Maistre an, dessen Name übrigens weiter unten auftritt. (Anmerkung des Herausgebers.)

Machiavelli

Ich habe starke Bedenken, ob alles das, was Sie da sagen, der orthodoxen Auffassung entspricht. Doch wie dem auch sei, nach Ihrer Meinung verfügen also die Völker über die souveräne Macht.

Montesquieu

Wenn Sie das bestreiten, setzen Sie sich dem Vorwurf aus, gegen eine Wahrheit des klaren, gesunden Menschenverstandes zu verstoßen. Das ist doch in der Geschichte nichts Neues. Im Altertum, im Mittelalter, überall da, wo die staatliche Macht nicht durch eine Invasion oder eine Eroberung begründet wurde, entstand die souveräne Macht aus dem freien Willen der Völker, der sich ursprünglich in der Form einer Wahl ausdrückte. So geschah es, um nur ein Beispiel anzuführen, als in Frankreich das Haupt des Karolingergeschlechtes auf die Nachkommen Chlodwigs folgte und die Dynastie des Hugo Capet auf die Karls des Großen*. Gewiß, dann trat die Erblichkeit an die Stelle der Wahl. Der Glanz der dem Volke geleisteten Dienste, die Dankbarkeit des Volkes, die Traditionen haben die Souveränität an die Fürstenfamilien Europas gebunden, und das war ein durchaus legitimer Vorgang. Aber das Prinzip der Allmacht der Nation trat immer wieder in Erscheinung, es lieferte den Grund zu den Revolutionen, und es wurde immer wieder hervorgeholt, wenn es sich darum handelte, die neuen Inhaber der Macht

* *Geist der Gesetze*, XXXI. Buch, 4. Kap.

zu sanktionieren. Es ist eben ein Prinzip, das aller Staatenbildung vorausgeht und vor ihr da ist und das sich in den einzelnen Verfassungen der modernen Staaten immer schärfer ausgeprägt hat.

Machiavelli
Doch wenn es die Völker sind, die ihre Herren wählen, liegt es dann nicht auch in ihrer Macht, sie wieder zu stürzen? Wenn sie das Recht haben, sich die Staatsform zu geben, die ihnen paßt, wer hindert sie daran, sie zu wechseln, wenn es ihnen einfällt? Aus Ihren Lehren wird keine Herrschaft der Ordnung und der Freiheit hervorgehen, sondern ein Zeitalter der Revolutionen ohne Ende.

Montesquieu
Sie verwechseln das Recht mit dem Mißbrauch, der mit ihm bei seiner Ausübung getrieben werden kann, die Prinzipien mit der Art ihrer Anwendung. Das sind grundverschiedene Dinge, und man kann sich nicht verständigen, wenn man sie nicht auseinanderhält.

Machiavelli
Denken Sie nur nicht, daß Sie mir dadurch entrinnen können. Ich verlange von Ihnen, daß Sie die logischen Konsequenzen ziehen. Wenn Sie es nicht wollen, so können Sie sich ja weigern, es zu tun. Ich will wissen, ob nach Ihren Prinzipien die Völker das Recht haben, ihre Souveräne vom Throne zu stürzen.

Montesquieu
Jawohl, das haben sie, aber nur in den äußersten Fällen wenn sie gerechte Gründe dazu haben.

Machiavelli
Und wer soll Richter darüber sein, daß es sich um äußerste Fälle handelt und daß diese äußersten Maßnahmen gerecht sind?

Montesquieu
Wer sonst als die Völker selber! Ist es je anders gewesen, seit die Welt besteht? Gewiß ist das ein furchtbarer Akt der Gerechtigkeit, aber er ist heilsam, und er ist unvermeidlich. Warum wollen Sie denn nicht einsehen, daß die entgegengesetzte Auffassung, nach der die Menschen auch vor den verhaßtesten Regenten Ehrfurcht haben sollen, sie immer wieder unter das Joch einer ihnen vom Schicksal auferlegten Monarchie zurückfallen lassen würde?

Machiavelli
Nur etwas stimmt in Ihrem System nicht: Es wird in ihm vorausgesetzt, daß die Volksvernunft unfehlbar ist. Aber haben die Völker nicht ebenso wie die einzelnen Menschen ihre Leidenschaften, begehen sie keine Irrtümer, keine Ungerechtigkeiten?

Montesquieu
Wenn die Völker Fehler machen, werden sie dafür bestraft werden wie die Menschen, die gegen das Sittengesetz gesündigt haben.

Machiavelli
Wie denn?

Montesquieu
Sie werden mit der Geißel der Zwietracht, mit der Anarchie und auch mit dem Despotismus dafür bestraft werden. Es gibt keine andere Gerechtigkeit auf dieser Erde als die Gerechtigkeit Gottes, auf die wir warten müssen.

Machiavelli
Sie sprachen soeben das Wort »Despotismus« aus. Man kommt also doch wieder auf ihn zurück.

Montesquieu
Diese Entgegnung ist Ihres großen Geistes nicht würdig, Machiavelli. Ich habe mich dazu bereit erklärt, die äußersten Konsequenzen aus den Prinzipien zu ziehen, deren Gegner Sie sind. Dadurch wurde die Wahrheit schon entstellt. Gott hat den Völkern weder die Macht noch den Willen dazu gegeben, ihre Staatsformen, die die Wesensart ihres Daseins darstellen, derart zu wechseln. Die Natur selbst begrenzt in den politischen Gemeinschaften ebenso wie bei den organischen Naturwesen den Ausdehnungsdrang der freien Kräfte. Ihre Beweisführung muß sich auf das beschränken, was für die Vernunft annehmbar ist.

Sie meinen, daß unter dem Einfluß der modernen Ideen die Revolutionen häufiger auftreten werden.

Sie werden nicht öfter vorkommen. Es ist sogar möglich, daß sie seltener werden. Die Völker leben tatsächlich, wie Sie es vorhin sagten, zur Zeit von der Industrie, und das, was für Sie eine Ursache ihrer Versklavung ist, das ist zugleich auch ein Prinzip der Ordnung und der Freiheit. Die Industriekulturen haben ihre wunden Stellen, die ich sehr wohl kenne, aber man darf auch die Wohltaten nicht leugnen, die sie bringen, und ihre Bestrebungen nicht verfälschen. Die Gemeinschaften, die von der Arbeit, vom Warenaustausch, vom Kredit leben, sind in ihrem innersten Wesen christliche Gemeinschaften, was man auch sonst gegen sie sagen mag. Denn alle diese gewaltigen und so verschiedenen Erscheinungsformen der Industrie sind im Grunde genommen nichts anderes als die praktische Anwendung von einigen großen sittlichen Ideen, die dem Christentum entnommen sind, dieser Quelle aller Kraft und aller Weisheit.

Die Industrie spielt in der Entwicklung der modernen Gesellschaften eine derart bedeutende Rolle, daß man von dem Standpunkte aus, auf dem Sie sich noch befinden, keine genauere Voraussage machen kann, wenn man ihren Einfluß nicht berücksichtigt; und dieser Einfluß ist keineswegs der, den Sie ihr zuschreiben zu müssen glauben. Die Wissenschaft, die die Verhältnisse des Lebens in der Industrie untersucht, und die Gesetzmäßigkeiten, die sich aus ihr ergeben, sind dem Prinzip der Konzentration der Gewalten in einer Hand völlig entgegengesetzt.

Die Tendenz der Volkswirtschaftslehre geht dahin, in den politischen Organen nur einen notwendigen und sehr kostspieligen Mechanismus zu sehen, dessen Räderwerk man vereinfachen muß, und sie reduziert die Rolle, die die Regierung zu spielen hat, auf derart einfache Funktionen, daß es vielleicht ihr größter Nachteil ist, daß sie den Nimbus, der die Regierung umgibt, überhaupt zerstört. Die Industrie ist die geborene Feindin der Revolutionen; denn ohne soziale Ordnung geht sie selbst zugrunde, und damit hört die lebendige Entwicklung der Völker auf. Sie kann die Freiheit nicht entbehren; denn sie lebt nur von den Auswirkungen der Freiheit; und — beachten Sie das recht genau — die Freiheiten auf dem Gebiete der Industrie schließen notwendig die politischen Freiheiten in sich ein, so daß man sagen könnte: Die Völker, die in der Industrie am meisten fortgeschritten sind, haben auch die größten Fortschritte in der Freiheit gemacht. Lassen Sie doch Indien und China beiseite, die unter dem blinden Schicksal der absoluten Monarchie leben, und richten Sie die Augen auf Europa, dann werden Sie das schon sehen.

Sie haben soeben wieder das Wort »Despotismus« ausgesprochen. Nun denn, Machiavelli, Sie, der Sie sich mit Ihrem verdüsterten Geiste alle unterirdischen Wege, alle versteckten Kombinationen, alle Kunstgriffe der Gesetzgebung und der Regierung, durch die man die Entwicklung des Körpers und des Geistes bei den Völkern in Fesseln schlagen kann, so gründlich zu eigen gemacht haben, Sie, der Sie die Menschen verachten, der Sie die fürchterlichen orientalischen Herrschaftsformen für sie herbeiwünschen, Sie, dessen politische Lehren den scheußlichen Theorien der indischen Mythologie entnommen sind, sagen Sie mir, bitte, wie wollen Sie es anfangen, den Despotismus bei den Völkern einzuführen, deren Staatsrecht wesentlich auf der Freiheit beruht, deren Moral und Religion alle Entwicklungen in derselben Richtung vorwärtstreiben, bei christlichen Völkern, die vom Handel und von der Industrie leben, in Staaten, deren politische Körperschaften der durch die Presse ausgeübten Kritik der Öffentlichkeit unterstehen, der Presse, die mit ihren Scheinwerfern die dunkelsten Winkel der Nacht durchleuchtet? Öffnen Sie alle Quellen Ihrer gewaltigen Phantasie, suchen Sie, erfinden Sie, und wenn Sie diese Aufgabe lösen, bin ich bereit, mit Ihnen zu erklären, daß der moderne Geist geschlagen ist.

Machiavelli
Nehmen Sie sich in acht, Sie machen mir die Sache zu leicht. Ich könnte Sie einmal beim Worte nehmen.

Montesquieu
Tun Sie es, bitte.

Machiavelli
Ich werde es nicht daran fehlen lassen.

Montesquieu
Bald werden wir vielleicht getrennt werden. Sie kennen diese Gegend hier nicht. Folgen Sie mir hier auf den Windungen dieses dunklen Pfades. Wir können dann noch ein paar Stunden lang das Zurückfluten der Schatten vermeiden, die Sie dahinten sehen.

SIEBENTES GESPRÄCH

Machiavelli
Hier können wir wohl bleiben.

Montesquieu
Ich höre Ihnen zu.

Machiavelli
Ich muß Ihnen zunächst sagen, daß Sie sich ganz und gar über die Art und Weise, wie meine Prinzipien in die Praxis umzusetzen sind, geirrt haben. Der Despotismus stellt sich Ihren Augen immer in den verkommenen Formen der orientalischen Monarchien dar. Aber so verstehe ich ihn nicht. In <u>modernen Gesellschaften muß man auch moderne Methoden anwenden.</u> Heutzutage handelt es sich bei der Ausübung der Regierungsgewalt nicht mehr

darum, gewalttätige Rechtsbrüche zu begehen, seinen Feinden den Kopf abzuschlagen, seine Untertanen auszuplündern und sie ihres Eigentums zu berauben, möglichst viele hinzurichten. Nein, der Tod, die Plünderung und die körperlichen Folterqualen können heute nur noch eine ziemlich untergeordnete Rolle in der inneren Politik moderner Staaten spielen.

Montesquieu
Glücklicherweise.

Machiavelli
Ich muß gestehen, daß ich nicht zu den Bewunderern Ihrer Kultur der Dampfmaschinen und der Fabrikschlote gehöre. Aber ich gehe doch, und Sie können mir das glauben, mit dem Geiste der Zeit. Die Anziehungskraft der Lehren, die meinen Namen tragen, besteht darin, daß sie sich allen Zeiten und allen Situationen anpassen. Machiavelli hat heute Nachkommen, die den Wert seiner Lehren kennen. Man hält mich für recht veraltet, und doch werde ich mit jedem Tage wieder jung auf dieser Erde.

Montesquieu
Machen Sie sich über sich selber lustig?

Machiavelli
Hören Sie mir nur zu, und bilden Sie sich dann ein Urteil darüber. Es handelt sich heutzutage weniger

darum, die Menschen zu vergewaltigen, als darum, sie zu entwaffnen, eher darum, ihre politischen Leidenschaften einzudämmen, als sie ganz auszulöschen, nicht darum, ihre Instinkte zu bekämpfen, vielmehr sie irrezuleiten, nicht darum, ihre Ideen in Acht und Bann zu tun, sondern darum, sie in eine andere Richtung zu lenken, und zwar dadurch, daß man sie sich aneignet.

Montesquieu
Und wie meinen Sie das? Ich verstehe das nicht.

Machiavelli
Gestatten Sie, es ist das nur der theoretische Teil der Politik. Wir werden gleich zu seinen Anwendungen kommen. Das Hauptgeheimnis der Regierungskunst besteht darin, den öffentlichen Geist zu schwächen, und zwar so sehr, daß er sich gar nicht mehr für die Ideen und Prinzipien interessiert, mit denen man heute die Revolutionen macht. Zu allen Zeiten haben sich die Völker ebenso wie die einzelnen Menschen an Worte gehalten. Der Schein genügt ihnen fast immer. Sie wollen gar nicht mehr. Man kann daher den Bedürfnissen entsprechende Einrichtungen treffen, die an eine Ausdrucksweise und an Gedankengänge angepaßt sind, die sich ebenfalls nach dem Bedürfnis richten. Man muß das Talent haben, sich von allen Parteien die freiheitlichen Redensarten anzueignen, die sie als Waffen gegen die Regierung brauchen. Man muß die Völker mit

ihnen füttern bis zum Überdruß. Heute spricht man so oft von der Macht der öffentlichen Meinung. Ich werde Ihnen zeigen, daß man diese öffentliche Meinung dazu bringen kann, alles das auszusprechen, was man selbst will, wenn man nur die verborgenen Triebfedern dieser Macht kennt. Aber ehe man daran denken kann, die öffentliche Meinung zu lenken, muß man sie verwirren, sie durch verblüffende Widersprüche unsicher machen, durch unaufhörliche Ablenkungen auf sie einwirken, sie durch alle möglichen Sensationen blenden und sie unmerklich vom rechten Wege abbringen. Eines der großen Geheimnisse unserer Zeit ist es, sich der Vorurteile und der Leidenschaften des Volkes so zu bedienen, daß man eine Verwirrung der Grundsätze herbeiführt, die jede Verständigung zwischen Menschen, die dieselbe Sprache sprechen und dieselben Interessen haben, unmöglich macht.

Montesquieu
Wo wollen Sie mit diesen Worten hinaus, deren dunkler Sinn etwas Schreckliches ahnen läßt?

Machiavelli
Wenn der brave Montesquieu das moralische Gefühl an die Stelle der Politik setzen will, dann muß ich hier aufhören. Ich habe nicht die Absicht gehabt, mich auf das Gebiet der Moral zu begeben. Sie haben mich dazu aufgefordert, der ständigen Störung der Entwicklung durch den Geist der Anarchie und

des Aufruhrs in Ihren Gesellschaften ein Ende zu machen. Wollen Sie mich nun gefälligst sagen lassen, wie ich diese Aufgabe zu lösen gedenke? Sie können ihre Gewissensskrupel zurückstellen, wenn Sie meine Ausführungen so hinnehmen, als handle es sich bei ihnen um eine rein theoretische Befriedigung Ihrer Neugier.

Montesquieu
Gut, damit bin ich einverstanden.

Machiavelli
Im übrigen kann ich es verstehen, daß Sie von mir genauere Angaben verlangen. Ich werde sie geben. Aber lassen Sie mich Ihnen zunächst die wesentlichen Vorbedingungen nennen, unter denen ein Fürst heutzutage sich der Hoffnung hingeben kann, seine Macht zu festigen. Er wird von Anfang an darauf bedacht sein müssen, alle Parteien zu vernichten, alle einflußreichen Gemeinschaften, wo es solche gibt, aufzulösen und die persönliche Initiative in allen ihren Äußerungen lahmzulegen. Dann wird das Niveau der Menschen, die Charakter haben, von selbst sinken, und alle Kräfte, die sich gegen die Versklavung wehren könnten, werden erschlaffen. Die absolute Herrschaft wird kein Unglück mehr sein, sondern zu einem Bedürfnis werden. Diese Regeln der Politik sind nicht mehr ganz neu, wie ich schon sagte, nur die Maßnahmen müssen es sein. Sehr viele dieser Ziele lassen sich durch ein paar

einfache Verordnungen auf den Gebieten der Polizei und der Verwaltung erreichen. In Ihren so schönen, so gut geordneten Gesellschaften haben Sie an die Stelle der absoluten Monarchien ein Monstrum gesetzt, das man »Staat« nennt, einen neuen Briareus, einen hundertarmigen Riesen, dessen Arme überall hinreichen, eine ungeheure tyrannische Organisation, in deren Schatten der Despotismus immer wieder neu geboren werden wird. Wenn man nun diesen Staat zur Hilfe heranzieht, wird nichts leichter sein als die Vollendung des geheimen Werkes, von dem ich Ihnen soeben sprach, und die durchschlagendsten Mittel zu seiner Verwirklichung werden genau dieselben sein wie die des durch die Industrie beherrschten Regimes, das Sie so bewundern und dem man sie zu entnehmen wissen wird.

Nur auf dem Wege der Verordnung werde ich beispielsweise riesige Finanzmonopole errichten, Aufspeicherungen des Volksvermögens, von denen das Schicksal aller Privatvermögen derart unmittelbar abhängen müßte, daß sie am ersten Tage nach einer politischen Katastrophe ebenso verschwinden müßten wie der Staatskredit. Sie sind Volkswirtschaftler, Montesquieu, schätzen Sie also selbst die Tragweite dieses Gedankens ab.

Als Chef der Regierung werde ich alle meine Erlasse und alle meine Verordnungen beharrlich auf dasselbe Ziel richten: die kollektiven und die individuellen Mächte zu vernichten, das Übergewicht des Staates bis ins Maßlose zu steigern, aus ihm einen souveränen Beschützer, Förderer und Belohner zu machen.

Und dann noch ein anderer Gedanke, der der industriellen Gesellschaftsordnung entnommen ist: In der jetzigen Zeit ist die Aristokratie als politische Macht von der Bildfläche verschwunden. Aber der Großgrundbesitz ist noch einer der Grundbestandteile des Widerstands, der der Regierung gefährlich werden kann, da er an sich unabhängig ist. Es kann also eine Staatsnotwendigkeit werden, ihn verarmen zu lassen oder auch ihn vollständig zu zerrütten. Um das zu erreichen, genügt es, die Steuern, die auf dem Grundeigentum lasten, zu erhöhen, die Landwirtschaft in einem Zustand relativer Unbedeutendheit zu halten, dagegen Handel und Industrie, besonders aber die Spekulation, zu begünstigen; denn ein allzu großes Aufblühen der Industrie kann selbst wieder eine Gefahr werden, da sie eine viel zu beträchtliche Zahl unabhängiger Vermögen hervorbringt.

Gegen die Großindustriellen und die Fabrikbesitzer wird man zweckmäßig dadurch vorgehen, daß man sie zu einem Aufwand verleitet, der in keinem Verhältnis zu ihren Einnahmen steht, daß man die Arbeitslöhne erhöht und daß man tiefe, geschickt ausgeführte Eingriffe in die Produktionsquellen macht. Ich brauche diese Gedanken nicht auszuführen. Sie wissen sehr gut, unter welchen Umständen und mit welchen Vorwänden sich das alles machen läßt. Das Interesse des Volkes, ja sogar ein

gewisses Eintreten für seine Freiheit, für die großen
Prinzipien der Wirtschaftlichkeit werden mit Leichtigkeit, wenn man das überhaupt will, den wahren
Zweck verschleiern. Es ist wohl nicht nötig, noch
hinzuzufügen, daß die ständige Unterhaltung einer
Furcht einjagenden Armee, die dauernd durch
äußere Kriege in Übung gehalten wird, die unentbehrliche Vervollständigung dieses Systems bildet. Es muß dahin kommen, daß es im Staate
nur noch Proletarier, einige Millionäre und Soldaten
gibt.

Montesquieu
Fahren Sie nur fort.

Machiavelli
Das wäre es, was zur inneren Politik des Staates zu
sagen ist. Nach außen hin muß man von einem
Ende Europas bis zum andern die revolutionäre
Gärung anregen, die man im eigenen Lande unterdrückt. Die Agitation für die Freiheit im Ausland
lenkt die Aufmerksamkeit von der Unterdrückung
im Innern ab. Überdies hält man damit alle anderen
Mächte in Schach, bei denen man nach Belieben
Ordnung schaffen oder Unordnung stiften kann. Die
Hauptsache ist, durch Kabinettsintrigen alle Fäden
der europäischen Politik so zu verwirren, daß man
die Mächte, mit denen man es zu tun bekommt,
gegeneinander ausspielen kann. Glauben Sie ja
nicht, daß ein solches Doppelspiel, wenn es gut

durchgeführt wird, einem Souverän etwas schaden kann. Alexander VI. ging bei seinen diplomatischen Verhandlungen nie auf etwas anderes als auf einen Betrug aus, und doch hatte er immer Erfolg. So gut verstand er die Kunst der Heuchelei.* Aber das, was Sie heute die offizielle Diplomatensprache nennen, muß hierzu in einem durchschlagenden Gegensatz stehen. Hier kann man den Geist der Loyalität und des Entgegenkommens nicht genug zur Schau tragen. Die Völker, die den Schein für bare Münze nehmen, werden einem Herrscher, der sich so zu benehmen versteht, auch noch seine Anständigkeit nachrühmen.

Auf jede Unruhe in Innern muß er mit einem Krieg gegen das Ausland antworten können, auf jede drohende Revolution mit einer allgemeinen Mobilisierung. Aber da in der Politik die Worte niemals mit den Taten übereinzustimmen brauchen, muß der Fürst in den verschiedenen Situationen geschickt genug sein, seine wahren Absichten hinter entgegengesetzten Zielsetzungen zu verbergen. Es muß immer so aussehen, als gäbe er nur dem Drängen der öffentlichen Meinung nach, wenn er das ausführt, was seine Hand im geheimen vorbereitet hat.

Um die Darstellung des ganzen Systems in einen Satz zusammenzufassen: Die Revolution wird durch den Staat selbst zurückgehalten, auf der einen Seite durch die Angst vor der Anarchie, auf der anderen durch die Furcht vor dem infolge einer Revolution

* *Der Fürst*, XVII. Kap.

eintretenden Staatsbankrott und im ganzen durch den allgemeinen Kriegszustand.

Sie haben schon aus den kurzen Hinweisen, die ich Ihnen eben gegeben habe, entnehmen können, was für eine bedeutende Rolle die Kunst des lebendigen Wortes in der modernen Politik zu spielen berufen ist. Ich bin, wie Sie noch sehen werden, weit davon entfernt, die Presse zu verachten, aber ich wüßte mich im Bedarfsfalle auch der Rednertribüne zu bedienen. Die Hauptsache ist, alle die Kampfmittel gegen seine Gegner anzuwenden, die sie gegen uns gebrauchen könnten. Ich würde mich nicht nur damit begnügen, mich auf die gewaltige Macht der Demokratie zu stützen, sondern ich würde auch aus der Rechtswissenschaft mit ihren Spitzfindigkeiten die künstlichsten Hilfsmittel entnehmen. Wenn man Entscheidungen zu treffen hat, die ungerecht und leichtfertig erscheinen könnten, so ist es wichtig, daß man es versteht, sie in schönen Worten anzukündigen und sie mit den erhabensten Gründen der Moral und des Rechts zu stützen.

Die Macht, von der ich träume, ist, wie Sie sehen, keineswegs mit barbarischen Manieren verbunden. Sie muß alle Kräfte und alle Talente der Kultur an sich ziehen, in der wir leben. Sie muß sich mit Journalisten, Advokaten, Rechtsgelehrten, Männern der Praxis und mit Verwaltungsbeamten umgeben, mit solchen Leuten, die von Grund aus alle Geheimnisse, alle Triebfedern des sozialen Lebens kennen, die alle Sprachen sprechen, die die Menschen kennen in jedem Milieu. Man muß sie von überallher nehmen, wo man sie findet; denn diese Menschen leisten erstaunliche Dienste, wenn sie ihre geistreichen Methoden auf die Politik anwenden. Außerdem gehört dazu ein ganzer Stab von Volkswirten, Bankiers, Industriellen, Kapitalisten, Erfindern, Rechnern; denn im letzten Grunde wird sich alles in ein Rechenexempel auflösen.

Was die wichtigsten Staatswürden angeht, die hauptsächlichen Teilbezirke der Macht, so muß man es so einrichten, daß man sie nur solchen Männern anvertraut, deren Vorleben und deren Charakter zwischen sie und die anderen Menschen einen Abgrund legen, von denen jeder bei einem Regierungswechsel nur den Tod oder die Verbannung zu erwarten hat und sich vor der Notwendigkeit sieht, die bestehenden Verhältnisse bis zum letzten Atemzug zu verteidigen.

Nehmen Sie nun einmal an, ich hätte die verschiedenen geistigen und materiellen Hilfsquellen zur Verfügung, die ich Ihnen eben geschildert habe, und geben Sie mir nun irgendein Volk. Sie verstehen das! Sie betrachten es in Ihrem Buche über den Geist der Gesetze* als ein Hauptprinzip, daß man den Charakter eines Volkes nicht verändern darf, wenn man ihm seine ursprüngliche Kraft erhalten will. Nun, Sie brauchen mir nicht mehr als zwanzig Jahre Zeit zu geben, und ich werde den unbändigsten Charakter eines europäischen Volkes

* *Geist der Gesetze,* XIX. Buch, 5. Kap.

aufs vollständigste verwandeln und ihn der Tyrannei so gefügig machen wie den des kleinsten asiatischen Volkes.

Montesquieu
Sie haben hier ein weiteres Kapitel Ihrer Abhandlung über den Fürsten zum besten gegeben, um sich über sich selbst lustig zu machen. Wie es nun auch mit Ihren Lehren stehen möge, ich diskutiere über sie nicht; ich mache dazu nur eine Bemerkung: Offenbar haben Sie das Versprechen, das Sie gegeben haben, in keiner Hinsicht gehalten. Die Anwendung aller dieser Mittel setzt das Vorhandensein der absoluten Macht voraus, und ich habe von Ihnen genaue Angaben darüber verlangt, wie Sie in politischen Gemeinschaften, die auf liberalen Institutionen ruhen, eine absolute Macht begründen wollen.

Machiavelli
Ihre Bemerkung ist ganz richtig, und ich denke gar nicht daran, ihr auszuweichen. Dieser erste Anfang war nur die Vorrede.

Montesquieu
Ich stelle Sie einem Staate gegenüber, der auf das repräsentative Regierungssystem gegründet ist, einer Monarchie oder einer Republik. Ich rede von einem Volke, das seit langem mit der Freiheit vertraut ist, und ich frage Sie, wie Sie von hier aus zum Absolutismus zurückgelangen können.

Machiavelli
Nichts leichter als das.

Montesquieu
Das wollen wir sehen.

ZWEITER TEIL

ACHTES GESPRÄCH

Machiavelli
Ich gehe von einem möglichst extremen Fall aus und wähle als Beispiel eines Staates die Republik. Bei einer Monarchie wäre die Rolle, die ich spielen möchte, allzu leicht. Ich wähle eine Republik, weil ich bei einer solchen Regierungsform auf einen scheinbar fast unüberwindlichen Widerstand in den Ideen, den Sitten, den Gesetzen stoßen würde. Haben Sie etwas dagegen? Ich bekomme also aus Ihren Händen irgendeinen großen oder kleinen Staat; ich nehme an, daß er mit allen Einrichtungen, die seine Freiheit garantieren, ausgestattet ist, und ich richte an Sie nur die folgende Frage: Glauben Sie, daß seine Regierung gegen einen Handstreich oder, wie man es heute nennt, gegen einen Staatsstreich gesichert ist?

Montesquieu
Sicher nicht; aber Sie werden mir zum mindesten zugeben, daß ein solches Unternehmen in den gegenwärtigen an der Politik beteiligten Gesellschaften und bei der Art, wie sie organisiert sind, außerordentlich schwierig ist.

Machiavelli
Und warum? Sind diese Gesellschaften nicht wie zu allen Zeiten in den Händen der politischen Parteien? Gibt es nicht überall Elemente, die zum Bürgerkrieg drängen, auf Umsturz Bedachte, nach der Macht Strebende?

Montesquieu
Das mag sein; aber ich glaube, ich kann Ihnen mit einem Wort zum Bewußtsein bringen, wo Ihr Irrtum liegt. Solche Machtergreifungen, die notwendigerweise sehr selten sind, weil sie sehr gefährlich sind und den modernen Gebräuchen zuwiderlaufen würden, auch wenn man annähme, daß sie gelingen, haben durchaus nicht die Bedeutung, die Sie ihnen beizumessen scheinen. Ein Wechsel der Macht würde keinen Wechsel der Einrichtungen herbeiführen. Es mag sein, daß einer, der Anspruch auf die Macht erhebt, den Staat in Unruhe stürzt; seine Partei mag meinetwegen siegen, dann geht die Macht in andere Hände über, und das ist alles. Aber das Staatsrecht, und damit die Grundlage der Einrichtungen selbst, bleibt bestehen. Die ändert sich nicht.

Machiavelli
Geben Sie sich wirklich einer solchen Illusion hin?

Montesquieu
Stellen Sie das Gegenteil fest.

Machiavelli
Sie geben mir also zu, daß eine mit den Waffen gegen die bestehende Regierung durchgeführte Unternehmung für eine kurze Zeit Erfolg hat?

Montesquieu
Ja.

Machiavelli
Beachten Sie dann bitte die Situation, in die ich mich versetzt finde. Ich habe in diesem Augenblick jede Macht außer der meinigen unterdrückt. Wenn die Institutionen, die sich noch aufrechterhalten, mir irgendein Hindernis in den Weg legen können, so kann das nur ein rein formales sein; in Wirklichkeit können meine willkürlichen Handlungen auf keinen realen Widerstand stoßen, kurz, ich befinde mich in dem gesetzesfreien Zustand, den die Römer mit dem so schönen und so energiegeladenen Worte »Diktatur« bezeichnen. Das heißt: Ich kann jetzt alles tun, was ich will. Ich bin Gesetzgeber, Ausführer des Gesetzes, Gerichtsherr, und ich sitze hoch zu Roß als Führer der Armee.

Halten Sie das fest. Ich habe jetzt dadurch gesiegt, daß ich mich auf eine der Parteien stützte, das heißt, daß dieses Ereignis der Machtergreifung sich nur inmitten einer tiefen inneren Zerrissenheit vollziehen konnte. Man kann sagen, ich verdanke das dem Zufall; aber man darf sich nicht darüber täuschen, was für Ursachen dieser Zufall hatte. Es wird sich um einen Gegensatz zwischen der Aristokratie und dem Volke handeln oder zwischen dem Volke und dem Bürgertum. Im Grunde genommen kann es gar nicht anders sein; an der Oberfläche aber wird es ein Durcheinander von Ideen, Meinungen, Beeinflussungen und entgegengesetzten Strömungen geben wie in allen Staaten, in denen die Freiheit auch nur für einen Augenblick entfesselt wird. Man wird da politische Elemente aller Art haben, Reste ehemals siegreicher Parteien, die heute geschlagen sind, zügellosen Ehrgeiz, verzehrenden Neid, unversöhnlichen Haß, Terror überall, Anhänger jeder Ansicht und jeder Doktrin, Reaktionäre, Demokraten, Anarchisten, Utopisten, alle sind am Werk, alle arbeiten in gleicher Weise jeder an seinem Platze am Umsturz der bestehenden Ordnung. Zu welchen Schlüssen muß man angesichts einer solchen Situation kommen? Zu zweien: Der erste ist, daß das Land ein großes Bedürfnis nach Ruhe hat und dem, der sie ihm geben kann, nichts versagen wird. Der zweite ist, daß es bei dieser Zersplitterung in Parteien keinerlei wirkliche Macht gibt, oder daß es vielmehr nur eine einzige gibt: das Volk.

Ich selbst bin einer der siegreichen Anwärter der Macht. Ich nehme an, daß ich einen angesehenen Namen von historischem Klang habe, der dazu geeignet ist, auf die Phantasie der Massen zu wirken. So wie ein Peisistratos, ein Cäsar, ja auch ein Nero werde ich mich auf das Volk stützen. Das ist das Abc eines jeden Usurpators. Die blinde Gewalt ist es, die mir die Mittel an die Hand geben wird, alles, was ich will, ungestraft zu tun, und die Autorität ist das Wort, das alles decken wird. Das Volk kümmert sich in Wirklichkeit gar nicht um Ihre Erfindung der Legalität, um Ihre Garantie der Verfassung.

Ich habe die Parteien zum Schweigen gebracht, und nun werden Sie sehen, wie ich vorwärtskomme.

Vielleicht erinnern Sie sich an die Regeln, die ich in meiner Abhandlung über den Fürsten aufgestellt habe, wo es sich darum handelte, eroberte Provinzen zu behalten. Der Usurpator eines Staates befindet sich in einer Situation, die der eines Eroberers entspricht. Er ist dazu gezwungen, alles neu zu machen. den Staat aufzulösen, das Bürgertum zu vernichten, die Lebensweise zu ändern.

Das ist das Ziel. Aber in den gegenwärtigen Zeiten darf man nach ihm nur auf krummen Wegen, mit zweideutigen Mitteln, geschickten Kombinationen und, soweit wie möglich, ohne Anwendung von Gewalt streben. Ich werde daher die bestehenden Einrichtungen nicht direkt zerstören, aber ich werde eine nach der anderen mit einer unmerklichen Handbewegung anfassen und dabei ihren Mechanismus in Unordnung bringen. So werde ich es der Reihe nach mit der Rechtsprechung, der Wahlordnung, der Presse, der persönlichen Freiheit, dem Schulwesen machen.

Über die ursprünglichen Gesetze hinweg werde ich eine ganz neue Gesetzgebung einführen, ohne die frühere ausdrücklich abzuschaffen; ich werde diese zuerst in den Hintergrund treten, dann sie bald völlig verschwinden lassen. Das sind meine Grundmaßnahmen, und nun werden Sie ihre Durchführung im einzelnen kennenlernen.

Montesquieu
Wie schade, daß Sie nicht mehr in den Gärten Rucellais wandeln, um dort diese schönen Lehren vorzutragen, und wie bedauerlich, daß die Nachwelt Sie nicht hören kann.

Machiavelli
Beruhigen Sie sich. Für den, der lesen kann, steht das alles in dem Buche über den Fürsten.

Montesquieu
Lassen wir das auf sich beruhen. Es ist also der Tag nach Ihrem Staatsstreich. Was werden Sie tun?

Machiavelli
Etwas Großes, und dann etwas ganz Kleines.

Montesquieu
Also zuerst das Große.

Machiavelli
Nach dem Erfolg eines Gewaltaktes gegen die bestehende Macht ist noch nicht alles zu Ende, und die Parteien halten sich im allgemeinen nicht für geschlagen. Man weiß noch nicht so recht, wie weit die

Energie des Usurpators reicht; man wird ihn auf die Probe stellen, man wird sich gegen ihn mit den Waffen in der Hand erheben. Jetzt ist der Augenblick gekommen, einen solchen Terror auszuüben, daß er die ganze Bürgerschaft trifft und die tapfersten Herzen schwach werden läßt.

Montesquieu
Was wollen Sie tun? Sie haben mir doch gesagt, daß Sie das Blutvergießen verabscheuen.

Machiavelli
Hier darf man keine falsche Humanität walten lassen. Die Gemeinschaft ist bedroht, und daher befindet sie sich im rechtmäßigen Verteidigungszustand. Die äußerste Härte und selbst die größte Grausamkeit werden in Zukunft nur neues Blutvergießen verhüten. Fragen Sie mich nicht, was man tun wird. Es muß nur erreicht werden, daß die Herzen der Menschen ein für allemal vor Schreck erstarren und daß die Angst sie erweicht.

Montesquieu
Ja, ich erinnere mich, Sie lehren das in dem Buche über den Fürsten da, wo Sie von der fürchterlichen Gewalttat Cesare Borgias in Cesena erzählen.* Sie sind doch derselbe geblieben.

* *Der Fürst*, VII. Kap.

Machiavelli

Nein, nein, Sie werden später sehen, daß ich nur so handle, weil es die Notwendigkeit erfordert, und ich leide darunter.

Montesquieu

Aber wer soll denn nun das Blut vergießen?

Machiavelli

Die Armee! Die vollstreckende Gewalt der Staatsgerichtsbarkeit, sie, deren Hand ihre Opfer nie um ihre Ehre bringt. Zwei Ergebnisse von größter Wichtigkeit werden durch den Einsatz der Armee bei der Unterdrückungsaktion erreicht werden: Auf der einen Seite wird sie sich von diesem Augenblicke an für immer mit der Zivilbevölkerung verfeindet haben, die von ihr ohne Schonung bestraft wurde; auf der anderen Seite wird sie unlösbar an das Schicksal ihres Führers gebunden sein.

Montesquieu

Und Sie glauben, daß dieses vergossene Blut nicht auf Sie selbst zurückwirken wird?

Machiavelli

Nein, denn in den Augen des Volkes hat der Herrscher letzten Endes gar nichts mit den Ausschreitungen einer Soldateska zu tun, die man ja nicht immer leicht zufriedenstellen kann. Die dafür verantwortlich gemacht werden können, das werden die Generäle sein, die Diener, die meine Befehle ausgeführt haben. Die aber — das kann ich Ihnen versichern — werden mir bis zu ihrem letzten Atemzug ergeben sein; denn sie wissen recht gut, was sie zu erwarten haben, wenn ich einmal nicht mehr da bin.

Montesquieu
Das wäre also Ihre erste Handlung als souveräner Herrscher. Und nun die zweite?

Machiavelli
Ich weiß nicht, ob Sie gemerkt haben, wie groß in der Politik die Macht der kleinen Mittel ist. Nach dem, was ich Ihnen eben gesagt habe, werde ich auf jede neue Münze mein Bild prägen lassen, und ich werde davon eine recht beträchtliche Menge in Umlauf setzen.

Montesquieu
Aber mitten im Drang der ersten Sorgen um den Staat würde das doch eine kindische Maßnahme sein.

Machiavelli
Das glauben Sie? Sie haben die Macht nicht praktisch ausgeübt. Das auf eine Münze geprägte Menschenbild ist das Zeichen der Macht selbst. Zunächst wird es stolze Geister geben, die darüber vor Zorn erbeben, aber man wird sich daran gewöhnen. Selbst die Feinde meiner Herrschaft werden dazu genötigt sein, mein Bild in ihrer Geldtasche zu tragen. Es ist ganz sicher, daß man sich allmählich

daran gewöhnen wird, die Gesichtszüge, die überall auf das materielle Unterpfand für alle unsere Genüsse geprägt sind, mit milderen Augen anzusehen. Von dem Tage an, wo mein Bild auf dem Gelde erscheint, bin ich König.

Montesquieu
Ich gebe zu, daß mir dieser Gedanke neu ist. Aber lassen wir das. Sie haben doch nicht vergessen, daß die Völker der Neuzeit dazu neigen, sich Verfassungen zu geben, durch die ihre Rechte garantiert werden. Mit Ihrer aus der Gewalt hervorgegangenen Macht, mit Ihren Plänen, die Sie mir da entwickeln, würden Sie sich vielleicht in Verlegenheit finden gegenüber einer Verfassung, in der alle Grundsätze, alle Vorschriften, alle Anordnungen zu Ihren Regierungsmaximen im Gegensatz stehen.

Machiavelli
Ich werde eine andere Verfassung machen, weiter nichts.

Montesquieu
Und Sie meinen, daß das sonst keine Schwierigkeiten macht.

Machiavelli
Wo sollte die Schwierigkeit liegen? Es gibt zur Zeit keinen anderen Willen, keine andere Macht als die meine, und die Operationsbasis, auf die ich mich stütze, ist ja das Volk.

Montesquieu
Das ist richtig. Ich habe aber doch ein Bedenken: Nach dem, was Sie mir eben gesagt haben, kann ich mir denken, daß Ihre Verfassung kein Monument der Freiheit werden wird. Sie meinen, daß eine einzige mit Gewalt entschiedene Krise, ein einziger geglückter Staatsstreich dazu genügt, einem Volke alle seine Rechte, alle seine Errungenschaften, alle seine Einrichtungen, alle seine Grundsätze zu rauben, nach denen es zu leben gewohnt ist?

Machiavelli
Entschuldigen Sie! So schnell geht es bei mir nicht. Ich sagte Ihnen eben erst, die Völker wären wie die Menschen, sie hielten sich mehr an den Schein als an die Wirklichkeit. Das ist auf dem Gebiete der Politik eine Regel, der ich ohne Bedenken folgen würde. Haben Sie doch die Güte, mir noch einmal die Prinzipien aufzuzählen, auf die Sie das meiste Gewicht legen, und Sie werden sehen, daß ich durch sie nicht so sehr in Verlegenheit gebracht werde, wie Sie es anzunehmen scheinen.

Montesquieu
Was werden Sie aus ihnen machen, Machiavelli?

Machiavelli
Sie brauchen sich nicht zu fürchten. Nennen Sie mir nur diese Prinzipien.

Montesquieu
Ich gestehe, daß ich Ihnen nicht traue.

Machiavelli
Nun, dann werde ich selbst sie Ihnen ins Gedächtnis zurückrufen. Sie würden mir sicher von dem Prinzip der Trennung der Gewalten reden, von der Rede- und Pressefreiheit, von der religiösen Freiheit, der Freiheit der Person, der Freiheit, sich in Vereinen zusammenzuschließen, der Gleichheit vor dem Gesetz, der Unverletzlichkeit des beweglichen und des festen Eigentums, dem Recht, sich zu beschweren, der freien Steuerbewilligung, der Angemessenheit der Strafen, der nicht rückwirkenden Kraft der Gesetze. Ist das genug, oder wünschen Sie noch mehr?

Montesquieu
Ich glaube, es ist viel mehr als das, was man dazu braucht, Machiavelli, um Ihrer Regierung recht unbequem zu werden.

Machiavelli
Darin irren Sie sich, und diese Prinzipien sind so richtig, daß ich gar nichts darin finde, sie öffentlich zu verkünden. Ich werde, wenn Sie es wünschen, aus ihnen sogar die Einleitung zu meiner Verfassung machen.

Montesquieu
Sie haben mir schon gezeigt, daß Sie ein großer Zauberer sind.

Machiavelli
Da ist gar keine Zauberei dabei. Man muß nur Politik zu machen verstehen.

Montesquieu
Wie aber wollen Sie es machen, diese Prinzipien an die Spitze Ihrer Verfassung zu setzen, um sie dann gar nicht anzuwenden?

Machiavelli
Seien Sie vorsichtig! Ich habe Ihnen gesagt, daß ich diese Grundsätze öffentlich verkünden werde; aber ich habe Ihnen nicht gesagt, daß ich sie schriftlich niederlegen, auch nicht, daß ich sie einzeln anführen werde.

Montesquieu
Wie meinen Sie das?

Machiavelli
Ich würde mich auf keine genauere Angabe einlassen. Ich würde mich nur darauf beschränken, dem Volke zu erklären, daß ich die Grundsätze des modernen Rechts anerkenne und sie bestätige.

Montesquieu
Ich begreife nicht, was ein solches Verschweigen der Einzelheiten bedeuten soll?

Machiavelli
Sie werden gleich sehen, wie wichtig das ist. Wenn ich diese Rechte einzeln aufzählte, wäre meine Handlungsfreiheit an diese klar formulierten Rechtssätze gebunden, und das will ich nicht. Wenn ich sie gar nicht im einzelnen anführe, scheint es so, als ob ich sie alle anerkenne, und im besonderen Falle erkenne ich keins an. Das wird es mir später erlauben, auf dem Wege der Notverordnung die Rechte zu beseitigen, die ich für gefährlich halte.

Montesquieu
Das kann ich verstehen.

Machiavelli
Übrigens gehören von diesen Grundsätzen die einen zum Staats- und Verfassungsrecht im eigentlichen Sinne, die anderen zum bürgerlichen Recht. Das ist eine Unterscheidung, die bei der Ausübung der absoluten Macht immer als Richtschnur dienen muß. An ihren bürgerlichen Rechten hängen die Völker am stärksten. Ich werde, soweit ich es kann, nicht an sie rühren, und so wird man wenigstens einen Teil meines Programms erfüllt finden.

Montesquieu
Und die Staatsrechte . . . ?

Machiavelli
Ich habe in meinem Buche über den Fürsten den Grundsatz aufgestellt — und er ist immer noch

wahr —: »Die Untertanen werden immer mit dem Fürsten zufrieden sein, wenn er sich nicht an ihren Gütern und an ihrer Ehre vergreift; und dann wird er nur noch gegen die Ansprüche einer kleinen Zahl von Unzufriedenen zu kämpfen haben, mit denen er leicht fertig werden wird.« Das ist meine Antwort auf Ihre Frage.

Montesquieu

Man könnte sie, wenn man die Sache genau nimmt, nicht für befriedigend halten. Man könnte Ihnen antworten, daß die Staatsrechte auch Güter sind, daß es für die Ehre der Völker auch wichtig ist, sich diese Güter zu erhalten, und daß Sie, wenn Sie sich an den Staatsrechten vergreifen, tatsächlich die Güter der Völker und ebenso auch ihre Ehre antasten. Man kann noch hinzufügen, daß die Aufrechterhaltung der bürgerlichen Rechte an die der Staatsrechte gebunden ist durch eine enge gegenseitige Beziehung. Wer wird den Staatsbürgern die Garantie dafür geben, daß, wenn Sie sie heute ihrer politischen Freiheit berauben, Sie sie nicht morgen ihrer persönlichen Freiheit berauben werden, daß, wenn Sie heute ihre Freiheit antasten, Sie sich nicht morgen an ihrem Vermögen vergreifen werden?

Machiavelli

Gewiß wird man diese Gründe mit viel Eifer vorbringen, aber ich glaube, daß Sie sich auch der in ihnen liegenden Übertreibung völlig bewußt sind.

Es scheint mir immer so, als glaubten Sie, die modernen Völker hungerten geradezu nach Freiheit. Haben Sie auch den Fall bedacht, daß sie von ihr nichts mehr wissen wollen, und können Sie von den Fürsten verlangen, daß sie mehr Freiheitsliebe haben sollen als die Völker? Nun, so fragen Sie doch in Ihren so von Grund aus schlaff gewordenen Gesellschaften, in denen der einzelne nur noch in der Sphäre seines Egoismus und seiner materiellen Interessen lebt, einmal die Mehrheit, und Sie werden sehen, ob man Ihnen nicht von allen Seiten antwortet: Was geht mich die Politik an? Was schert mich die Freiheit? Ist nicht eine Regierung wie die andere? Muß eine Regierung sich nicht behaupten?

Beachten Sie übrigens wohl: Nicht nur das Volk redet so, auch die Bürger, die Industriellen, die Intellektuellen, die Reichen, die Gebildeten, alle, die in der Lage sind, Ihre schönen staatsrechtlichen Theorien anzuwenden. Sie werden mich segnen, sie werden ausrufen, daß ich sie gerettet habe, daß sie in der Minderheit sind, daß sie unfähig sind, sich selbst zu führen. Sehen Sie, die Völker haben nun einmal so eine heimliche Liebe für die genialen Gewaltmenschen. Von allen Gewalttakten, die mit Geschick aufgezogen sind, werden Sie mit dem Tone der Bewunderung, der stärker ist als der des Tadels, sagen hören: Das mag nicht recht sein, aber es ist geschickt gehandelt, gut in Szene gesetzt, fein gemacht.

Montesquieu
Sie wollen also wieder auf den Teil Ihrer Lehren zurückkommen, den Sie als Verfasser des Buches über den Fürsten gewissermaßen beruflich vertreten.

Machiavelli
Nein, wir sind bei der Durchführung dieser Lehren. Ich wäre sicher weiter, wenn Sie mich nicht zu einer Abschweifung gezwungen hätten. Fangen wir also wieder dort an.

NEUNTES GESPRÄCH

Montesquieu
Sie waren stehengeblieben bei dem Tage nach der Aufstellung einer Verfassung ohne die Zustimmung des Volkes.

Machiavelli
Hier muß ich Sie unterbrechen. Ich habe nie behauptet, daß ich hierbei überkommene Ideen verletzen wollte, deren Macht ich kenne.

Montesquieu
Wirklich!

Machiavelli
Ich spreche ganz im Ernst.

Montesquieu
Sie wollen also das Volk an dem neuen, grundlegenden Werke beteiligen, das Sie vorbereiten?

Machiavelli
Ja, gewiß. Sie wundern sich darüber? Ich werde noch mehr tun. Ich werde zunächst durch eine allgemeine Volksabstimmung den Gewaltstreich, den ich gegen den Staat geführt habe, legalisieren lassen. Ich werde zum Volke in entsprechenden Formulierungen reden: Es ging nicht mehr so weiter. Ich habe alles zerschlagen. Ich habe euch gerettet. Seid ihr mir böse? Ihr habt die Freiheit, mich zu verurteilen oder mich freizusprechen durch eure Abstimmung.

Montesquieu
Die Freiheit unter dem Druck des Terrors und der Macht der Armee.

Machiavelli
Man wird mir zujubeln.

Montesquieu
Das glaube ich.

Machiavelli
Und die Volksabstimmung, aus der ich das Instrument meiner Macht gemacht habe, wird selbst die Grundlage meiner Regierung sein. Ich werde eine

Abstimmung ohne Rücksicht auf die Klassen- und Vermögensunterschiede veranstalten, durch die der Absolutismus mit einem Schlage hergestellt sein wird.

Montesquieu
Jawohl! Denn mit einem Schlage zerbrechen Sie zugleich die Eintracht der Familie, entwerten die Abstimmung, vernichten das Übergewicht der Bildung und machen aus der bloßen Zahl eine blinde Macht, die sich nach Ihrem Gutdünken lenken läßt.

Machiavelli
Ich setze nur eine fortschrittliche Idee in die Wirklichkeit um, nach der heute alle Völker Europas eifrigst streben. Ich veranstalte eine allgemeine Volksabstimmung so, wie es Washington in den Vereinigten Staaten tat, und der erste Gebrauch, den ich von ihr mache, ist es, über meine Verfassung abstimmen zu lassen.

Montesquieu
Wie? Sie wollen sie in Volksversammlungen oder in Abgeordnetenversammlungen zur Diskussion stellen?

Machiavelli
Nicht doch! Lassen wir doch, bitte, die Ideen des achtzehnten Jahrhunderts beiseite; sie sind doch nicht mehr die der gegenwärtigen Zeit.

Montesquieu
Nun, wie werden Sie dann über die Annahme Ihrer Verfassung beraten lassen? Wie sollen ihre Grundartikel diskutiert werden?

Machiavelli
Aber ich denke ja gar nicht daran, daß sie diskutiert werden sollen. Ich glaubte, Ihnen das gesagt zu haben.

Montesquieu
Ich habe mich von Ihnen nur auf den Boden der Grundsätze führen lassen, die Sie auszuwählen beliebten. Sie haben zu mir von den Vereinigten Staaten geredet. Ich weiß nicht, ob Sie ein zweiter Washington sind; aber was ich bestimmt weiß, das ist die Tatsache, daß die gegenwärtige Verfassung der Vereinigten Staaten diskutiert, beraten und der Abstimmung durch die Vertreter des Volkes unterworfen wurde.

Machiavelli
Aber, ich bitte Sie! Werfen Sie doch nicht die Zeiten, die Länder und die Völker durcheinander. Wir sind in Europa. Meine Verfassung wird im ganzen vorgelegt, und sie wird im ganzen angenommen.

Montesquieu
Aber Sie können damit doch niemanden täuschen. Wie kann das Volk, wenn es unter solchen Bedingungen abstimmt, wissen, was es tut und wie weit es sich bindet?

Machiavelli
Und wo haben Sie jemals gesehen, daß eine Verfassung, die wirklich diesen Namen verdiente, die wirklich dauerhaft war, das Ergebnis einer Beratung durch das Volk gewesen ist? Eine Verfassung muß völlig fertig dem Kopfe eines einzigen Mannes entspringen, oder es kann aus ihr nichts werden. Ohne den gleichen Ursprung, ohne die Verbindung ihrer Teile miteinander, ohne die Berücksichtigung ihrer praktischen Auswirkung wird sie notwendig die Spuren des Mangels an Weitblick an sich tragen, der bei ihrer Abfassung da war.

Eine Verfassung kann, um es nochmals zu sagen, nur das Werk eines einzigen sein. Niemals ist es anders gewesen. Dafür zeugt die Geschichte aller Gründer eines Reiches, das Beispiel eines Sesostris, eines Solon, Lykurg, Karl des Großen, eines Friedrich II., eines Peter I.

Montesquieu
Was Sie mir da auseinandersetzen, ist der Inhalt eines Kapitels aus einem Werke eines Ihrer Schüler.

Machiavelli
Und wen meinen Sie?

Montesquieu
Joseph de Maistre. Es sind das Allgemeinheiten, an denen etwas Wahres ist; ich finde aber, daß sie sich hier nicht anwenden lassen. Wenn man Sie hört,

möchte man meinen, daß Sie ein Volk aus dem Chaos oder der dunklen Nacht seiner ersten Anfänge herausführen wollen. Sie scheinen nicht mehr daran zu denken, daß bei der Annahme, von der wir ausgehen, das Volk den Gipfel seiner Kultur erreicht hat, daß sein öffentliches Recht fest gegründet und daß es im Besitz geregelter Einrichtungen ist.

Machiavelli
Das streite ich nicht ab. Außerdem werden Sie sehen, daß ich Ihre Einrichtungen gar nicht von oben bis unten zu zerstören brauche, um zu meinem Ziele zu kommen. Ich brauche nur ihre Anordnung zu ändern und ihre Zusammenstellung zu wechseln.

Montesquieu
Erklären Sie mir das.

Machiavelli
Sie haben mir eben eine Vorlesung über Verfassungsfragen gehalten; ich gedenke, daraus Nutzen zu ziehen. Ich stehe übrigens allen diesen Ideen über die Ausbalancierung der Gewalten nicht so fern, wie man es so allgemeinhin in Europa glaubt. Sie hätten das an meinen Abhandlungen über Titus Livius merken können. Aber zur Sache! Sie bemerkten vorhin mit Recht, daß in den parlamentarisch regierten Staaten Europas die Staatsgewalten fast überall in gleicher Weise auf eine bestimmte Anzahl

politischer Körperschaften verteilt sind, deren geregeltes Zusammenspiel die Regierung ausmacht.

So findet man überall unter verschiedenen Namen, aber mit fast denselben Befugnissen einen Ministerrat, einen Senat, eine gesetzgebende Körperschaft, einen Staatsrat, einen obersten Gerichtshof. Ich kann Ihnen jede unnötige Erläuterung des Mechanismus, soweit er sich auf diese Gewalten bezieht, ersparen. Sie kennen sein Geheimnis besser als ich. Es ist klar, daß jede von ihnen eine wesentliche Funktion der Regierung darstellt. Merken Sie sich gut, daß ich die Funktion etwas Wesentliches nenne, nicht die Einrichtung. So muß es eine leitende, eine regierende, eine gesetzgebende, eine verordnende Staatsgewalt geben, daran ist gar kein Zweifel.

Montesquieu
Aber wenn ich Sie recht verstehe, so sind diese verschiedenen Gewalten in Ihren Augen doch nur eine einzige, und Sie werden das alles in die Hände eines einzigen Mannes legen und die Einrichtungen unterdrücken.

Machiavelli
Ich sage Ihnen nochmals, daß Sie sich hierin irren. Man könnte gar nicht ohne Gefahr so handeln. Man könnte es besonders bei Ihnen nicht, bei dem Fanatismus, mit dem man bei Ihnen die sogenannten Prinzipien von 1789 vertritt. Aber seien Sie so gut, und hören Sie mir zu: In der Statik ändert die Ver-

legung eines Stützpunktes die Richtung der Kraft; in der Mechanik ändert die Verlegung einer Triebfeder die Bewegung. Scheinbar jedoch ist es noch derselbe Apparat, derselbe Mechanismus. Ebenso hängt auch in der Physiologie das Temperament von dem Zustand ab, in dem sich die Organe befinden. Wenn die Organe Veränderungen erleiden, ändert sich auch das Temperament. Nun funktionieren die verschiedenen Einrichtungen, von denen wir eben sprachen, innerhalb des Regierungswesens wie richtige Organe im menschlichen Körper. Ich werde nun an den Organen ansetzen. Die Organe selbst werden bleiben, aber der politische Charakter des Staates wird sich ändern. Verstehen Sie?

Montesquieu
Das ist nicht schwer, und man braucht dazu keine Erläuterungen. Sie behalten die Namen bei, aber Sie beseitigen die Sachen. So machte es Augustus in Rom, als er die Republik vernichtete. Es gab immer noch ein Konsulat, eine Prätur, ein Zensoramt, ein Tribunat; aber es gab keine eigentlichen Konsuln, keine Prätoren, keine Zensoren und keine Tribunen mehr.

Machiavelli
Sie hätten schlechtere Beispiele wählen können. <u>In der Politik läßt sich alles machen, wenn man nur den Vorurteilen des Volkes schmeichelt und auf die Äußerlichkeiten achtet.</u>

Montesquieu
Ergehen Sie sich nicht wieder in allgemeinen Redensarten. Sie waren gerade im Zuge, und ich folge Ihnen.

Machiavelli
Vergessen Sie nicht, daß es persönliche Überzeugungen sind, aus denen jede meiner Handlungen entspringt. In meinen Augen sind Ihre parlamentarischen Regierungen nur Disputierklubs, Brutstätten steriler Agitationen, in denen sich die sonst so fruchtbare Tätigkeit der Völker erschöpft, die von den Volksrednern und der Presse zur Ohnmacht verurteilt werden. Darum habe ich auch gar keine Bedenken. Ich gehe von einem überlegenen Standpunkte aus, und der Zweck, den ich verfolge, rechtfertigt meine Handlungen.

An die Stelle abstrakter Theorien setze ich die praktische Vernunft, die Erfahrung von Jahrhunderten, das Beispiel genialer Menschen, die mit denselben Mitteln Großes getan haben. Ich fange damit an, der Staatsgewalt wieder die Bedingungen zu schaffen, die für sie lebenswichtig sind.

Meine erste Reform gilt unmittelbar dem, was Sie die Verantwortlichkeit der Staatsminister nennen. In den mit einer zentralisierten Gewalt ausgestatteten Ländern, wie zum Beispiel dem Ihren, wo die öffentliche Meinung auf Grund eines instinktiven Gefühls alles auf das Staatsoberhaupt bezieht, das Gute ebenso wie das Böse, hieße es das Volksempfinden Lügen strafen und eine Fiktion einführen, die doch immer im Sturm der Revolutionen dahinschwinden wird, wollte man an die Spitze der Verfassung den Satz stellen, daß der Souverän nicht verantwortlich gemacht werden dürfe.

Ich beginne daher damit, aus meiner Verfassung das Prinzip der Verantwortlichkeit der Minister zu streichen. Der Souverän, den ich einsetze, wird allein verantwortlich sein, und zwar dem Volke.

Montesquieu
Gut so, das ist wenigstens kurz und bündig!

Machiavelli
In Ihrem parlamentarischen System haben die Vertreter des Volkes, wie Sie mir das erklärten, die Initiative bei der Gesetzgebung allein oder zusammen mit der exekutiven Gewalt. Das ist nun die Quelle der gröbsten Mißstände; denn bei einer solchen Ordnung der Dinge kann jeder Abgeordnete sich bei jeder Gelegenheit die Regierungsgewalt anmaßen und die am wenigsten durchdachten und am wenigsten begründeten Gesetzesvorschläge vorbringen. Ja, mit Hilfe der parlamentarischen Initiative wird die Kammer, wenn es ihr so paßt, die Regierung stürzen. Darum wird das Recht, Gesetze vorzuschlagen, nur dem Souverän zustehen.

Montesquieu
Ich sehe, Sie sind auf dem besten Wege zum Absolutismus. Denn in einem Staate, in dem die Initiative

zur Gesetzgebung nur dem Souverän zusteht, ist der Herrscher der einzige Gesetzgeber. Aber bevor Sie fortfahren, möchte ich doch etwas einwenden. Sie wollen sich auf einem Felsen festsetzen, und ich finde, daß Sie auf dem Sande sitzen.

Machiavelli
Inwiefern?

Montesquieu
Haben Sie nicht die Volksabstimmung zur Grundlage Ihrer Macht gemacht?

Machiavelli
Gewiß.

Montesquieu
Nun, dann sind Sie auch nur ein Bevollmächtigter des Volkes, den das Volk, von dem die eigentliche Staatsgewalt ausgeht, nach seinem Gutdünken auch wieder abberufen kann. Sie glaubten, Sie könnten dieses Prinzip zur Stütze Ihrer Autorität machen; aber Sie beachteten dabei gar nicht, daß man Sie auch stürzen kann, wenn man es will. Andererseits haben Sie erklärt, daß Sie allein die Verantwortung tragen. Glauben Sie denn, daß Sie ein Engel sind? Sie könnten das ja immerhin sein; aber man wird sich deshalb nicht weniger bei jedem Unglück an Sie halten, das eintreten könnte, und Sie werden an der ersten Krise zugrunde gehen.

Machiavelli
Sie nehmen da etwas vorweg. Der Einwurf kommt zu früh. Aber ich antworte gleich auf ihn, da Sie mich dazu zwingen. Sie geben sich einer seltsamen Täuschung hin, wenn Sie glauben, daß ich diesen Gedanken nicht vorausgesehen habe. Wenn meine Macht erschüttert würde, so könnte das nur durch die Parteien sein. Gegen sie bin ich durch zwei wesentliche Rechte geschützt, die ich in meine Verfassung aufgenommen habe.

Montesquieu
Und was sind das für Rechte?

Machiavelli
Das Recht, an das Volk zu appellieren, und das Recht, über das Land den Belagerungszustand zu verhängen. Ich bin der Führer der Wehrmacht, ich habe die ganze Staatsgewalt in meiner Hand; die Bajonette würden alle, die Widerstand leisten, zur Vernunft bringen, und ich würde bei einer Volksabstimmung in der Wahlurne eine neue Bestätigung meiner Autorität finden.

Montesquieu
Auf solche Begründungen gibt es keine Antwort. Aber kommen wir, bitte, wieder auf die gesetzgebende Körperschaft zurück, die Sie eingesetzt haben. Ich sehe noch nicht, daß Sie in diesem Punkte aus aller Verlegenheit heraus sind. Sie haben dieser Ver-

sammlung die parlamentarische Initiative genommen; aber es bleibt ihr doch das Recht, über die Gesetze abzustimmen, die Sie ihr zur Annahme vorlegen werden. Sie rechnen offenbar gar nicht damit, daß sie dieses Recht ausüben dürfte?

Machiavelli
Sie sind argwöhnischer als ich; denn ich muß Ihnen gestehen, daß ich hierin gar nichts finde. Da niemand außer mir selbst das Gesetz einbringen kann, habe ich nicht zu fürchten, daß jemals ein gegen meine Regierung gerichtetes Gesetz gemacht wird. Ich habe den Schlüssel zum Heiligtum. Wie ich es Ihnen übrigens schon gesagt habe, gehört es zu meinen Plänen, die Einrichtungen dem Scheine nach bestehen zu lassen. Nur muß ich Ihnen erklären, daß ich der Kammer das, was Sie das Abänderungsrecht nennen, nicht zu überlassen gedenke. Es ist klar, daß es bei der Ausübung eines solchen Rechtes kein Gesetz gibt, das nicht von seinem ursprünglichen Zweck abgebogen werden könnte und dessen Sinn nicht veränderungsfähig wäre. Das Gesetz wird angenommen oder abgelehnt, etwas anderes als diese Alternative gibt es nicht.

Montesquieu
Aber mehr brauchte man ja nicht, um Sie zu stürzen. Es würde hierzu genügen, daß die gesetzgebende Versammlung alle Ihre Gesetzesvorschläge ablehnte,

es würde auch schon genügen, daß sie sich weigerte, über die Steuern abzustimmen.

Machiavelli
Sie wissen sehr gut, daß die Dinge sich nicht so abspielen können. Eine Kammer, wie sie auch sein möge, die durch ein solches tollkühnes Verfahren die Entwicklung der öffentlichen Angelegenheiten aufhielte, müßte sich selbst ihr Grab graben. Übrigens würde ich tausend Mittel haben, die Macht einer solchen Versammlung zu brechen. Ich werde die Zahl der Abgeordneten auf die Hälfte beschränken, und ich werde dadurch die Hälfte weniger an politischen Leidenschaften zu bekämpfen haben. Ich würde mir die Ernennung der Präsidenten und der Vizepräsidenten, die die Beratungen leiten, vorbehalten. Statt der permanenten Sitzungen würde ich die Tagung der Versammlung auf einige Monate reduzieren. Ich würde vor allem etwas tun, was von größter Wichtigkeit ist und was sich, wie man mir gesagt hat, in der Praxis schon einzuführen beginnt: Ich würde die Einrichtung abschaffen, daß die Mandate für die gesetzgebende Versammlung ohne Entgelt ausgeübt werden. Ich möchte, daß die Abgeordneten ein Gehalt bekommen, daß ihre Tätigkeit irgendwie besoldet wird. Ich betrachte eine solche Neuerung als das sicherste Mittel, die Volksvertreter an die Regierung zu binden. Ich brauche Ihnen das nicht zu erläutern; die Wirksamkeit dieses Mittels ist nur zu gut zu verstehen. Ich füge noch

hinzu, daß ich als Oberhaupt der exekutiven Gewalt das Recht habe, die gesetzgebende Körperschaft einzuberufen und aufzulösen, und daß ich im Falle der Auflösung mir sehr lange Fristen vorbehalten würde, eine neue Volksvertretung zu berufen. Ich verstehe sehr gut, daß es nicht ungefährlich ist, wenn die gesetzgebende Gewalt von meiner Macht unabhängig bleibt. Aber beruhigen Sie sich, wir werden bald zu noch ganz anderen praktischen Mitteln kommen, sie an die Staatsgewalt zu binden. Genügen Ihnen diese verfassungsrechtlichen Einzelheiten? Wollen Sie noch mehr?

Montesquieu
Das ist gar nicht mehr nötig, und Sie können nun zur Organisation des Senats übergehen.

Machiavelli
Ich sehe, daß Sie recht gut begriffen haben, daß dies der Hauptteil meines Werkes ist, der Schlußstein im Kuppelbau meiner Verfassung.

Montesquieu
Ich weiß wirklich nicht, was Sie noch weiter tun könnten; denn von jetzt an betrachte ich Sie völlig als den Herrn des Staates.

Machiavelli
Sie tun mir den Gefallen, das festzustellen; aber in Wirklichkeit könnte sich die Souveränität nicht auf

einer so oberflächlichen Grundlage aufbauen. Dem Souverän müssen Korporationen zur Seite stehen, die durch den Prunk der Titel, der Würden und durch die persönliche Auszeichnung der Männer, aus denen sie sich zusammensetzen, imponieren. Es ist nicht gut, wenn der Souverän sich persönlich ständig mit ins Spiel mischt, wenn man seine Hand überall merkt. Seine Tätigkeit muß je nach Bedarf gedeckt werden durch die Autorität der großen, mit Amtsgewalt ausgestatteten Körperschaften, die dem Thron nahestehen.

Montesquieu
Man sieht gleich, daß das die Rolle ist, die Sie für den Senat und den Staatsrat vorsehen.

Machiavelli
Man kann Ihnen doch nichts verbergen.

Montesquieu
Sie sprechen dabei vom Throne. Ich sehe daraus, daß Sie bereits König sind, und wir waren doch soeben noch in der Republik. Es gibt da kaum einen Übergang.

Machiavelli
Sie, der berühmte französische Staatsrechtslehrer, sollten von mir nicht verlangen, daß ich mich mit solchen Kleinigkeiten aufhalte, die nur eine Sache der weiteren Ausführung sind. Von dem Augen-

blicke an, in dem ich die Gesamtmacht in Händen habe, ist die Stunde, in der ich mich zum König ausrufen lasse, nur noch eine Sache der passenden Gelegenheit. Ich werde es vor oder nach der Bekanntgabe meiner Verfassung tun; darauf kommt nicht viel an.

Montesquieu
Das ist richtig. Kommen wir also wieder auf die Organisation des Senats zurück.

ZEHNTES GESPRÄCH

Machiavelli
Sie haben doch wohl bei den in die Tiefe gehenden Forschungen, die Sie zur Abfassung Ihres denkwürdigen Werkes über *Die Ursachen der Größe und des Niedergangs der Römer* anstellen mußten, bemerkt, welche Rolle der Senat unter den Kaisern seit der Regierung des Augustus spielte?

Montesquieu
Das ist — wenn ich Ihnen das sagen darf — ein Punkt, der mir durch die historischen Forschungen noch nicht völlig aufgeklärt zu sein scheint. Was feststeht, ist, daß der römische Senat bis in die letzten Zeiten der Republik eine nur sich selbst verantwort-

liche Behörde war, ausgestattet mit sehr weitgehenden Privilegien und im Besitz eigener Machtbefugnisse. Hierin bestand das Geheimnis seiner Macht, seiner tief begründeten politischen Tradition und der Größe, die von ihm auf die römische Republik überging. Seit der Zeit des Augustus ist der Senat nur noch ein Werkzeug in der Hand der Kaiser, aber man weiß nicht recht, durch welche Folge von Staatsakten es den Kaisern gelang, ihn seiner Macht zu entkleiden.

Machiavelli
Ich bat Sie nicht gerade deshalb darum, sich in die Kaiserzeit zurückzuversetzen, um diesen dunklen Punkt der Geschichte aufzuhellen. Diese Frage interessiert mich jetzt nicht. Das, was ich Ihnen sagen wollte, ist nur, daß der Senat, so wie ich ihn mir vorstelle, an der Seite des Fürsten eine politische Rolle zu spielen hätte, die der des römischen Senats in den Zeiten entspricht, die auf den Sturz der Republik folgten.

Montesquieu
Nun ja, aber zu dieser Zeit wurde über ein Gesetz nicht mehr in den Volksversammlungen abgestimmt, es kam durch Senatsbeschlüsse zustande. Möchten Sie das auch so haben?

Machiavelli
Nein. Das würde zu den modernen Grundsätzen des Verfassungsrechts nicht stimmen.

Montesquieu
Wie dankbar muß man Ihnen für solch ein Bedenken sein!

Machiavelli
Übrigens brauche ich es ja gar nicht, um das anzuordnen, was mir nötig zu sein scheint. Sie wissen ja, daß jede gesetzliche Maßnahme nur aus einem Vorschlag hervorgehen kann, den ich selbst mache, und außerdem werde ich Verordnungen erlassen, die Gesetzeskraft haben.

Montesquieu
Sie hatten wirklich diesen Punkt wieder vergessen, der immerhin nicht von geringer Bedeutung ist. Aber dann sehe ich nicht ein, wozu Sie sich den Senat reservieren.

Machiavelli
Da er seinen Platz in den höchsten Regionen der Verfassung hat, darf sein direktes Eingreifen nur bei feierlichen Gelegenheiten in Erscheinung treten. Zum Beispiel dann, wenn es nötig wäre, die Grundlagen der Verfassungsurkunde anzutasten, oder wenn die Staatsgewalt in Gefahr geriete.

Montesquieu
Diese Ausdrucksweise ist immer noch recht orakelhaft. Sie möchten dadurch gern die Wirkung vorbereiten, die Sie erzielen wollen.

Machiavelli
Es war bisher eine fixe Idee Ihrer modernen Staatsrechtler, daß sie alles voraussehen, alles in den Verfassungen, die sie den Völkern gaben, regeln wollten. Ich werde diesen Fehler nicht machen. Ich möchte mich nicht selbst in Grenzen einschließen, die ich dann nicht überschreiten darf. Ich würde nur das festlegen, was nicht im Ungewissen bleiben darf. Ich würde der Möglichkeit, etwas abzuändern, einen ziemlich breiten Spielraum lassen, damit es in den großen Krisen andere Heilmittel gibt als den unglückseligen Ausweg einer Revolution.

Montesquieu
Jetzt reden Sie recht vernünftig.

Machiavelli
Und was den Senat betrifft, so würde ich über ihn in meiner Verfassung schreiben: »Der Senat regelt durch Senatsbeschluß alles, was in der Verfassung nicht vorgesehen ist und was zu ihrem Vollzug nötig ist. Er bestimmt, welchen Sinn die Artikel der Verfassung haben, die Anlaß zu verschiedenen Deutungen geben könnten. Er hält alle Maßnahmen an oder erklärt sie für ungültig, die ihm von der Regierung als verfassungswidrig bezeichnet oder durch Eingaben von Bürgern als nicht der Verfassung entsprechend angegeben werden. Er kann Gesetzesvorschläge in den Grundzügen entwerfen, wenn sie von großer nationaler Bedeutung sind. Er kann Ab-

änderungen der Verfassung vorschlagen und sich selbst dazu die Berechtigung durch einen Senatsbeschluß geben.«

Montesquieu
Das ist alles recht gut, und das ist wirklich ein Senat, wie ihn die Römer hatten. Ich mache nur noch ein paar Bemerkungen zu Ihrer Verfassung. Sie wird also in recht unbestimmten und zweideutigen Begriffen abgefaßt sein, da Sie im voraus annehmen, daß die Artikel, die sie enthält, verschiedene Auslegungen erhalten können.

Machiavelli
Nein. Aber man muß alles vorausbedenken.

Montesquieu
Ich glaubte im Gegenteil, Ihr Grundsatz wäre es, hierbei nicht alles voraussehen und alles regeln zu wollen.

Machiavelli
Man merkt, daß Sie Gerichtspräsident gewesen sind und diese Würde nicht umsonst bekleidet haben. Meine Worte haben keinen anderen Sinn als den: Man muß das voraussehen, worauf es ankommt.

Montesquieu
So sagen Sie mir bitte: Hat nun Ihr Senat, der Interpret und Hüter der Verfassung, eine eigene Machtbefugnis?

Machiavelli
Die wird er sicher nicht haben.

Montesquieu
Alles, was der Senat tun wird, das tun also in Wirklichkeit Sie selbst.

Machiavelli
Ich widerspreche Ihnen nicht.

Montesquieu
Was er interpretiert, das ist also Ihre Interpretation? Was er ändert, das ist Ihre Änderung? Was er aufhebt, das wird durch Sie aufgehoben?

Machiavelli
Ich werde mich nicht dagegen wehren.

Montesquieu
Das heißt also: Sie behalten sich das Recht vor, das, was Sie taten, wieder rückgängig zu machen, das, was Sie gaben, wieder zu nehmen, Ihre Verfassung zum Guten oder zum Bösen zu ändern oder sie auch ganz verschwinden zu lassen, wenn Sie es für nötig halten. Ich erlaube mir im voraus kein Urteil über Ihre Absichten oder über die Motive Ihrer Handlungen, die Sie unter diesen oder jenen Umständen ausführen werden, ich frage Sie nur: Wo würde man bei einer sich so weit erstreckenden Willkür den geringsten gesetzlichen Schutz für die Bürger finden,

und wie könnten sich vor allem die Bürger jemals dazu entschließen, sich eine solche Willkür gefallen zu lassen?

Machiavelli
Ich merke schon, daß Sie wieder von der Empfindlichkeit des Philosophen befallen werden. Beruhigen Sie sich, ich würde keine Änderung an den Grundpfeilern meiner Verfassung vornehmen, ohne diese Änderungen dem Volk zur Annahme in einer allgemeinen Volksabstimmung zu unterbreiten.

Montesquieu
Aber Sie selbst wären dann wieder derjenige, der über die Frage zu entscheiden hat, ob die Änderung, die Sie vorschlagen, von so grundstürzender Art ist, daß sie der Billigung durch das Volk unterworfen werden muß. Ich will immerhin anerkennen, daß Sie das, was durch ein Plebiszit vollzogen werden muß, nicht durch ein Dekret oder einen Senatsbeschluß ausführen werden. Werden Sie Ihre verfassungsändernden Vorschläge zur Diskussion stellen? Werden Sie in Volksversammlungen über sie beraten lassen?

Machiavelli
Sicher nicht! Wenn jemals eine Debatte über Artikel der Verfassung vor Volksversammlungen stattfände, würde das Volk durch nichts daran zu hindern sein, kraft seines Verhandlungsrechtes alles nachzuprüfen, und dann stünde die Revolution gleich vor der Tür.

Montesquieu
Sie sind wenigstens konsequent. Die Vorschläge zu Verfassungsänderungen werden also im ganzen vorgelegt und im ganzen angenommen?

Machiavelli
Jawohl, nicht anders.

Montesquieu
Gut! Ich glaube, wir können nun dazu übergehen, wie der Staatsrat organisiert werden soll.

Machiavelli
Sie lenken das Verhör mit der vollendeten Präzision eines Präsidenten des höchsten Gerichtshofs. Ich habe noch vergessen, Ihnen zu sagen, daß ich den Mitgliedern des Senats ein Gehalt bezahlen werde ebenso wie denen der gesetzgebenden Körperschaft.

Montesquieu
Das läßt sich verstehen.

Machiavelli
Ich brauche im übrigen wohl nicht hinzuzufügen, daß ich mir auch die Ernennung der Präsidenten und der Vizepräsidenten dieser hohen Versammlung vorbehalten würde. Was den Staatsrat angeht, werde ich mich kürzer fassen. Ihre modernen Institutionen sind so gewaltige Mittel zur Zentralisation der Macht, daß es fast unmöglich ist, sich ihrer zu bedienen,

ohne durch eine jede von ihnen eine souveräne Autorität auszuüben. Was ist denn eigentlich nach Ihren eigenen Prinzipien der Staatsrat? Er ist nur dem Scheine nach eine politische Körperschaft; in Wirklichkeit ist er dazu bestimmt, dem Fürsten eine recht beträchtliche Macht in die Hand zu spielen, und zwar die Befugnis, Regeln für die Rechtsprechung aufzustellen, eine Befugnis, die so etwas wie eine richterliche Machtvollkommenheit darstellt, die, wenn man will, dazu dienen kann, Gesetze im eigentlichen Sinne zu schaffen.

Der Staatsrat ist ferner bei Ihnen, wie man mir gesagt hat, noch mit einer besonderen, vielleicht viel weiter gehenden Befugnis ausgestattet. Er kann in strittigen Fällen, so versicherte man mir, durch das Berufungsrecht eine Sache vor sein eigenes Gericht bringen. Er kann bei den ordentlichen Gerichten kraft seiner eigenen Autorität von allen Rechtshändeln Kenntnis nehmen, die ihm einen verwaltungsrechtlichen Charakter zu haben scheinen. Daher dürfen, um kurz das zu charakterisieren, was an dieser Befugnis das ganz Außerordentliche ist, die Gerichte die Aburteilung verweigern, wenn es sich um eine Tat der Verwaltungsbehörde handelt, und die Verwaltungsbehörde kann in diesem Falle die Sache von den Gerichten zurückziehen, um sie vom Staatsrat entscheiden zu lassen.

Und nun noch einmal: <u>Was ist der Staatsrat?</u> Hat er eine eigene Macht? Ist er von dem Souverän unabhängig? Keineswegs. Er ist nichts als ein

Redaktionsausschuß. Wenn der Staatsrat eine Verordnung erläßt, so ist es der Herrscher, der sie gemacht hat. Wenn er ein Urteil fällt, so ist es der Herrscher, der es tut, oder, wie Sie heute sagen, es ist die Verwaltung, die Staatsverwaltung, die Richter und Partei zugleich in ihrer eigenen Sache ist. Glauben Sie, daß es etwas Machtvolleres gibt als das, und glauben Sie, daß man da noch viel zu tun hat, um den Absolutismus in den Staaten einzuführen, in denen man alles in solchen Einrichtungen schon organisiert vorfindet?

Montesquieu
Ihre Kritik trifft so ziemlich zu, das muß ich zugeben. Aber da der Staatsrat als solcher eine vorzügliche Einrichtung ist, so ist nichts leichter, als ihm die nötige Unabhängigkeit dadurch zu geben, daß man ihn gegen die Einflüsse der Staatsgewalt bis zu einem gewissen Grade isoliert. Das werden Sie sicher nicht tun.

Machiavelli
Nein, sondern ich werde die Vereinheitlichung in der Verwaltung da erhalten, wo ich sie vorfinde, und ich werde sie dort, wo sie nicht vorhanden ist, herbeiführen, dadurch, daß ich die Bindungen befestige, die darin bestehen, daß eine Einrichtung auf die andere angewiesen ist, und die ich für notwendig halte.

Wie Sie sehen, sind wir nicht auf halbem Wege stehengeblieben; denn nun ist meine Verfassung fertig.

Montesquieu
Schon?

Machiavelli
Eine kleine Zahl von geschickt angeordneten Kombinationen der vorhandenen Einrichtungen genügt, um die Auswirkung der Gewalten vollständig zu ändern. Dieser Teil meines Programms ist erfüllt.

Montesquieu
Ich glaube, Sie wollten mir noch etwas über den obersten Gerichtshof sagen.

Machiavelli
Was ich Ihnen darüber zu sagen habe, wird anderswo besser seinen Platz finden.

Montesquieu
Wenn wir einen Überschlag über die Befugnisse machen, die in Ihren Händen liegen, so können Sie wirklich zufrieden sein.

Fassen wir zusammen: Sie machen die Gesetze — erstens in der Form von Vorschlägen an die gesetzgebende Körperschaft, zweitens in der Form von Erlassen, drittens in der Form von Senatsbeschlüssen, viertens in der Form von allgemeinen Verordnungen, fünftens in der Form von Entscheidungen durch den Staatsrat, sechstens in der Form von Anweisungen an die Minister, schließlich siebentens in der Form von Staatsstreichen.

Machiavelli
Dabei scheinen Sie nicht zu ahnen, daß das, was mir jetzt noch zu tun bleibt, gerade das Schwierigste ist.

Montesquieu
Das ahnte ich allerdings nicht.

Machiavelli
Dann haben Sie nicht genug darauf geachtet, daß meine Verfassung sich über eine Menge erworbener Rechte ausschweigt, die mit der neuen Ordnung der Dinge, die ich einführen will, unverträglich sind. Das gilt zum Beispiel von der Freiheit der Presse, der Koalitionsfreiheit, der Unabhängigkeit der Beamtenschaft, dem Stimmrecht, der Wahl der Gemeindebeamten durch die Gemeinden, der Einrichtung von Bürgergarden und noch vielem anderen, das verschwinden oder von Grund auf umgeändert werden muß.

Montesquieu
Aber haben Sie nicht alle diese Rechte schon dadurch anerkannt, daß Sie feierlich die Grundsätze anerkannt haben, deren Anwendung sie doch bloß sind?

Machiavelli
Ich habe Ihnen schon gesagt, daß ich keinen speziellen Rechtsgrundsatz und kein einzelnes Recht aner-

kannt habe. Außerdem sind die Maßnahmen, die ich treffen werde, nur Ausnahmen von der Regel.

Montesquieu
Und natürlich solche Ausnahmen, die die Regel bestätigen.

Machiavelli
Aber hierzu muß der Augenblick gut gewählt werden; denn ein Mißgriff in der passenden Gelegenheit kann alles verderben. In dem Buche über den Fürsten habe ich einen Grundsatz aufgestellt, der in solchen Fällen als Regel für das Verhalten dienen kann: »Wer in einem Staate die Herrschaft an sich reißt, soll alle für seine Sicherung nötigen Gewalttaten nur ein einziges Mal so durchführen, daß er sie nie zu wiederholen braucht; denn später wird er bei seinen Untertanen nichts mehr — weder im Guten noch im Bösen — erreichen können. Wenn du etwas Böses tun mußt, ist der richtige Zeitpunkt dazu in dem Augenblicke verpaßt, wo du kein Glück mehr hast; wenn du es im Guten erreichen willst, so werden deine Untertanen keine Lust zu einer Änderung haben, von der sie glauben, daß sie erzwungen werden soll.«

Am Tage nach der Veröffentlichung meiner Verfassung werde ich eine Reihe von Verordnungen mit Gesetzeskraft erlassen, durch die mit einem Schlage die Freiheiten und die Gesetze aufgehoben werden, deren Ausübung gefährlich werden könnte.

Montesquieu
Der Augenblick ist wirklich gut gewählt. Das Land steht infolge Ihres Staatsstreichs noch unter dem Eindruck des Terrors. Was Ihre Verfassung angeht, so hat man Ihnen nichts versagt, da Sie ja sowieso alles nehmen konnten. Was Ihre Verordnungen betrifft, so gab es nichts zu bewilligen, da Sie ja um nichts bitten und sich alles selbst nehmen.

Machiavelli
Sie sind schnell fertig mit Ihrem Urteil.

Montesquieu
Immerhin etwas weniger schnell als Sie mit Ihren Taten. Das müssen Sie zugeben. Trotz Ihrer starken Hand und Ihrem gut gewählten Augenblick kann ich, wie ich Ihnen gestehen muß, kaum glauben, daß das Land sich nicht erheben wird, wenn der zweite Staatsstreich kommt, den Sie hinter den Kulissen in Reserve halten.

Machiavelli
Das Land wird gern darüber hinwegsehen; denn bei der Sachlage, die ich annehme, ist es der Wühlereien müde; es sehnt sich nach Ruhe, wie der Sand der Wüste sich nach dem Regenguß sehnt, der auf den Sturm folgt.

Montesquieu
Sie kleiden das auch noch in rhetorisch wirksame Bilder; das geht mir zu weit.

Machiavelli
Ich möchte schnell noch hinzufügen, daß ich feierlich versprechen werde, die Freiheiten, die ich unterdrücke, nach Beruhigung der Parteien wiederherzustellen.

Montesquieu
Ich glaube, daß man ewig darauf warten wird.

Machiavelli
Schon möglich.

Montesquieu
Nein, gewiß; denn Ihre Prinzipien erlauben es ja dem Fürsten, sein Wort nicht zu halten, wenn das in seinem Interesse liegt.

Machiavelli
Haben Sie es mit dieser Feststellung nur nicht so eilig. Sie werden sehen, wie ich es mit diesem Versprechen halte. Ich stelle es mir als Aufgabe, daß man mich alsbald für den liberalsten Mann in meinem Reiche halten wird.

Montesquieu
Das ist eine Überraschung, auf die ich nicht vorbereitet war. Während das Volk darauf wartet, unterdrücken Sie auf direktem Wege alle seine Freiheiten.

Machiavelli
»Direkt« ist kein Wort für einen Staatsmann. Ich unterdrücke nichts direkt. Hier ist der Punkt, wo man das Fell des Fuchses mit dem Löwenfell zusammennähen muß. Wozu ist die Politik da, wenn nicht dazu, das Ziel, das sich nicht auf direktem Wege erreichen läßt, auf Umwegen zu erreichen? Die Fundamente meiner Staatsgründung sind gelegt, die Kräfte stehen bereit, ich brauche sie nur noch in Bewegung zu setzen. Ich werde es mit aller Behutsamkeit tun, die die neuen konstitutionellen Methoden erfordern. Hier sind die Regierungs- und die Gesetzgebungskünste am Platz, deren Anwendung dem Fürsten die Klugheit empfiehlt.

Montesquieu
Ich merke, daß wir zu einem neuen Abschnitt der Entwicklung kommen, und ich bin bereit, Ihnen zuzuhören.

ELFTES GESPRÄCH

Machiavelli
In Ihrem *Geist der Gesetze* machen Sie die recht vernünftige Bemerkung, daß das Wort »Freiheit« ein Begriff ist, der sich in sehr verschiedenem Sinne verstehen läßt. In Ihrem Werke soll folgender Satz zu

lesen sein: Die Freiheit ist das Recht, das zu tun, was die Gesetze erlauben.*

Ich mache mir gern diese Definition, die ich ganz richtig finde, zu eigen, und ich kann Ihnen versichern, daß meine Gesetze nur das erlauben, was getan werden soll. Sie werden ihren Geist kennenlernen. Womit wollen wir anfangen?

Montesquieu
Es wäre mir ganz recht, wenn ich zunächst wissen dürfte, wie Sie sich gegen Angriffe der Presse sichern.

Machiavelli
Sie legen tatsächlich den Finger auf die empfindlichste Stelle meines Unternehmens. Das System, das ich hier einzuführen gedenke, ist ebenso umfassend wie vielseitig in seinen Anwendungen. Glücklicherweise habe ich auf diesem Gebiete Bewegungsfreiheit. Ich kann der Sache in voller Ruhe den rechten Zuschnitt geben, und zwar ohne mich dabei irgendeinem Vorwurf auszusetzen.

Montesquieu
Inwiefern denn, bitte?

Machiavelli
Weil die Presse in den meisten parlamentarisch regierten Ländern es darauf abgesehen hat, sich verhaßt zu machen, weil sie immer nur im Dienste

* *Geist der Gesetze,* XI. Buch, 3. Kap.

der heftigen, egoistischen, sich gegen alles andere abschließenden Leidenschaften steht, weil sie auf Grund ihrer Vorurteile verleumdet, weil sie käuflich, ungerecht, engherzig und ohne vaterländische Gesinnung ist, kurz und vor allem: weil Sie der großen Masse eines Landes nie beibringen werden, wozu die Presse eigentlich da ist.

Montesquieu
Ja, wenn Sie nach Vorwürfen suchen, die man der Presse machen kann, so wird es Ihnen ein leichtes sein, einen ganzen Haufen zusammenzubringen. Wenn Sie aber fragen, wozu sie da ist, so ist das eine andere Sache. Sie verhindert ganz einfach die Willkür bei der Ausübung der Macht. Sie zwingt dazu, nach der Verfassung zu regieren. Sie zwingt die Vertreter der Staatsautorität zur Anständigkeit, zur Zurückhaltung, zur Achtung vor sich selbst und den anderen. Kurz, um alles mit einem Worte zu sagen: Sie gibt jedem, der unterdrückt wird, die Möglichkeit, sich zu beklagen und gehört zu werden. Man kann einer Einrichtung viel verzeihen, die bei allem Mißbrauch doch so viele gute Dienste leisten muß.

Machiavelli
Jawohl, mir ist diese Rechtfertigung der Presse bekannt. Aber bringen Sie das der großen Masse bei, wenn Sie es können. Zählen Sie doch einmal die Leute, die am Schicksal der Presse ein Interesse haben, und Sie werden gleich sehen, wie es steht.

Montesquieu
Deshalb ist es wohl besser, daß Sie gleich zu dem praktischen Mittel greifen, ihr einen — wie man so sagt — Maulkorb anzulegen.

Machiavelli
Ganz recht, so sagt man. Im übrigen beabsichtige ich, nicht nur dem Journalismus einen Zaum anzulegen.

Montesquieu
Sondern gleich allem, was gedruckt wird.

Machiavelli
Sie fangen an, recht ironisch zu werden.

Montesquieu
Sie werden mir das gleich unmöglich machen, so wie Sie ja auch die Presse in allen ihren Formen knebeln wollen.

Machiavelli
Gegen solche geistreichen Scherze kann man sich nicht wehren. Aber Sie werden sehr wohl begreifen, daß es sich gar nicht lohnen würde, sich vor den Angriffen der Journalisten zu retten, wenn man den Angriffen durch Bücher weiterhin ausgesetzt bleiben müßte.

Montesquieu
Schön, fangen wir also mit den Journalisten an.

Machiavelli
Wenn ich so weit ginge, die Zeitungen einfach ganz und gar abzuschaffen, würde ich recht unklug das Volksempfinden verletzen, dem offen entgegenzutreten immer gefährlich ist. Ich werde mit einer Reihe von Anordnungen vorgehen, die so aussehen, als wären sie einfache Vorsichts- und Ordnungsmaßnahmen.

Ich verordne, daß in Zukunft keine Zeitung ohne die Ermächtigung der Regierung gegründet werden darf. Damit ist das Übel schon an seinem Ursprung erfaßt; denn Sie können sich wohl denken, daß die von jetzt an genehmigten Zeitungen nur Organe sein können, die der Regierung ergeben sind.

Montesquieu
Aber, da Sie jetzt auf lauter solche Einzelheiten eingehen wollen, erlauben Sie mir die Frage: Der Geist einer Zeitung ist doch abhängig von dem Geist des Personals ihrer Redaktion, und wie wollen Sie es machen, eine Ihrer Macht feindlich gesinnte Redaktion zu entfernen?

Machiavelli
Der Einwurf ist recht schwach; denn schließlich werde ich, wenn es mir paßt, das Erscheinen keines einzigen neuen Blattes genehmigen. Aber ich habe, wie Sie noch sehen werden, andere Pläne. Sie fragen mich, wie ich eine mir feindlich gesinnte Redaktion kaltstellen werde? Auf die allereinfachste Art und

Weise. Ich werde zu meiner Verordnung hinzusetzen, daß zu allen Änderungen im Personal der Hauptschriftleiter oder der Herausgeber der Zeitung die Genehmigung der Regierung erforderlich ist.

Montesquieu
Aber die alten Zeitungen, die Feinde Ihrer Regierung geblieben sind und deren Redaktion nicht gewechselt hat, sie werden ihre Stimme erheben.

Machiavelli
O nein, warten Sie! Ich belege alle gegenwärtig und zukünftig erscheinenden Zeitungen mit fiskalischen Lasten, die die publizistischen Unternehmen in den ihnen gebührenden Schranken halten. Ich werde die politischen Blätter dem unterwerfen, was Sie heute Stempelsteuer und Kaution nennen. Die Zeitungsindustrie wird infolge der Erhebung dieser Steuern bald so wenig lohnend sein, daß man sich ihr nur nach reiflicher Überlegung widmen wird.

Montesquieu
Das Mittel verfängt nicht; denn den politischen Parteien kommt es aufs Geld nicht an.

Machiavelli
Seien Sie unbesorgt. Ich habe Mittel, ihnen den Mund zu stopfen. Wir kommen nämlich jetzt zu den Maßnahmen für die Beschränkung der Pressefreiheit. Es gibt in Europa Staaten, in denen man den Schwur-

gerichten das Recht gegeben hat, über Pressedelikte zu Gericht zu sitzen. Ich kenne keine kläglichere Maßnahme; denn das heißt doch, die Öffentlichkeit wegen des kleinsten Journalisteneinfalls in Aufregung bringen. Die Pressevergehen sind etwas derart Dehnbares, der Schriftsteller kann seine Angriffe auf so verschiedene und raffinierte Weise verbergen, daß es gar nicht möglich ist, den Gerichten die Beurteilung solcher Vergehen zu überlassen. Die Gerichte werden hierzu immer gerüstet sein, das ist selbstverständlich, aber <u>die Waffe, mit der man tagtäglich die Pressefreiheit beschränkt, gehört in die Hände der Verwaltung</u>.

Montesquieu
Es wird also Vergehen geben, für die die Gerichte nicht zuständig sind, oder besser: Sie werden mit beiden Händen zuschlagen, mit dem Gericht und mit der Verwaltung?

Machiavelli
Das wäre kein großes Unglück. Man nimmt viel zu viel Rücksicht auf ein paar schlechte und böswillige Journalisten, die imstande sind, alles anzugreifen, alles schlechtzumachen, die mit den Regierungen umgehen wie die Banditen, die dem Reisenden auf der Straße mit dem Dolch in der Hand den Weg verlegen. Sie stellen sich stets außerhalb der Gesetze, obwohl man sie gern ein wenig darunter beugen möchte.

Montesquieu
Also nur diese Journalisten werden es sein, die Ihre Strenge zu fühlen bekommen?

Machiavelli
Auf sie kann ich mich nicht beschränken; denn solche Leute gleichen den Köpfen der Hydra. Wenn man zehn abgeschlagen hat, wachsen dafür fünfzig neue nach. Ich werde mich in erster Linie an die Zeitungen als die öffentlichen Unternehmen halten. Ich werde ihnen einfach folgendes erklären: Ich hätte euch alle verbieten können, ich habe es bisher nicht getan; ich kann es immer noch tun, ich lasse euch leben, aber selbstverständlich nur unter der einen Bedingung, daß ihr mir kein Hindernis in den Weg legt und meine Macht nicht untergrabt. Ich möchte nicht jeden Tag gegen euch vorgehen; ich will nicht fortwährend Zusätze zum Gesetz erlassen, um eure Vergehen zu erfassen. Ich kann auch nicht eine ganze Armee von Zensoren halten, die jeden Abend das prüfen müssen, was ihr am nächsten Tage herausbringen wollt. Ihr habt Federn, also schreibt damit; aber merkt euch gut: Ich behalte mir und meinen Mitarbeitern das Recht vor, die zu richten, die mich angreifen. Macht mir dabei keine Spitzfindigkeiten. Wenn ihr mich angreift, werde ich das sehr wohl merken, und ihr merkt es auch. In diesem Falle werde ich mir mit meinen eigenen Händen Recht verschaffen, nicht gleich, denn ich will dabei Milde walten lassen; ich werde euch einmal, zwei-

mal warnen, beim dritten Mal werde ich euch vernichten.

Montesquieu
Ich sehe mit Staunen, daß es eigentlich gar nicht der Journalist ist, der durch dieses System getroffen wird, sondern die Zeitung als solche, und ihr Untergang zieht dann den der Interessen nach sich, die sie vertritt.

Machiavelli
Mögen sie sich sonstwo vertreten lassen; hierüber wird nicht verhandelt. Meine Regierung würde also, so wie ich es Ihnen gesagt habe, zuschlagen, ohne dabei natürlich in die Aburteilungen einzugreifen, die von den Gerichten vollzogen werden. Zwei Verurteilungen im Jahre würden die rechtsgültige Einziehung der Zeitschrift nach sich ziehen. Dabei würde ich es noch nicht bewenden lassen. Ich würde den Zeitungen noch sagen — natürlich durch eine Verordnung oder in der Form eines Gesetzes —: Da ihr in allen Dingen, die euch selbst betreffen, äußerste Vorsicht walten zu lassen habt, so gebt euch nicht der Hoffnung hin, die öffentliche Meinung durch Kommentare über die in den beiden Abgeordnetenkammern geführten Debatten zu erregen. Ich verbiete euch, hierüber zu berichten. Ich verbiete euch auch die Berichte über die Gerichtsverhandlungen in Angelegenheiten der Presse. Denkt ferner nicht daran, auf die Öffentlichkeit

durch Nachrichten zu wirken, die angeblich aus dem Ausland kommen. Ich würde falsche Nachrichten mit körperlicher Züchtigung bestrafen ohne Rücksicht darauf, ob sie in guter oder in böser Absicht publiziert wurden.

Montesquieu
Das scheint mir ein wenig hart zu sein; denn schließlich werden die Zeitungen, die sich nur unter größter Gefahr der Kritik der politischen Ereignisse widmen können, fast nur noch vom Nachrichtendienst leben. Wenn nun eine Zeitung eine Nachricht verbreitet, so scheint es mir doch recht schwer, von ihr den Nachweis der Wahrheit dieser Nachricht zu verlangen; denn meistens wird sie nicht mit Sicherheit für die Wahrheit eintreten können, und wenn sie ihrer moralisch gewiß ist, kann ihr doch das Beweismaterial fehlen.

Machiavelli
Da muß man eben eine solche Nachricht unter diesem doppelten Gesichtspunkte prüfen, bevor man die öffentliche Meinung verwirrt.

Montesquieu
Aber ich sehe noch etwas anderes kommen. Wenn man Sie nicht mehr durch Zeitungen, die im Inland erscheinen, bekämpfen kann, wird man es durch die ausländischen Blätter tun. Alle Unzufriedenen, alle von Haß Erfüllten werden vor den Toren Ihres

Reiches schreiben; man wird Zeitungen und aufreizende Schriften über die Grenzen werfen.

Machiavelli
Sie berühren da eine Sache, die ich aufs strengste zu regeln gedenke; denn die Auslandspresse ist in der Tat sehr gefährlich. Zunächst wird jedes Einführen oder Inumlaufsetzen von nicht genehmigten Zeitschriften oder Schriftstücken mit Gefängnis bestraft werden, und die Strafe wird hart genug werden, um die Lust an so etwas zu nehmen. Ferner werden diejenigen meiner Untertanen, die überführt wurden, im Ausland gegen die Regierung geschrieben zu haben, bei ihrer Rückkehr ins Reich aufgegriffen und bestraft werden. Es ist doch wirklich eine Gemeinheit, im Ausland gegen seine eigene Regierung zu schreiben.

Montesquieu
Das kommt auf die Umstände an. Aber die Auslandspresse der benachbarten Staaten wird sich selbst rühren.

Machiavelli
Glauben Sie? Wir gehen doch von der Annahme aus, daß ich in einem großen Reiche Herrscher bin. Die kleinen Staaten an den Grenzen werden recht ängstlich sein, das kann ich Ihnen versichern. Ich werde sie veranlassen, Gesetze zu geben, durch die ihre eigenen Landsleute betroffen werden, wenn sie meine Regierung durch die Presse oder sonstwie angreifen.

Montesquieu
Ich sehe, daß ich recht hatte, wenn ich im *Geist der Gesetze* sagte, daß zwischen dem Land eines Despoten und allen anderen Ländern eine Wüste liegen müßte. Die Kultur darf dort nicht hinkommen. Ihre Untertanen werden gewiß ihre eigene Geschichte nicht kennen. Nach einem Ausspruch Benjamin Constants werden Sie aus dem Reich eine Insel machen, wo man von dem, was in Europa vorgeht, nichts weiß, und aus der Hauptstadt werden Sie eine zweite Insel machen, auf der man von dem nichts weiß, was sich in den Provinzen ereignet.

Machiavelli
Ich will nicht, daß mein Reich durch Gerüchte aus dem Ausland in Aufregung versetzt wird. Wie kommen denn überhaupt Nachrichten aus dem Ausland herein? Durch ein paar Agenturen, die die Nachrichten sammeln, die ihnen von überallher zugeleitet werden. Nun, diese Agenturen wird man sich kaufen können, und von da an werden sie nur Nachrichten unter der Kontrolle der Regierung bringen.

Montesquieu
Das ist gut! Sie können jetzt zur Überwachung der Bücher übergehen.

Machiavelli
Daran bin ich weniger interessiert. Denn in einer Zeit, in der die Zeitungen eine so ungeheure Ver-

breitung gefunden haben, liest man fast keine Bücher mehr. Trotzdem werde ich ihnen keineswegs alle Wege der Verbreitung offenlassen. Zunächst werde ich alle, die den Beruf eines Buchdruckers, eines Verlegers oder eines Buchhändlers ausüben wollen, dazu zwingen, sich einen Ausweis zu verschaffen, das heißt eine Genehmigung, die ihnen die Regierung jederzeit entziehen kann, entweder direkt oder durch gerichtliche Entscheidungen.

Montesquieu
Aber dann werden diese freien Unternehmer doch eine Art von Staatsbeamten. Die Waffen des Geistes werden zu Waffen der Staatsgewalt werden.

Machiavelli
Ich denke, Sie werden sich darüber kaum beklagen können; denn so war es ja auch zu Ihrer Zeit unter dem parlamentarischen Regime. Man muß die alten Gebräuche erhalten, wenn sie gut sind. Ich werde auf fiskalische Maßnahmen zurückgreifen. Ich werde die Stempelsteuer der Zeitungen auch auf die Bücher ausdehnen, oder besser: Ich werde die Lasten einer Steuer auf solche Bücher legen, die nicht mehr als eine bestimmte Zahl von Seiten haben. Ein Buch zum Beispiel, das keine zweihundert oder dreihundert Seiten hat, soll nicht als Buch, sondern als Broschüre gelten. Sie werden sicher den Vorteil dieses Tricks begreifen. Auf der einen Seite vermindere ich durch die Steuer diese Flut kleiner Schriften,

die nichts als Anhängsel von Zeitungen sind; auf der anderen Seite zwinge ich die Verfasser, die sich der Besteuerung entziehen wollen, lange und kostspielige Werke zu verfassen, die so gut wie unverkäuflich und in dieser Form unlesbar sind. Es sind heute fast nur noch arme Teufel, die glauben, sie müßten ein Buch schreiben; sie werden das bleibenlassen. Der Fiskus wird diesen Leuten den Mut dazu nehmen, ihrem literarischen Ehrgeiz nachzugehen, und das Strafgesetz wird den Druckereien selbst die Waffen aus der Hand schlagen; denn ich mache den Verleger und den Drucker in strafrechtlichem Sinne für das verantwortlich, was in den Büchern steht. Sollte ein Schriftsteller kühn genug sein, Bücher gegen die Regierung zu schreiben, so darf er keinen Verleger finden. Die Auswirkungen dieser heilsamen Einschüchterung werden auf indirektem Wege zur Einrichtung einer Zensur führen, wie sie die Regierung selbst nicht ausüben könnte wegen der Mißachtung, der diese Maßnahme, die ja nur eine vorbeugende sein soll, verfallen ist. Ehe die Drucker und Verleger neue Werke herausbringen, werden sie sich beraten lassen, sie werden Erkundigungen einziehen, sie werden solche Bücher herausbringen, deren Drucklegung das Publikum fordert, und so wird die Regierung immer rechtzeitig über die Veröffentlichungen unterrichtet sein, die sich gegen sie richten. Sie wird ihre vorläufige Beschlagnahme anordnen, wenn sie es für ratsam hält, und die Verfasser vor Gericht bringen.

Montesquieu
Sie haben mir doch gesagt, daß Sie das bürgerliche Recht nicht antasten würden. Sie scheinen sich darüber nicht klar zu sein, daß Sie durch solche Gesetzgebung die Handelsfreiheit treffen; auch das Recht auf Eigentum spielt hier mit herein und wird dabei außer Kraft gesetzt werden.

Machiavelli
Das sind leere Redensarten.

Montesquieu
Dann sind Sie nun wohl mit Ihren Ausführungen über die Presse fertig.

Machiavelli
Aber nein!

Montesquieu
Was fehlt denn noch?

Machiavelli
Die ganze zweite Hälfte der Aufgabe.

ZWÖLFTES GESPRÄCH

Machiavelli
Ich habe Ihnen bisher nur den Teil der Beschränkungen, die ich der Presse auferlegen würde, dargestellt,

der gewissermaßen dem Schutze der verfassungsmäßigen Regierung dient. Jetzt habe ich Ihnen zu zeigen, wie ich diese Einrichtung zum Nutzen meiner Regierung zu verwenden gedenke. Ich wage zu behaupten, daß bis zum heutigen Tage noch keine Regierung eine so kühne Idee gehabt hat wie die, von der ich Ihnen jetzt sprechen werde. <u>In den parlamentarisch regierten Ländern werden die Regierungen fast immer mit Hilfe der Presse gestürzt.</u> Ich eröffne nun die Möglichkeit, die Presse durch die Presse niederzuhalten. Da der Journalismus eine so große Macht ist, wissen Sie, was meine Regierung tun wird? Sie wird sich selbst journalistisch betätigen, und das wird dann ein Journalismus, der Hand und Fuß hat.

Montesquieu
Wahrhaftig, Sie führen mich von einer sonderbaren Überraschung zur anderen. Sie entfalten vor meinen Augen ein fortwährend wechselndes Panorama. Ich muß Ihnen gestehen, daß ich recht neugierig bin zu sehen, wie Sie es anfangen werden, dies neue Programm zu verwirklichen.

Machiavelli
Ich brauche dazu einen viel geringeren Aufwand an Phantasie, als Sie denken. Ich werde die Blätter zählen, die die sogenannte Opposition darstellen. Wenn zehn Zeitungen Opposition machen, werde ich zwanzig haben, die für die Regierung eintreten,

sind es zwanzig, dann werde ich vierzig, sind es vierzig, dann werde ich achtzig haben. Dazu wird mir, wie Sie jetzt sehr gut verstehen, das Recht zu Diensten stehen, das ich mir vorbehielt, nämlich die Erlaubnis zur Gründung neuer politischer Blätter zu geben.

Montesquieu
Das ist allerdings sehr einfach.

Machiavelli
Aber doch nicht so einfach, wie Sie es sich vorstellen. Denn die große Masse des Volkes darf von dieser Taktik nichts merken. Sonst wäre der Plan mißglückt, und die öffentliche Meinung würde sich von den Zeitungen lossagen, die offensichtlich meine Politik vertreten. Ich werde die mir ergebenen Zeitungen in drei oder vier Klassen teilen. An die erste Stelle werde ich eine Anzahl von Zeitungen stellen, die ganz offensichtlich eine amtliche Note haben und die bei allen Konflikten meine Handlungen bis zum äußersten verteidigen werden. Ich möchte Ihnen gleich sagen, daß das nicht die Blätter sind, die den größten Einfluß auf die öffentliche Meinung haben. An zweiter Stelle werde ich eine Reihe von Zeitungen bringen, deren Charakter nur offiziös ist und die die Aufgabe haben, die große Masse der Lauen und Indifferenten, die ohne Bedenken sich auf den Boden der Tatsachen stellen und mit ihrer politischen Überzeugung nicht darüber hinausstreben, an meine Macht zu binden.

Unter den nun folgenden Gruppen von Zeitungen befinden sich die kräftigsten Stützen meiner Macht. Hier verschwindet die offizielle oder offiziöse Note vollständig, natürlich nur scheinbar; denn die Zeitungen, über die ich noch etwas zu sagen habe, werden alle mit derselben Kette an meine Regierung gebunden sein, einer Kette, die für die einen sichtbar, für andere unsichtbar ist. Ihre Zahl kann ich Ihnen nicht angeben; denn ich rechne bei jeder politischen Richtung und jeder Partei auf ein mir ergebenes Organ. Ich werde ein aristokratisches Blatt in der Aristokratenpartei haben, ein republikanisches in der republikanischen, ein revolutionäres bei der Revolutionspartei; wenn es nötig ist, auch ein anarchistisches bei den Anarchisten. Wie der Gott Wischnu wird meine Presse hundert Arme haben, und diese Arme werden über das ganze Land hin ihre Hände den Vertretern aller politischen Richtungen reichen. Man wird für mich Partei ergreifen, ohne es zu wissen. Wer da glaubt, seine eigene Sprache zu sprechen, spricht doch nur die meine. Wer da meint, in seinem eigenen Interesse zu agitieren, betreibt nur das meine. Alle, die unter ihrer eigenen Fahne zu marschieren glauben, marschieren unter der meinen.

Montesquieu
Sind das nun Ideen, die verwirklicht werden sollen, oder nur Phantasien? Mir schwindelt dabei.

Machiavelli
Schonen Sie Ihre Kräfte; denn wir sind noch nicht am Ziel.

Montesquieu
Ich frage mich nur, wie Sie dieses ganze der Bearbeitung der öffentlichen Meinung dienende und im geheimen von Ihrer Regierung angeworbene Heer lenken und zusammenfassen können ...

Machiavelli
Das ist nur eine Frage der Organisation. Sie werden das gleich verstehen. Ich werde zum Beispiel unter der Bezeichnung Abteilung für Druck- und Pressewesen eine Zentralstelle einrichten, bei der man sich die Instruktionen holt und von der Winke gegeben werden. Dann wird sich denen, die nur zur Hälfte in das Geheimnis eingeweiht sind, ein bizarres Schauspiel darbieten: Man wird erleben, daß Zeitungen, die meiner Regierung ergeben sind, mich angreifen, ein großes Geschrei erheben und mir eine Menge Verdrießlichkeiten bereiten.

Montesquieu
Das kann ich nicht fassen; ich verstehe nichts mehr.

Machiavelli
Und doch ist das gar nicht so schwer zu verstehen; denn Sie müssen beachten, daß die Zeitungen, von denen ich eben sprach, niemals die Grundlagen und

die Prinzipien meiner Regierung angreifen werden. Sie werden nie mehr als einen Kleinkrieg führen und gegen das Herrscherhaus nur eine Opposition machen, die sich in den engsten Grenzen hält.

Montesquieu
Und was für einen Vorteil haben Sie davon?

Machiavelli
Ihre Frage ist recht naiv. Das schon recht beachtliche Ergebnis wird sein, daß die meisten Leute sagen: Aber Sie sehen doch, daß wir frei sind, daß man unter dieser Regierung etwas sagen kann, daß sie zu Unrecht angegriffen wird und es duldet und erträgt, statt den Angriff zu unterdrücken, wie sie es leicht hätte tun können. Ein zweites, nicht weniger bedeutsames Ergebnis wird es zum Beispiel sein, Erwägungen wie die folgenden hervorzurufen: Sehen Sie, wie die Grundlagen dieser Regierung, wie ihre Prinzipien sich die Achtung aller erworben haben. Diese Zeitungen erlauben sich gewiß die größten Freiheiten, aber sie greifen niemals die bestehenden Ordnungen an. Diese Ordnungen müssen über alle Ungerechtigkeiten der politischen Landschaften erhaben sein, wenn selbst die Feinde der Regierung es sich nicht versagen können, ihnen ihre Huldigung darzubringen.

Montesquieu
Ich muß schon sagen, das ist echt machiavellistisch.

Machiavelli

Das ehrt mich sehr; aber es kommt noch besser. Mit Hilfe dieser Zeitungen, die mir im geheimen ergeben sind, lenke ich die öffentliche Meinung in allen Fragen der inneren und äußeren Politik, wie ich wohl sagen kann, nach meinem Belieben. Ich rege die Geister an, oder ich lasse sie einschlafen, ich ermutige sie oder bringe sie zur Verzweiflung, ich erörtere das Für und Wider, ich verteidige, was wahr oder was falsch ist. Ich mache eine Tatsache bekannt oder lasse sie dementieren, je nach den Umständen. So sondiere ich die Gedanken der öffentlichen Meinung, fasse die Wirkungen zusammen, die ich selbst hervorgebracht habe, probiere Pläne, Projekte, plötzliche Entschlüsse aus, kurz, ich lasse, wie Sie das in Frankreich nennen, Versuchsballons steigen. Ich bekämpfe nach Belieben meine Feinde, ohne dabei jemals meinen eigenen Einfluß bloßzustellen; denn wenn ich diese Blätter dazu verleitet habe, etwas zu sagen, kann ich sie, wenn das nötig ist, dadurch bestrafen, daß ich sie zu einem nachdrücklichen Widerruf zwinge.

Ich gebe der öffentlichen Meinung den Anreiz zu bestimmten Beschlüssen, ich treibe sie vorwärts, oder ich halte sie zurück, ich habe immer die Hand an ihrem Puls, sie spiegelt, ohne es zu wissen, nur meine persönlichen Ansichten wider, und sie wundert sich dann zuweilen, daß sie immer mit ihrem Herrn in so gutem Einvernehmen ist. Man sagt dann, ich hätte ein Fingerspitzengefühl für die Volksstimmung, eine geheime und wunderbare Sympathie verbinde mich mit den Lebensregungen meines Volkes.

Montesquieu
Diese vielseitigen Überlegungen scheinen mir von einer Vollendung zu sein, die geradezu ideal ist. Ich unterbreite Ihnen jedoch noch eine Bemerkung, aber diesmal recht zaghaft: Wenn Sie das Schweigen, das den orientalischen Despoten umgibt, durchbrechen, wenn Sie Ihrer Journalistenarmee zu Ihrem eigenen Vorteil die Scheinopposition erlauben, von der Sie soeben sprachen, so sehe ich wirklich nicht recht, wie Sie die nicht gleichgeschalteten Zeitungen daran hindern wollen, auf Ihre eigenen Sticheleien, deren Absicht sie wohl erraten werden, mit wirklichen Schlägen zu antworten. Glauben Sie nicht, daß sie schließlich doch einige der Schleier lüften werden, die so viele geheime Absichten verdecken? Wenn sie erst einmal hinter das Geheimnis dieser Komödie gekommen sind, können Sie diese Leute dann daran hindern, sich über sie lustig zu machen? Das Spiel scheint mir doch eine recht heikle Angelegenheit zu sein.

Machiavelli
Keineswegs. Ich kann Ihnen nur sagen, daß ich hier einen großen Teil meiner Zeit darauf verwendet habe, die Stärken und Schwächen dieses Systems zu prüfen. Ich habe mich nach den Existenzbedingungen der Presse in den parlamentarisch regierten Ländern genau erkundigt. Sie müssen bedenken,

daß die Journalisten so etwas wie einen Freimaurerorden bilden. Die Leute, die vom Journalismus leben, sind alle mehr oder weniger aneinander durch die Bindungen des Berufsgeheimnisses gefesselt. Wie die Auguren des Altertums verraten sie nicht gern das Geheimnis ihrer Orakelsprüche dem Volke. Sie würden dadurch nichts gewinnen, wenn sie einander verrieten; denn sie haben fast alle ihre mehr oder weniger schwachen Stellen. Ich gebe zu, es ist sehr wahrscheinlich, daß im Zentrum der Hauptstadt in einem bestimmten Kreise von Persönlichkeiten diese Dinge kein Geheimnis sein werden; aber sonst wird man nirgends etwas davon ahnen, und die große Mehrheit des Volkes wird mit vollstem Vertrauen den Führern folgen, die ich ihm geben werde.

Was kümmert es mich, wenn in der Hauptstadt gewisse Leute über die Schliche meiner Presse Bescheid wissen? Der größte Teil ihres Einflusses ist für die Provinz bestimmt. Dort werde ich immer die Temperatur der öffentlichen Meinung haben, die ich gerade brauche, und jede meiner Anregungen wird sicher dorthin gebracht werden. Die Provinzpresse wird mir ganz gehören; denn dort ist gar kein Widerspruch und keine Diskussion möglich. Aus dem Zentrum der Verwaltung, in dem ich sitze, wird man regelmäßig dem Gouverneur jeder Provinz den Befehl übermitteln, die Zeitungen in diesem oder jenem Sinne sprechen zu lassen, so daß zur selben Stunde auf das ganze Land dieser oder jener Einfluß ausgeübt, dieser oder jener Impuls gegeben wird, oft sogar, bevor man in der Hauptstadt noch etwas davon ahnt. Sie sehen hieraus, daß ich mir über die Meinung der Hauptstadt keine Sorgen zu machen brauche. Sie wird im Ernstfalle über eine Bewegung, die draußen entsteht, zu spät unterrichtet sein, und diese Bewegung wird sie mit fortreißen, im Notfalle wider ihren Willen.

Montesquieu
Ihre Gedankenkette zieht alles mit solcher Wucht mit sich fort, daß ich den Mut zu dem letzten Einwand verliere, den ich Ihnen noch vortragen wollte. Es bleibt trotz allem, was Sie soeben sagten, die Tatsache bestehen, daß in der Hauptstadt noch eine gewisse Zahl unabhängiger Journalisten übrigbleiben wird. Es wird ihnen fast unmöglich sein, über Politik zu schreiben, das steht fest, aber sie können gegen Sie einen Kleinkrieg führen. Ihr Verwaltungsapparat wird nicht vollkommen sein. Die Entwicklung des absoluten Regimes läßt mancherlei Mißbrauch zu, an dem der Herrscher selbst nicht schuld ist. Bei allen Handlungen Ihrer Beamten, die gegen das Privatinteresse verstoßen, wird man finden, daß hier Ihre eigenen schwachen Stellen sind. Man wird sich beklagen, man wird Ihre Beamten angreifen, Sie werden selbstverständlich für deren Handlungen verantwortlich gemacht, und Ihr Ansehen wird von einer Kleinigkeit zur anderen sinken.

Machiavelli
Das fürchte ich nicht.

Montesquieu

Sie haben allerdings die Mittel der Unterdrückung derart vermehrt, daß Sie unter ihnen nur zu wählen brauchen.

Machiavelli

Das wollte ich damit nicht sagen. Ich will ja gar nicht fortwährend unterdrücken; ich will nur die Möglichkeit haben, durch eine schlichte Weisung jede Diskussion über ein Thema zu unterbinden, durch das die Regierung angegriffen wird.

Montesquieu

Und wie wollen Sie das machen?

Machiavelli

Ich werde die Zeitungen dazu verpflichten, am Kopf ihrer Spalten die Berichtigungen zu bringen, die ihnen die Regierung zugehen läßt. Die Vertreter der Regierung werden ihnen Noten zustellen, in denen man ihnen kategorisch erklärt: Sie haben einen Bericht über diesen oder jenen Vorgang gebracht, der nicht ganz richtig ist. Sie haben sich die und die Kritik erlaubt. Sie sind der Sache nicht gerecht geworden. Sie haben sich nicht richtig benommen. Sie haben unrecht gehabt. Richten Sie sich danach. Das wird, wie Sie sehen, eine loyale und ganz offen ausgeübte Zensur sein.

Montesquieu

Auf die es natürlich keine Antwort gibt.

Machiavelli
Sicher nicht. Die Diskussion ist damit geschlossen.

Montesquieu
So werden Sie immer das letzte Wort haben, und zwar ohne Gewalt anzuwenden, das ist sehr fein ausgedacht. Ihre Regierung vertritt, wie Sie es vorhin so schön sagten, tatsächlich einen Journalismus, der Hand und Fuß hat.

Machiavelli
So wie ich nicht möchte, daß das Volk durch die Gerüchte, die aus dem Ausland kommen, beunruhigt wird, will ich auch nicht, daß es gestört wird durch die Gerüchte, die sich im Innern gebildet haben, auch nicht durch einfache Nachrichten aus dem Privatleben. Wenn ein außergewöhnlicher Selbstmord passiert, ein allzu anrüchiges Geldgeschäft, bei dem es sich um große Summen handelt, ein Fehltritt eines im öffentlichen Dienste stehenden Beamten, werde ich den Zeitungen verbieten lassen, darüber zu berichten. In dem Schweigen über solche Dinge liegt mehr Achtung vor der Anständigkeit des Volkes als in dem Gerede darüber.

Montesquieu
Und Sie selbst, Sie werden sich inzwischen hemmungslos journalistisch betätigen.

Machiavelli

Man muß es wohl. Die Presse auszunutzen, sich ihrer in allen ihren Formen zu bedienen, das ist heute die Pflicht aller Regierungen, die am Leben bleiben wollen. Das ist recht sonderbar, aber es ist so. Daher werde ich auf diesem Wege noch viel weiter über alles hinausgehen, was Sie sich ausdenken können.

Um zu verstehen, worauf sich mein System alles erstreckt, muß man darauf achten, wie die Äußerungen meiner Presse dazu bestimmt sind, mit den offiziellen Handlungen meiner Politik zusammenzuwirken. Nehmen wir an, ich wollte eine Entscheidung von großer außenpolitischer und innenpolitischer Kompliziertheit durchsetzen. Diese Entscheidung wird durch meine Zeitungen, von denen jede seit mehreren Monaten die Öffentlichkeit in ihrem Sinne bearbeitet, eines Tages als ein offizielles Ereignis bekanntgemacht. Sie wissen, mit welcher Diskretion und welcher vorsichtigen Behutsamkeit die Dokumente der Regierung in kritischen Situationen abgefaßt sein müssen. Die Aufgabe, die in solchem Falle zu lösen ist, besteht darin, alle Parteien zufriedenzustellen. Dann wird jede meiner Zeitungen im Rahmen der Tendenz, die sie vertritt, sich bemühen, jede Partei davon zu überzeugen, daß die Entscheidung, die getroffen wurde, gerade die für sie günstigste ist. Was in einem offiziellen Dokument nicht geschrieben steht, wird man durch einen Kommentar hierzu herausbringen; was nur angedeutet wird, werden die offiziösen Zeitungen offener vorbringen, die demokratischen und die revolutionären Zeitungen werden es ausposaunen, und während man sich hin und her streitet und die verschiedensten Erklärungen für meine Handlungen gibt, kann meine Regierung allen und jedem einzelnen antworten: Sie täuschen sich über die Absichten der Regierung. Sie haben ihre Bekanntmachungen schlecht gelesen; sie hat nie etwas anderes als dies oder jenes sagen wollen. Die Hauptsache ist, daß man sich nie mit sich selbst in Widerspruch setzt.

Montesquieu
Was! Nach allem, was Sie soeben sagten, stellen Sie diese Forderung auf?

Machiavelli
Gewiß, und Ihr Staunen beweist mir, daß Sie mich nicht verstanden haben. Es kommt viel mehr darauf an, daß man die Worte, als daß man die Taten miteinander in Einklang bringt. Wie können Sie verlangen, daß die große Masse des Volkes darüber urteilen kann, ob sich ihre Regierung von der Logik leiten läßt? Es genügt, wenn man ihm das sagt. Ich wünsche, daß die verschiedenen Phasen meiner Politik als die Entwicklung eines einzigen Gedankens dargestellt werden, der auf ein unveränderliches Ziel gerichtet ist. Jedes vorhergesehene oder unerwartet eingetretene Ereignis wird ein weise herbeigeführtes Resultat sein, die Fehler der Führung werden nichts weiter sein als die verschiedenen An-

sichten derselben Sache, die verschiedenen Wege, die zum selben Ziele führen, die mannigfachen Mittel zur Lösung derselben Aufgabe, die man unermüdlich über alle Hindernisse hinweg verfolgt hat. Das letzte Ereignis wird sich als logische Folge aus allen anderen ergeben.

Montesquieu
Man muß Sie wirklich bewundern! So ein Scharfsinn und so eine Betriebsamkeit!

Machiavelli
Jeden Tag werden meine Zeitungen angefüllt sein mit offiziellen Reden, Rechenschaftsberichten, mit Berichterstattungen an die Minister, an den Herrscher. Ich würde nie vergessen, daß ich in einer Zeit lebe, wo man glaubt, alle Probleme der Gesellschaft durch die Industrie lösen zu können, wo man sich fortwährend mit der Verbesserung der Lebensbedingungen der Arbeiterklasse beschäftigt. Ich würde mich um so mehr an diese Fragen halten, als sie ein recht glückliches Mittel zur Ablenkung von den Sorgen der inneren Politik sind. Bei den mitteleuropäischen Völkern müssen die Regierungen sich den Anschein geben, als wären sie dauernd beschäftigt. Die Massen geben ihre Zustimmung zu ihrer Untätigkeit nur unter der Bedingung, daß die Regierungen ihnen das Schauspiel einer dauernden Betriebsamkeit, einer fieberhaften Tätigkeit geben, daß sie ständig die Aufmerksamkeit durch Neuerungen,

Überraschungen, durch irgendein Theater auf sich ziehen. Das mag sonderbar sein, aber — ich muß es noch einmal sagen — es ist so.

Ich werde mich mehr und mehr diesen Eigentümlichkeiten anpassen. Infolgedessen werde ich auf den Gebieten des Handels, der Industrie, der Kunst und auch der Verwaltung auf alle möglichen Projekte, Pläne, Berechnungen, Änderungen, Umarbeitungen und Verbesserungen bedacht sein, deren Widerhall in der Presse die Stimme der Politiker übertönen wird, und wenn sie noch so zahlreich sind und noch soviel schreiben. Man sagt, die Volkswirtschaft spielt bei Ihnen jetzt eine große Rolle. Gut, ich werde nichts zu erfinden, zu veröffentlichen übriglassen, nichts auch für Ihre Theoretiker, Ihre Utopisten, für die begeisterten Prediger Ihrer Sekten. Die Volkswohlfahrt wird der einzige sich nie ändernde Gegenstand meiner öffentlichen Kundgebungen sein. Mag ich nun selbst reden oder meine Minister oder meine Zeitungsschreiber für mich reden lassen, man könnte gar nicht genug über die Größe des Landes, über seinen Wohlstand, über die Erhabenheit seiner Mission und seiner Bestimmung reden; man dürfte gar nicht aufhören, zum Volke von den großartigen Prinzipien des modernen Rechts, den großen, die Menschheit bewegenden Aufgaben der Humanität zu sprechen. Alle meine Schriftsätze müßten die Atmosphäre des begeistertsten, allesumfassenden Liberalismus verbreiten. Die abendländischen Völker lieben den orientalischen Stil. Daher müßte der

Stil aller Reden, aller offiziellen Erklärungen immer bilderreich, stets pompös, schwungvoll und lichtvoll sein. Atheistische Regierungen sind bei den Völkern nicht beliebt. Ich würde es bei meinem Verkehr mit dem Publikum nie unterlassen, meine Taten unter den Schutz der Gottheit zu stellen, wobei ich meinen eigenen Stern mit dem des Landes geschickt in Verbindung bringe.

Ich möchte, daß man zu jeder Zeit die Handlungen meiner Regierung mit denen der früheren Regierungen vergleicht. Auf diese Weise würden meine Wohltaten am besten hervortreten und die Dankbarkeit erregen, die sie verdienen.

Es wäre sehr wichtig, die Fehler meiner Vorgänger hervorzuheben und zu zeigen, daß ich sie stets zu vermeiden wußte. Man würde so gegen die Regierungen, auf die meine Herrschaft folgte, eine gewisse Antipathie, ja sogar einen Widerwillen nähren, der ebensowenig aus der Welt zu schaffen ist wie ein Verbrechen durch die Bestrafung des Schuldigen.

Ich würde nicht nur einer bestimmten Zahl von Zeitungen den Auftrag geben, ständig die Herrlichkeit meiner Herrschaft zu preisen, die Verantwortung für die Fehler der europäischen Politik auf andere Regierungen abzuwälzen, sondern ich möchte auch, daß ein großer Teil dieser Lobeshymnen nur als ein Echo ausländischer Blätter erscheint, aus denen man Artikel — echte oder gefälschte — abdruckt, die meiner eigenen Politik eine glänzende Huldigung darbringen. Übrigens würde ich im Ausland Zeitungen unterhalten, die in meinem Solde stehen und deren Unterstützung um so wirksamer sein würde, als ich ihnen die Aufmachung von Blättern geben würde, die in einigen Einzelheiten Opposition machen.

Meine Prinzipien, meine Ideen, meine Taten würde ich mit dem Nimbus der Jugendlichkeit umgeben, mit dem Glanz des neuen Rechts im Gegensatz zur Altersschwäche und Hinfälligkeit der früheren Einrichtungen.

Ich weiß wohl, daß man für die öffentliche Kritik Ventile braucht, daß die geistige Betriebsamkeit, wenn man sie von einem Gebiete abdrängt, sich notwendig auf ein anderes begibt. Deshalb würde ich mich auch nicht scheuen, das Volk in alle möglichen theoretischen Spekulationen und industriellen Betätigungen. zu stürzen.

Außerhalb der Politik würde ich im übrigen, das kann ich Ihnen versichern, ein herzensguter Herrscher sein, und ich würde über die philosophischen und religiösen Fragen in voller Ruhe verhandeln lassen. Was die Religion angeht, so ist die Lehre von der freien Entscheidung in Glaubenssachen so etwas wie eine fixe Idee geworden. Man darf sich dieser Bestrebung nicht widersetzen, man könnte es gar nicht ohne Gefahr tun. In den Ländern Europas, in denen die Zivilisation am weitesten fortgeschritten ist, hat die Erfindung der Buchdruckerkunst schließlich eine verrückte, tolle, zügellose und beinahe unanständige Literatur hervorgebracht. Das ist ein großer Übelstand. Nun ja, es ist traurig, daß man es sagen muß, man wird sich damit abfinden müssen, diese Literatur nicht zu beschränken, damit die Schreibwut, von der Ihre parlamentarisch regierten Länder besessen sind, einigermaßen befriedigt wird.

Diese verseuchte Literatur, deren Verbreitung man nicht hindern kann, die Plattheit der Zeitungsschreiber und der Politiker, die sich des Journalismus bemächtigt haben, werden in einem abstoßenden Kontraste zu der Würde der Sprache stehen, die vom Throne des Herrschers herabklingt, zu der lebhaften und farbenreichen Redeweise, mit der man bemüht sein wird, alle Kundgebungen der Regierung wirksamer zu machen. Sie verstehen jetzt, warum ich meinen Fürsten sich mit einem solchen Schwarm von Publizisten, Verwaltungsbeamten, Advokaten, Geschäftsleuten und Rechtsgelehrten umgeben ließ, die für die Abfassung dieser Unmenge von offiziellen Mitteilungen von Bedeutung sind, von der ich Ihnen sprach, und deren Einfluß auf die Menschen immer ein sehr großer sein dürfte.

Das ist in großen Zügen die allgemeine Organisation meiner Herrschaft über die Presse.

Montesquieu
Nun sind Sie also damit fertig?

Machiavelli
Ja, leider; denn ich habe mich viel kürzer gefaßt, als es nötig gewesen wäre. Aber unsere Minuten sind gezählt, wir müssen schnell weitergehen.

DREIZEHNTES GESPRÄCH

Montesquieu
Ich muß mich ein wenig von den Aufregungen erholen, in die Sie mich versetzt haben. Welch ein Reichtum an Mitteln zum Zweck, wie viele ungewöhnliche Gedanken! Es liegt Poesie in dem allem und so eine unselige Schönheit, daß moderne Dichter wie ein Byron sich ihrer nicht zu schämen brauchten; man entdeckt darin das dramatische Talent des Verfassers der *Mandragora*.

Machiavelli
Meinen Sie das wirklich, Herr de Secondat? Aber es scheint mir doch so, als wären Sie Ihrer Ironie nicht so ganz sicher. Sie sind sich nicht im klaren darüber, ob diese Dinge nicht doch möglich sind.

Montesquieu
Wenn Sie sich Gedanken darüber machen, was ich dazu meine, so werden Sie meine Ansicht hören; ich warte nur noch auf das Ende.

Machiavelli
So weit bin ich noch nicht.

Montesquieu
Nun, dann fahren Sie fort.

Machiavelli
Wie Sie wünschen.

Montesquieu
Sie haben bei Ihrem Regierungsantritt fürchterliche Gesetze gegen die Presse erlassen. Sie haben alle Stimmen mit Ausnahme der Ihrigen zum Schweigen gebracht. Die Parteien sind vor Ihnen verstummt. Haben Sie keine Angst vor Attentaten?

Machiavelli
O nein; denn ich wäre recht unvorsichtig, wenn ich die Parteien nicht alle auf einmal im Handumdrehen entwaffnete.

Montesquieu
Was haben Sie denn dazu für Mittel?

Machiavelli
Ich würde damit beginnen, die Leute, die meinen Regierungsantritt mit den Waffen in der Hand zu verhindern suchten, zu Hunderten zu deportieren. Man hat mir erzählt, daß es in Italien, in Deutschland und in Frankreich geheime Gesellschaften gibt, aus denen sich die Umstürzler rekrutieren, die gegen die Regierungen konspirieren. Ich werde bei mir diese unsichtbaren Fäden, die wie Spinnengewebe in den Schlupfwinkeln angesponnen werden, zerreißen.

Montesquieu
Und dann?

Machiavelli
Wer eine geheime Gesellschaft organisiert oder sich ihr anschließt, wird streng bestraft.

Montesquieu
Gut, das gilt für die Zukunft. Was aber wird aus den vorhandenen Gesellschaften?

Machiavelli
Ich werde aus Gründen der allgemeinen Sicherheit alle, die als Mitglieder allgemein bekannt sind, aus dem Lande vertreiben. Die, denen ich nichts nachweisen kann, werden unter ständiger Bedrohung dableiben; denn ich werde ein Gesetz erlassen, das es der Regierung erlaubt, jeden, der einmal Mitglied war, auf dem Verordnungswege auszuweisen.

Montesquieu
Das heißt: ohne gerichtliches Urteil.

Machiavelli
Warum sagen Sie: ohne Urteil? Ist die Entscheidung einer Regierung kein Urteil? Sie können sicher sein, daß man wenig Mitleid mit den Aufrührern haben wird. In den Ländern, die fortwährend durch Zwietracht zwischen den Bürgern beunruhigt werden, muß man den Frieden durch unerbittliche Gewaltmaßnahmen herbeiführen. Man hat eine Menge Opfer zu bringen, um die Ruhe sicherzustellen. Man

bringt sie. Dadurch wird das Ansehen des Mannes, der zu befehlen hat, derart ehrfurchtgebietend, daß keiner sein Leben anzutasten wagt. Sulla konnte, nachdem er Italien mit Blut überschwemmt hatte, in Rom wieder als einfacher Privatmann erscheinen, ohne daß ihm auch nur ein Haar gekrümmt wurde.

Montesquieu
Ich merke, daß Sie jetzt bei einer Periode furchtbarer Exekutionen angelangt sind. Ich wage es nicht, etwas dazu zu bemerken. Es scheint mir nur, auch wenn ich Ihre Absichten verstehe, daß Sie weniger hart sein könnten.

Machiavelli
Wenn man an meine Güte appellierte, würde ich mit mir reden lassen. Ich kann Ihnen sogar im Vertrauen sagen, daß ein Teil der strengen Maßnahmen, die ich in das Gesetz aufnehmen werde, nur Drohungen sind, allerdings unter der Bedingung, daß man mich nicht dazu zwingt, von ihnen Gebrauch zu machen.

Montesquieu
Und das nennen Sie dann Verwarnungen! Aber das, was Sie über Ihre Güte sagen, beruhigt mich etwas. Manchmal könnten Sie einem Menschen, der Sie so reden hört, das Blut zu Eis erstarren lassen.

Machiavelli
Warum denn? Ich habe in der nächsten Umgebung des Herzogs von Valentinois gelebt, der einen fürchterlichen Ruf hatte und ihn auch wirklich verdiente; denn er hatte Zeiten, in denen er keinerlei Mitleid kannte. Aber ich kann Ihnen versichern, daß er, sobald die nötigen Exekutionen vorbei waren, ein ganz gutmütiger Mensch war. Man könnte dasselbe von fast allen absoluten Monarchen sagen. Im Grunde ihres Herzens sind sie gut, sie sind es besonders gegen die kleinen Leute.

Montesquieu
Ich weiß nicht, ob Sie mir in Ihrem Zorne nicht doch lieber sind. Ihre Milde ist mir noch entsetzlicher. Aber kommen wir zur Sache zurück. Sie haben also die geheimen Gesellschaften vernichtet.

Machiavelli
Nur nicht so schnell. Das habe ich nicht getan. Sie verwechseln da etwas.

Montesquieu
Was und wieso?

Machiavelli
Ich habe nur die geheimen Gesellschaften verboten, die ihrem Charakter und ihrem Gebaren nach sich der Überwachung durch meine Regierung entziehen würden; aber ich habe nicht beabsichtigt,

mich eines Mittels zu berauben, mir Informationen zu verschaffen und einen geheimen Einfluß auszuüben, der beträchtlich sein kann, wenn man sich seiner zu bedienen weiß.

Montesquieu
Was könnten Sie mit ihnen vorhaben?

Machiavelli
Ich ziehe die Möglichkeit in Betracht, einer gewissen Anzahl dieser Gesellschaften so etwas wie eine legale Existenz zu geben oder auch sie alle in einer Gesellschaft zu vereinen, deren obersten Leiter ich selbst ernennen werde. Dadurch werde ich die verschiedenen revolutionären Elemente, die es im Lande gibt, in meiner Hand haben. Die Leute, aus denen sich diese Gesellschaften zusammensetzen, gehören allen Nationen, allen Gesellschaftsklassen, allen Ständen an. Ich werde durch sie über die geheimsten Intrigen der Politik auf dem laufenden erhalten. Das wird so eine der Nebenabteilungen meiner Polizei werden, von der ich Ihnen bald zu reden habe.

Diese unterirdische Welt der geheimen Gesellschaften besteht aus lauter Hohlköpfen, auf die ich nicht den geringsten Wert lege, aber man kann da Anregungen geben, Kräfte in Bewegung setzen. Wenn dort etwas vorgeht, habe ich meine Hand im Spiele. Wenn dort eine Verschwörung vorbereitet wird, so bin ich ihr Haupt. Ich bin der Meister des Ordens

Montesquieu
Und Sie glauben, daß diese Scharen von Demokraten, diese Republikaner, diese Anarchisten und Terroristen Sie an sich herankommen und mit ihnen an einem Tisch sitzen lassen. Sie können glauben, daß diese Menschen, die keinerlei Herrschaft von Menschen über Menschen wünschen, einen Führer unter sich aufnehmen werden, der nichts anderes als ihr Herr sein wird!

Machiavelli
Sie wissen eben nicht, mein lieber Montesquieu, wie impotent, ja geradezu albern die meisten solcher Männer sind, die in Europa die Völker aufputschen. Diese Tiger haben Schafsseelen und die Köpfe voller Windbeuteleien. Es genügt, ihre Sprache zu reden, um in ihre Kreise einzudringen. Ihre Ideen haben übrigens fast alle eine unglaubliche Ähnlichkeit mit den Theorien des Absolutismus. Ihr Traum ist das Aufgehen der Individuen in einer nur symbolisch zu verstehenden Einheit. Sie fordern die völlige Verwirklichung der Gleichheit aller Menschen durch eine tüchtige Regierungsgewalt, die es schließlich doch nur in der Hand eines einzigen Mannes geben kann. Sie sehen, daß ich auch noch hierin die Lehren Ihrer Schule vertrete. Und zum Schluß muß ich noch sagen, daß sie ja gar keine Wahl haben. Die Geheimbünde werden unter den Bedingungen bestehenbleiben, die ich eben genannt habe, oder sie werden gar nicht bestehen.

Montesquieu
Man braucht bei Ihnen nie lange zu warten, bis der Schluß kommt: *sic volo, sic jubeo.* Ich glaube, es ist nun entschieden, daß Sie gegen Verschwörungen gut geschützt sind.

Machiavelli
Jawohl. Doch halte ich es für richtig, Ihnen noch zu sagen, daß das Gesetz Versammlungen und Zusammenkünfte, die eine bestimmte Personenzahl überschreiten, nicht gestatten wird.

Montesquieu
Wieviel dürfen es sein?

Machiavelli
Legen Sie Wert auf solche Kleinigkeiten? Wenn Sie es wissen wollen: Man wird keine Versammlungen von mehr als fünfzehn bis zwanzig Personen erlauben.

Montesquieu
Aber nein! Dann könnten sich doch nicht einmal Freunde über diese Zahl hinaus zum Mittagessen einladen.

Machiavelli
Ich verstehe Sie gut. Sie regen sich auf im Namen der französischen heiteren Geselligkeit. Nun ja, man wird das können; denn meine Regierung wird nicht so grausam sein, wie Sie sich das denken. Man wird

es können, aber nur unter der Bedingung, daß man nicht über Politik spricht.

Montesquieu
Wird man über Literatur sprechen dürfen?

Machiavelli
Gewiß, aber nur unter der Bedingung, daß man sich nicht unter dem Vorwand, Literatur zu treiben, zu einem politischen Zwecke versammelt; denn man braucht durchaus nicht über Politik zu reden und kann doch einer Festlichkeit den Charakter einer Kundgebung verleihen, die vom Publikum verstanden wird. Und das darf nicht sein.

Montesquieu
Ach, wie schwer ist es doch bei einem solchen System für die Bürger, ihr Leben zu führen, ohne bei der Regierung Mißtrauen zu erregen!

Machiavelli
Da sind Sie im Irrtum. Nur die Aufrührer werden unter diesen Beschränkungen zu leiden haben, die anderen werden gar nichts davon merken.
Es versteht sich von selbst, daß ich hier nicht von dem tatsächlichen Widerstand gegen meine Regierung rede, auch nicht von Attentaten, die ihren Sturz bezwecken, oder von Angriffen auf die Person des Fürsten oder auf seine Autorität oder seine Anstalten. Das sind wirkliche Verbrechen, die durch

das Recht unterdrückt werden, das in allen Gesetzgebungen gilt. In meinem Reiche würde man Vorsichtsmaßregeln gegen sie treffen und sie je nach der Art ihres Vergehens und nach Bestimmungen bestrafen, die nicht die geringste Möglichkeit für einen direkten oder indirekten Angriff auf die bestehende Ordnung zulassen.

Montesquieu
Gestatten Sie, daß ich mich hierin ganz auf Sie verlasse und gar nicht erst nach den Mitteln frage, die Sie anwenden werden. Es genügt jedoch nicht, drakonische Gesetze zu erlassen. Man muß auch eine Beamtenschaft finden, die willens ist, sie durchzuführen; das hat seine Schwierigkeiten.

Machiavelli
Es hat gar keine.

Montesquieu
Sie werden also den ganzen Aufbau des Gerichtswesens umstürzen?

Machiavelli
Ich stürze nichts um; ich ändere nur ab und führe Neues ein.

Montesquieu
Dann werden Sie also Kriegsgerichte einführen, Gerichte mit summarischem Verfahren, kurz: Sondergerichte.

Machiavelli
Nein.

Montesquieu
Und was werden Sie denn tun?

Machiavelli
Zunächst müssen Sie wissen, daß ich es gar nicht nötig haben werde, eine große Zahl strenger Gesetze zu erlassen, deren Durchführung ich durchzusetzen habe. Viele werden schon vorhanden und noch in Kraft sein; denn alle liberalen oder absolutistischen, republikanischen oder monarchistischen Regierungen haben mit denselben Schwierigkeiten zu kämpfen. In kritischen Augenblicken müssen sie doch zu strengen Gesetzen ihre Zuflucht nehmen, von denen die einen bestehenbleiben, die andren abgeschwächt werden je nach den Notwendigkeiten, denen sie ihren Ursprung verdanken. Man muß sich der einen wie der anderen bedienen. Was die letzteren angeht, so erinnert man daran, daß sie nicht abgeschafft sind, daß es durchaus vernünftige Gesetze waren, daß das Wiederauftreten der Mißstände, denen sie vorbeugen sollten, ihre Anwendung nötig macht. Auf diese Weise scheint die Regierung — und das wird öfters sogar wahr sein — nur einen Akt guter Staatsführung zu vollbringen.

Sie sehen, daß es sich nur darum handelt, die Tätigkeit der Gerichte etwas in Schwung zu bringen, was in den Ländern mit zentralistischer Staatsgewalt immer leicht ist, weil in ihnen die Richter durch das Ministerium, das sie anstellt, in direkter Verbindung mit der Regierung stehen.

Was nun die neuen Gesetze betrifft, die unter meiner Regierung gemacht und meist in der Form einfacher Verordnungen erlassen werden, so wird ihre Anwendung vielleicht nicht so leicht sein, weil in den Ländern, in denen die Richter unabsetzbar sind, diese sich bei der Auslegung des Gesetzes von selbst einer allzu unmittelbaren Wirkung der Gewalt widersetzen werden.

Aber ich glaube, ich habe ein sehr geniales, sehr einfaches, scheinbar ganz reguläres Verfahren erfunden, durch das die allzu unbeschränkten Konsequenzen dieses Prinzips modifiziert werden, ohne der Unabsetzbarkeit der Richter Abbruch zu tun. Ich werde eine Verordnung erlassen, daß die Richter in den Ruhestand versetzt werden, wenn sie ein bestimmtes Alter erreicht haben. Ich zweifle nicht daran, daß ich auch hierin die öffentliche Meinung auf meiner Seite habe; denn es ist ein peinlicher Anblick, wenn man, wie das so oft vorkommt, mit ansehen muß, wie der Richter, der dazu berufen ist, jederzeit über die wichtigsten und schwierigsten Fragen zu entscheiden, einer geistigen Gebrechlichkeit verfällt, die ihn hierzu unfähig macht.

Montesquieu
Aber erlauben Sie, ich habe zu dem, worüber Sie da sprechen, einige Bemerkungen zu machen. Was

Sie da behaupten, entspricht durchaus nicht der Erfahrung. Bei Männern, die in dauernder Übung durch geistige Arbeit leben, geht die Intelligenz nicht derart zurück. Das ist ja, wenn ich so sagen darf, das Privileg des Geistes, das alle genießen, deren Lebenselement er ist. Wenn bei einigen Richtern die Geisteskräfte mit dem Alter schwinden, so erhalten sie sich doch bei den meisten, und ihre Kenntnisse nehmen nur immer weiter zu. Man braucht sie nicht abzusetzen; denn der Tod reißt in ihre Reihen schon die natürlichen und notwendigen Lücken. Und gäbe es unter ihnen tatsächlich so viele Beispiele der Ermattung, wie Sie es behaupten, so wäre es doch im Interesse einer guten Rechtspflege tausendmal besser, dieses Übel zu ertragen, als Ihr Heilmittel anzunehmen.

Machiavelli
Ich habe dazu Gründe, die den Ihren überlegen sind.

Montesquieu
Die Staatsraison?

Machiavelli
Kann sein. Eins kann ich Ihnen jedenfalls versichern, daß bei der neuen Ordnung der Dinge die Richter sich nicht weiter als bisher vom Rechte entfernen werden, wenn es sich um rein bürgerliche Interessen handelt.

Montesquieu
Was weiß ich! Denn nach dem, was Sie da sagen, kann ich mir schon denken, daß sie vom Rechte abweichen werden, wenn es sich um politische Interessen handelt.

Machiavelli
Sie werden es nicht tun. Sie werden ihre Pflicht so tun, wie sie es müssen. Denn in politischen Dingen müssen die Richter im Interesse der Aufrechterhaltung der Ordnung immer auf seiten der Macht stehen. Es wäre das Schlimmste, was man sich denken kann, wenn ein Herrscher durch provozierende Gerichtsurteile angegriffen werden könnte, die sofort vom ganzen Lande gegen die Regierung ausgenützt würden. Was nützte es dann, die Presse zum Schweigen gebracht zu haben, wenn die Gerichtsurteile ihre Aufgabe übernähmen?

Montesquieu
So bescheiden, wie es aussieht, ist also Ihr Mittel doch recht wirksam, da Sie ihm eine so große Bedeutung zuschreiben?

Machiavelli
Gewiß. Denn es bewirkt, daß der Geist der Widersetzlichkeit verschwindet, dieser stets so gefährliche Korpsgeist einer Gesellschaft von Juristen, die das Andenken an die früheren Regierungen bewahrt haben, vielleicht noch ihren Kult mit ihnen treiben.

Es bringt in ihren Kreis eine Menge neuer Elemente, von denen Einflüsse ausgehen, die dem Geiste günstig sind, der meine Regierung beherrscht. Zwanzig, dreißig, vierzig Richterstellen, die jedes Jahr durch die Versetzung in den Ruhestand frei werden, ziehen eine Umgruppierung des gesamten Justizpersonals nach sich, das sich so alle zwölf Monate von Grund auf bis zur höchsten Spitze erneuern kann. Sie wissen, daß eine einzige frei werdende Stelle durch das Nachrücken der Beamten in höhere Stellungen fünfzig Ernennungen nach sich ziehen kann. Sie können sich denken, was daraus wird, wenn dreißig oder vierzig Stellen auf einmal frei werden. Es verschwindet nicht nur die Übereinstimmung in der politischen Gesinnung, sondern man schließt sich auch enger an die Regierung an, die über eine größere Zahl von Stellen verfügt. Da sind junge Leute, die Karriere machen möchten und die nun in ihrer Laufbahn nicht mehr durch ihre auf Lebenszeit angestellten Vorgesetzten aufgehalten werden. Sie wissen, daß die Regierung die Ordnung liebt, daß das Volk sie ebenfalls liebt und daß es sich nur darum handelt, beiden dadurch zu dienen, daß man ein vernünftiges Urteil fällt, wenn die Ordnung auf dem Spiele steht.

Montesquieu
Aber wenn man nicht ganz mit Blindheit geschlagen ist, wird man Ihnen vorwerfen, daß unter der Beamtenschaft der Justiz eine üble Stellenjägerei

herrscht. Ich werde Ihnen nicht nachweisen, was das für Folgen hat, da ich annehme, daß Sie das von Ihrem Vorhaben nicht abhalten wird.

Machiavelli
Ich beabsichtige nicht, mich der Kritik zu entziehen. Sie schadet mir wenig, solange ich sie nicht höre. Ich würde mir in allen Fällen zum Prinzip machen, daß meine Entscheidungen unwiderruflich sind, auch wenn man über sie murrt. Ein Herrscher, der so vorgeht, ist immer sicher, daß sein Wille respektiert wird.

VIERZEHNTES GESPRÄCH

Machiavelli
Ich habe es Ihnen schon so oft gesagt und sage es Ihnen noch einmal, daß ich nicht alles neu zu schaffen, neu zu organisieren habe, daß ich in den bereits bestehenden Einrichtungen zum größten Teil die Instrumente meiner Macht vorfinde. Wissen Sie, was man unter einem Gesetz zum Schutze der Verfassung versteht?

Montesquieu
Jawohl, und es tut mir leid, daß ich Ihnen wider Willen eine Überraschung wegnehme, die Sie mir

mit der eigenen Fähigkeit, etwas in Szene zu setzen, gern bereitet hätten.

Machiavelli
Was halten Sie davon?

Montesquieu
Ich denke — und das wird wohl wenigstens für Frankreich, von dem Sie doch wohl sprechen, richtig sein —, daß es ein Gesetz ist, das für eine bestimmte Situation geschaffen ist und das unter einem Regime mit freiheitlicher Verfassung abgeändert werden, wenn nicht sogar ganz verschwinden müßte.

Machiavelli
Ich finde, daß Sie hierüber recht gemäßigt sprechen. Nach Ihren Theorien ist das einfach eine der härtesten Beschränkungen der Freiheit, die es geben kann. Was bedeutet denn dies Gesetz? Wenn Privatleute durch Beauftragte der Regierung in der Ausübung ihrer Geschäfte behelligt werden und wenn sie diese vor Gericht bringen, werden die Richter ihnen antworten: Wir können euch nicht zu eurem Recht verhelfen, das Gericht ist hierfür nicht zuständig. Lassen Sie sich von der Behörde die Ermächtigung dazu geben, ihre Beamten zu verfolgen. Und das ist in Wahrheit eine Verweigerung der Rechtsprechung. Wann wird es denn einer Regierung einfallen, zu solchen Strafverfolgungen die Erlaubnis zu erteilen!

Montesquieu
Was beklagen Sie sich darüber? Das scheint mir doch ganz in Ihrem Sinne zu sein.

Machiavelli
Ich habe Ihnen das nur gesagt, um Ihnen zu zeigen, daß in den Staaten, in denen die Rechtsprechung auf solche Hindernisse stößt, eine Regierung von den Gerichten nicht viel zu fürchten hat. Man bringt doch solche Ausnahmegesetze immer nur als Übergangsbestimmungen in die Gesetzgebung; aber wenn die Zeiten des Übergangs vorbei sind, bleiben die Ausnahmegesetze bestehen, und das mit Recht; denn wenn alles in Ordnung ist, stören sie nicht, und wenn die Ordnung gestört wird, sind sie nötig.
Es gibt noch eine andere moderne Einrichtung, die mit nicht geringerer Wirksamkeit der Ausübung einer zentralisierten Gewalt dient: das ist die Einrichtung eines wichtigen Amtes bei den Gerichten, das Sie die Staatsanwaltschaft nennen und das man früher mit viel größerem Recht das Königsamt nannte, weil seine Tätigkeit im wesentlichen dadurch gekennzeichnet war, daß sie nach dem Willen des Herrschers widerrufen oder eingestellt werden konnte. Ich brauche Ihnen nicht zu erklären, was für einen Einfluß dieses Amt auf die Gerichte ausübt, bei denen es seinen Sitz hat. Er ist beträchtlich. Merken Sie sich das gut. Jetzt werde ich Ihnen einiges über den Kassationsgerichtshof sagen, das ich mir vorbehalten habe. Er spielt in der Justiz eine bedeutende Rolle.

Der Kassationsgerichtshof ist mehr als eine nur juristische Körperschaft. Er ist in gewisser Hinsicht eine vierte Gewalt im Staate, da es zu seinen Aufgaben gehört, den Sinn des Gesetzes in letzter Instanz festzulegen. Daher muß ich Ihnen hier das wiederholen, was ich Ihnen schon gesagt zu haben glaube, als ich vom Senat und von der gesetzgebenden Versammlung sprach. Wenn ein solcher Gerichtshof von der Regierung vollständig unabhängig wäre, könnte er sie kraft seines souveränen und fast unbeschränkten Einflusses auf die Auslegung der Gesetze stürzen, wenn er es wollte. Er brauchte hierzu nur die Bestimmungen der Gesetze, die die Ausübung der politischen Rechte regeln, systematisch im Sinne der Freiheit einzuschränken oder zu erweitern.

Montesquieu
Und das ist offensichtlich das Gegenteil von dem, was Sie von ihm verlangen.

Machiavelli
Ich werde von ihm gar nichts verlangen. Er wird ganz von selbst das tun, was ihm zukommt. Denn hier konzentrieren sich am stärksten die verschiedenen Motive, die zu einer Beeinflussung der Gerichte führen und von denen ich Ihnen vorhin sprach. Je näher der Richter der Staatsgewalt steht, um so mehr gehört er ihr. Der konservative Geist der Regierung wird sich hier in viel stärkerem Maße ent-

falten als irgendwo anders, und die Gesetze von hoher staatspolizeilicher Bedeutung erhalten durch diese erlauchte Versammlung eine Auslegung, die meiner Regierung so günstig ist, daß ich eine Menge einschränkender Maßnahmen gar nicht zu ergreifen brauche, die sonst nötig gewesen wären.

Montesquieu
Wenn man Sie so reden hört, könnte man meinen, daß die Gesetze die willkürlichsten Auslegungen erhalten könnten. Sind denn die Texte der Gesetze nicht klar und eindeutig? Kann denn ihr Sinn derartig erweitert oder eingeschränkt werden, wie Sie das andeuten?

Machiavelli
Ich brauche den Verfasser des *Geistes der Gesetze,* den erfahrenen Richter, zu dessen Aufgaben es gehörte, so viele ausgezeichnete Urteile zu erlassen, nicht darüber zu belehren, was die Aufgabe der Jurisprudenz ist. Es gibt keinen noch so klaren Wortlaut, der nicht die widersprechendsten Deutungen erhalten könnte, auch auf dem Gebiete des reinen bürgerlichen Rechts. Aber ich bitte Sie zu berücksichtigen, daß wir es hier mit der Politik zu tun haben. Es ist nun ein bei den Gesetzgebern aller Zeiten üblicher Brauch, sich bei manchen Anordnungen einer so dehnbaren Fassung zu bedienen, daß sie je nach den Umständen dazu dienen können, sie auf besondere Fälle anzuwenden oder Ausnahmen zuzu-

lassen, über die sich genauer auszulassen nicht klug gewesen wäre.

Ich sehe wohl, daß ich Ihnen Beispiele geben muß; denn sonst könnte Ihnen meine Behauptung zu allgemein gehalten vorkommen. Die Schwierigkeit ist für mich nur die, daß ich Ihnen Beispiele bringen muß, die von so umfassender Bedeutung sind, daß ich mich nicht erst auf breit auszuführende Einzelheiten einzulassen brauche. Hier habe ich eins, das ich bevorzuge, weil wir soeben über diesen Gegenstand sprachen.

Als wir über das Gesetz zum Schutze der Verfassung redeten, sagten Sie, daß dieses Ausnahmegesetz in einem freien Staate abgeändert werden müßte.

Nun gut, ich nehme an, es gibt ein solches Gesetz in dem Staate, den ich regiere. Ich nehme an, daß es abgeändert wurde. Ich denke mir also, daß vor meinem Regierungsantritt ein Gesetz erlassen wurde, daß es in dem Falle, wo es sich um einen Abgeordneten handelte, erlaubt, die Regierungsbeamten strafrechtlich zu verfolgen, ohne die Ermächtigung des Staatsrats hierzu einzuholen.

Unter meiner Regierung, die, wie Sie wissen, große Änderungen im Staatsrecht eingeführt hat, tritt der Fall ein. Man will anläßlich eines Vorfalls, bei dem es sich um einen Abgeordneten handelt, einen Regierungsbeamten gerichtlich verfolgen. Der Staatsanwalt erhebt sich und sagt: Die Vergünstigung, die man sich zunutze machen möchte, gibt es heute nicht mehr, sie ist mit den gegenwärtigen Verhältnissen nicht mehr vereinbar. Das alte Gesetz, das in einem solchen Falle von der Ermächtigung durch den Staatsrat befreite, gilt selbstverständlich nicht mehr. Die Gerichte antworten hierauf mit Ja oder Nein, schließlich wird der Streitfall vor den Kassationsgerichtshof gebracht, und diese höchste Instanz legt das Staatsrecht in diesem Punkte folgendermaßen fest: Das alte Gesetz ist selbstverständlich außer Kraft, die Ermächtigung des Staatsrats zur Verfolgung von Staatsbeamten ist erforderlich, auch wenn es sich um eine Abgeordnetenangelegenheit handelt.

Und nun ein anderes Beispiel, das etwas Spezielles zum Gegenstand hat. Es bezieht sich auf die polizeiliche Aufsicht über die Presse. Man hat mir berichtet, daß es in Frankreich ein Gesetz gab, daß alle Leute, die berufsmäßig Schriften vertreiben oder feilbieten, unter Strafandrohung verpflichtet sind, sich hierzu eine Genehmigung zu verschaffen, die durch den Staatsbeauftragten ausgestellt wurde, der in jeder Provinz der obersten Verwaltungsbehörde übergeordnet ist. Das Gesetz war dazu da, den Buchhandel zu regeln und ihn einer strengen Aufsicht zu unterwerfen. Das ist der eigentliche Zweck dieses Gesetzes. Aber der Text dieser Verfügung dürfte lauten: »Alle, die Schriften verteilen oder feilbieten, müssen im Besitz einer Genehmigung sein usw.«

Nun wird der Kassationsgerichtshof, wenn er hierüber befragt wird, sagen können: In dem Gesetz, um das es sich handelt, ist nicht nur die berufsmäßige Ausübung gemeint, sondern jede Vertreibung oder Kolportage von Schriften. Infolgedessen betreibt jeder Autor einer Schrift oder eines Buches, der davon ein oder mehrere Exemplare, auch wenn er sie jemandem widmen will, ohne vorher eingeholte Genehmigung abgibt, eine Vertreibung oder Kolportage, und er verstößt gegen die Strafverordnung.

Sie sehen also, was bei einer solchen Auslegung herauskommt. An die Stelle einer einfachen Polizeiverordnung tritt ein Gesetz, das das Recht, seine Gedanken durch die Presse unter das Publikum zu bringen, einschränkt.

Montesquieu
Sie brauchten nur noch Jurist zu werden.

Machiavelli
Das ist auch unbedingt nötig. Wie stürzt man denn heute die Regierungen? Durch Entscheidungen nach dem geltenden Recht, durch Spitzfindigkeiten in der Auslegung des verfassungsmäßigen Rechts, dadurch, daß man sich gegen die Staatsmacht aller Mittel, aller Waffen, aller Schliche bedient, die nicht direkt durch das Gesetz verboten sind. Und Sie würden doch wohl Ihre Einwilligung dazu geben, daß die Staatsgewalt diese geschickten Kunstgriffe auf dem Gebiete des Rechts, die die Parteien mit solcher Hartnäckigkeit gegen die Staatsmacht an-

wenden, auch gegen die Parteien gebraucht. Sonst wäre das ein Kampf zwischen ungleichen Gegnern, ein Widerstand wäre nicht möglich. Es bliebe nur übrig, abzudanken.

Montesquieu
Sie haben so viele Klippen zu vermeiden, daß es ein Wunder wäre, wenn Sie jede im voraus berücksichtigen könnten. Die Gerichte sind nicht an Ihre Entscheidungen gebunden. Bei einer Rechtsprechung, wie sie unter Ihrem Regime angewendet werden soll, werden Sie recht viele Prozesse auf den Hals bekommen. Die Leute, die ihr Recht fordern, werden sich fortwährend an die Gerichte wenden und von ihnen andere Auslegungen der Gesetze fordern.

Machiavelli
In der ersten Zeit ist das wohl möglich. Aber wenn eine größere Anzahl von Urteilen die Rechtsprechung endgültig festgelegt hat, wird sich niemand mehr erlauben, was sie verbietet, und die Quelle der Prozesse wird damit verstopft sein. Selbst die öffentliche Meinung wird sich so weit beruhigen, daß man sich wegen der Auslegung der Gesetze auf die offiziöse Auslegung der Regierung berufen wird.

Montesquieu
Ich bitte Sie, wie denken Sie sich das?

Machiavelli
Wenn man bei dieser oder jener sich bietenden Gelegenheit Grund zu der Befürchtung hat, daß man in diesem oder jenem Punkt der Gesetzgebung Schwierigkeiten haben könnte, wird die Regierung in der Form eines Gutachtens erklären, daß das Gesetz auf diese oder jene Handlung anwendbar ist, daß es sich auch auf diesen oder jenen Fall erstreckt.

Montesquieu
Aber das sind doch nur Äußerungen, an die die Gerichte in keiner Weise gebunden sind.

Machiavelli
Zweifellos. Aber diese Äußerungen werden trotzdem eine sehr große Autorität, einen sehr großen Einfluß auf die Entscheidungen der Richter haben, wenn sie von einer so mächtigen Regierung ausgehen, wie ich sie geschaffen habe. Sie werden besonders eine sehr große Macht auf die Entschlüsse der einzelnen Menschen ausüben, und in vielen Fällen, vielleicht immer, werden sie unangenehme Prozesse verhüten; man wird auf solche Prozesse verzichten.

Montesquieu
Je länger wir uns unterhalten, um so mehr sehe ich, daß Ihre Regierung immer mehr zu einer väterlichen Betreuung neigt. Das sind ja fast patriarchalische Gerichtsgebräuche. Es scheint mir in der Tat

unmöglich, daß man Ihnen nicht eine liebevolle Fürsorge zutraut, die in so raffinierter Form ausgeübt wird.

Machiavelli
Sie müssen doch anerkennen, daß ich weit davon entfernt bin, solche barbarischen Regierungsmethoden anzuwenden, wie Sie sie mir am Anfang unserer Unterredung zuzutrauen schienen. Sie sehen, daß die Gewalt bei alledem gar keine Rolle spielt. Ich stütze mich, wie jeder es heute tut, nur auf das Recht.

Montesquieu
Auf das Recht des Stärkeren.

Machiavelli
Das Recht, das sich durchsetzt, ist immer das Recht des Stärkeren. Ich kenne keine Ausnahme von dieser Regel.

FÜNFZEHNTES GESPRÄCH

Montesquieu
Obwohl wir schon ein recht weites Gebiet behandelt haben und Sie schon fast alles organisiert haben, kann ich Ihnen doch nicht verhehlen, daß es für Sie

noch recht viel zu tun gibt, wenn Sie mich darüber beruhigen wollen, daß Ihre Regierung dauernd bestehenbleiben wird. Am meisten wundere ich mich darüber, daß Sie die Volksabstimmung zur Grundlage Ihrer Regierung gemacht haben, das heißt ein Element, das seiner Natur nach das unbeständigste ist, das ich kenne. Verstehen Sie mich, bitte, recht. Sie sagten mir doch, Sie seien ein König?

Machiavelli
Jawohl, ein König.

Montesquieu
Auf Lebenszeit, oder handelt es sich um ein erbliches Königtum?

Machiavelli
Ich bin König, so wie man König ist in allen Königreichen der Welt. Das Königtum ist erblich, für meine männlichen Nachkommen auf Grund eines Erbfolgegesetzes, während die Frauen davon dauernd ausgenommen sind.

Montesquieu
Sie sind nicht gerade galant gegen die Frauen.

Machiavelli
Entschuldigen Sie, ich halte mich an die Traditionen der fränkischen und der salischen Monarchie.

Montesquieu
Wahrscheinlich werden Sie mir nun klarmachen, wie Sie die Erbfolge durch den demokratischen Volksentscheid nach dem Muster der Vereinigten Staaten von Amerika herbeizuführen gedenken.

Machiavelli
Gewiß.

Montesquieu
Wie! Sie geben sich der Hoffnung hin, mit diesem Prinzip den Willen zukünftiger Generationen zu binden?

Machiavelli
Jawohl.

Montesquieu
Zunächst möchte ich einmal sehen, wie Sie sich mit der Volksabstimmung abfinden, wenn es sich darum handelt, sie auf die Ernennung der Staatsbeamten anzuwenden.

Machiavelli
Was für Staatsbeamte? Sie wissen sehr wohl, daß in den monarchisch regierten Staaten die Regierung die Beamten jeden Grades ernennt.

Montesquieu
Das kommt darauf an, um was für Beamte es sich handelt. Die Beamten, die in der Verwaltung der

Gemeinden angestellt sind, werden auch unter den monarchischen Regierungen in der Regel von den Einwohnern ernannt.

Machiavelli
Das wird man durch ein Gesetz ändern; sie werden in Zukunft von der Regierung ernannt.

Montesquieu
Und die Abgeordneten, werden Sie die auch ernennen?

Machiavelli
Sie wissen sehr wohl, daß das nicht möglich ist.

Montesquieu
Dann tun Sie mir leid. Denn wenn Sie die Volksabstimmung sich selbst überlassen, wenn Sie hier keine neue Methode erfinden, sie zu beeinflussen, wird die Versammlung der Volksvertreter unter dem Einfluß der Parteien sich alsbald aus Abgeordneten zusammensetzen, die Ihrer Regierung feindlich gesinnt sind.

Machiavelli
Darum denke ich auch gar nicht daran, die Volksabstimmung sich selbst zu überlassen.

Montesquieu
Das dachte ich mir. Aber welche Methode werden Sie anwenden?

Machiavelli
Zunächst werde ich alle, die das Volk vertreten wollen, an die Regierung binden. Ich werde den Kandidaten einen feierlichen Eid abfordern. Es handelt sich dabei nicht um einen Eid, der dem Volke geleistet wird, so wie es die Revolutionäre von 1789 meinten. Sie sollen schwören, daß sie dem Fürsten und seiner Verfassung die Treue halten werden.

Montesquieu
Da Sie sich bei Ihrer Auffassung von der Politik nicht scheuen, Ihre eigenen Eide zu brechen, wie können Sie dann erwarten, daß man in diesem Punkte gewissenhafter sein wird als Sie selbst?

Machiavelli
Ich gebe in der Politik wenig auf das Gewissen der Menschen. Ich rechne mit der Macht der öffentlichen Meinung. Niemand wird es wagen, sich vor ihr bloßzustellen, indem er sich gegen den öffentlich geschworenen Eid vergeht. Man wird es um so weniger sagen, als der Eid, den ich verlange, vor der Wahl abzulegen ist und nicht nach ihr und es unverantwortlich wäre, eine Volksabstimmung zu fordern, wenn man nicht im voraus dazu bereit ist, in meinen Dienst zu treten. Jetzt muß man der Regierung die Mittel an die Hand geben, sich dem Einfluß der Opposition zu widersetzen und zu verhindern, daß die Opposition nicht die Männer kaltstellt, die für die Regierung eintreten wollen. So-

bald Wahlen stattfinden, geben die Parteien gewöhnlich ihre Kandidaten bekannt und stellen sie der Regierung vor. Ich werde es ebenso machen. Ich werde Kandidaten aufstellen und sie den Parteien vorstellen.

Montesquieu
Wenn Sie nicht allmächtig wären, so müßte man dieses Mittel ablehnen; denn dadurch, daß Sie offen den Kampf ansagen, fordern Sie die Gegenschläge heraus.

Machiavelli
Ich erwarte, daß die Vertrauensleute meiner Regierung sich vom ersten bis zum letzten dafür einsetzen, daß meine Kandidaten den Sieg davontragen.

Montesquieu
Das versteht sich von selbst; es ergibt sich aus dem Vorausgehenden.

Machiavelli
Hier ist alles von größter Wichtigkeit: Die Gesetze, die die Volksabstimmung einführen, sind von grundlegender Bedeutung; die Art und Weise, wie die Volksabstimmung durchgeführt wird, ist von grundsätzlicher Wichtigkeit; das Gesetz, das die Abgabe der Stimmzettel regelt, ist ein Grundgesetz.* Haben Sie das nicht selbst gesagt?

* *Geist der Gesetze,* II. Buch, 2. Kap.

Montesquieu

Ich erkenne manchmal meine eigenen Worte nicht wieder, wenn sie aus Ihrem Munde kommen. Ich glaube, daß die Worte, die Sie da zitieren, sich auf eine demokratische Regierung beziehen.

Machiavelli

Gewiß, und Sie konnten ja schon sehen, daß meine Politik im wesentlichen darin besteht, daß ich mich auf das Volk stütze, daß es, obgleich ich eine Krone trage, mein eigentliches und offen erklärtes Ziel ist, der Repräsentant des Volkes zu sein. Als Treuhänder aller Gewalten, die es mir übertragen hat, bin ich schließlich sein einziger wahrer Bevollmächtigter. Was ich tue, tut das Volk. Infolgedessen ist es unmöglich, daß zur Zeit der Wahlen die Parteien ihren Einfluß an die Stelle der Vollmacht setzen, die ich in meiner Person darstelle. Darum habe ich noch andere Mittel gefunden, ihre Anstrengungen lahmzulegen. Sie müssen bedenken, daß zum Beispiel das Gesetz, das die Versammlungen verbietet, natürlich auch auf solche Versammlungen angewendet wird, die für die Wahlen einberufen werden könnten. So können die Parteien in keine Beziehungen zueinander treten und sich nicht miteinander verständigen.

Montesquieu

Warum schieben Sie immer die Parteien in den Vordergrund? Unter dem Vorwand, ihnen Hindernisse in den Weg zu legen, behindern Sie doch die

Wähler selbst. Die Parteien sind doch schließlich nur ein Kollektiv von Wählern. Wenn die Wähler sich nicht in Versammlungen, in Besprechungen aufklären lassen können, wie können sie dann mit Sachkenntnis ihre Stimme abgeben?

Machiavelli
Ich merke wohl, daß Sie keine Ahnung davon haben, mit welch außerordentlichem Geschick und Raffinement gerissene Politiker Verbote zu umgehen wissen. Sie brauchen sich wegen der Wähler nicht zu beunruhigen. Die Wähler, die guten Willens sind, werden immer wissen, für wen sie zu stimmen haben. Übrigens werde ich tolerant sein. Ich werde die Versammlungen, die im Interesse meiner Kandidaten abgehalten werden sollen, nicht nur nicht verbieten, sondern ich werde sogar so weit gehen, die Agitation für ein paar volkstümliche Kandidaten zu übersehen, die mit großem Gelärm im Namen der Freiheit betrieben wird. Nur müssen Sie wissen, daß die Leute, die da am lautesten schreien, in meinem Solde stehen.

Montesquieu
Und wie werden Sie die Abstimmung selbst regeln?

Machiavelli
Was zunächst die Wahlen auf dem Lande angeht, so wünsche ich nicht, daß die Wähler ihre Stimmen in den großen Zentralen abgeben, wo die mit dem in den Städten herrschenden Geiste der Opposition in

Berührung kommen und wo sie die Parolen erfahren könnten, die von der Hauptstadt ausgegeben werden. Ich möchte, daß jede Gemeinde für sich abstimmt. Das Ergebnis dieser scheinbar so einfachen Anordnung wird doch recht erheblich sein.

Montesquieu
Das ist leicht einzusehen. Sie zwingen dazu, daß auf dem Lande die Wahl sich unter unbedeutenden Persönlichkeiten zersplittert oder daß sie aus Mangel an bekannten Namen auf die Kandidaten fällt, die von Ihrer Regierung genannt wurden. Es würde mich sehr wundern, wenn bei diesem Verfahren viele Köpfe oder Talente herauskommen.

Machiavelli
Zur Aufrechterhaltung der Ordnung im Staate braucht man weniger begabte Männer als solche, die der Regierung ergeben sind. Den überlegenen Geist hat der Mann, der auf dem Throne sitzt, und es haben ihn die Männer in seiner Umgebung. Überall woanders ist er unnütz, ja er ist sogar beinahe schädlich; denn er kann sich nur gegen die Staatsgewalt betätigen.

Montesquieu
Ihre Aphorismen sind von schneidender Schärfe. Ich habe keine Gründe mehr, die ich Ihnen entgegenstellen könnte. Teilen Sie mir also, bitte, die weiteren Wahlbestimmungen mit.

Machiavelli

Aus denselben Gründen, die ich Ihnen soeben darlegte, wünsche ich auch keine Listenwahlen, da sie die Wahl fälschen und eine Verbindung von Vertretern verschiedener Prinzipien erlauben. Ich werde ferner die Wahlbezirke in eine bestimmte Zahl von Wahlkreisen teilen, in denen nur ein einziger Abgeordneter gewählt werden kann und wo infolgedessen jeder Wähler nur einen einzigen Namen auf seinen Wahlzettel schreiben kann.

Man muß außerdem die Möglichkeit haben, die Opposition in solchen Wahlkreisen kaltzustellen, in denen sie sich allzu lebhaft bemerkbar machen dürfte. Ich denke mir etwa, daß sich bei früheren Wahlen ein Wahlkreis dadurch bemerkbar machte, daß die Mehrzahl der abgegebenen Stimmen regierungsfeindlich war oder daß man Grund hatte anzunehmen, daß er gegen die Kandidaten der Regierung stimmen wird, dann ist nichts leichter, als hier eine Abhilfe zu schaffen. Wenn dieser Wahlkreis nur eine kleinere Bevölkerungszahl hat, schließt man ihn an einen benachbarten oder weiter entfernten, aber sehr viel größeren Wahlkreis an, in dem seine Stimmen untergehen und die Vertreter dieser politischen Gesinnung sich verlieren. Wenn aber umgekehrt der mir feindlich gesinnte Wahlkreis eine beträchtliche Einwohnerzahl hat, zerlegt man ihn in mehrere Wahlbezirke, die man an benachbarte Wahlkreise angliedert, in denen er völlig verschwindet.

Sie werden verstehen, daß ich auf eine Menge Einzelheiten nicht eingehe, die nur nebensächlich zum Ganzen gehören. So teile ich im Notfalle die Wahlbezirke in Wahlabteilungen, um, wenn das nötig wird, der Regierung mehr Anlässe zur Betätigung zu geben, und ich bestelle zu Vorstehern der Wahlbezirke und der Wahlabteilungen die Gemeindebeamten, deren Ernennung von der Regierung abhängt.

Montesquieu
Ich bemerke mit einiger Verwunderung, daß Sie von einer Maßnahme keinen Gebrauch machen, die Sie seinerzeit Leo X. empfahlen und die darin besteht, daß die Stimmenzähler die Abstimmzettel nach vollzogener Abstimmung gegen andere eintauschen.

Machiavelli
Das würde heute wohl schwierig sein, und ich glaube, daß man sich dieses Mittels nur mit der allergrößten Vorsicht bedienen darf. Eine fähige Regierung hat ja außerdem so viele andere Hilfsmittel! Sie braucht die Stimmen nicht gerade direkt, das heißt mit barem Gelde, zu kaufen; aber es wird ihr ein leichtes sein, die Bevölkerung durch Konzessionen in der Verwaltung dahin zu bringen, nach ihrem Gefallen abzustimmen; man verspricht hier einen Hafen, dort einen Handelsplatz, weiterhin eine Straße, einen Kanal, und umgekehrt wird man

für die Städte und Orte nichts tun, die gegen die Regierung stimmen.

Montesquieu
Ich kann Ihnen nicht vorwerfen, daß Sie das nicht gründlich genug durchdacht haben. Aber fürchten Sie nicht, daß man sagen wird, daß Sie die Abstimmung teils fälschen, teils auf sie einen Druck ausüben? Fürchten Sie nicht, Ihre Staatsmacht zu kompromittieren, wenn sie sich an den Wahlkämpfen so unmittelbar beteiligt? Der geringste Erfolg, den man über Ihre Kandidaten davonträgt, wird zu einem glänzenden Sieg aufgebauscht werden, der Ihre Regierung matt setzt. Das, was mich ständig für Sie besorgt macht, ist der Gedanke, daß Sie unbedingt in allen Ihren Unternehmungen Erfolg haben müssen, sonst gibt es einen totalen Zusammenbruch.

Machiavelli
Sie sind zu ängstlich. Beruhigen Sie sich nur. Wenn ich so weit gekommen bin, sind mir schon so viele Dinge gelungen, daß ich an Kleinigkeiten nicht mehr zugrunde gehen kann. Bossuets berühmtes Sandkorn, über das man stürzen kann, ist für den echten Politiker nicht da. Ich habe es in meiner Laufbahn so weit gebracht, daß ich ohne Gefahr auch Stürmen Trotz bieten könnte. Was bedeuten da die kleinen Regierungsschwierigkeiten, von denen Sie reden? Glauben Sie, daß ich den Ehrgeiz habe, vollkommen zu sein? Ich weiß ganz gut, daß rings

um mich her Fehler gemacht werden. Zweifellos werde ich es gar nicht verhindern können, daß es hier und da einige Gewaltsamkeiten und Skandale geben wird. Kann das daran hindern, daß es im ganzen vorwärts geht und gut geht? Wesentlich ist es dabei nicht, keinen Fehler zu machen, sondern die Verantwortung für einen Fehler mit einer energischen Geste auf sich zu nehmen, die den Leuten imponiert, die mich herabsetzen wollen. Selbst wenn es der Opposition gelingen sollte, ein paar Phrasenhelden in mein Parlament zu bringen, was hat das für mich zu bedeuten? Ich gehöre nicht zu denen, die den Geist ihres Zeitalters nicht berücksichtigen wollen.

Einer meiner wichtigsten Grundsätze ist es, Gleiches dem Gleichen entgegenzusetzen. So wie ich die Presse durch die Presse lahmlege, so werde ich die Redner im Parlament durch Redner erledigen. Ich werde so viele Männer, wie ich dazu brauche, haben, die das Wort beherrschen und imstande sind, mehrere Stunden ununterbrochen zu reden. Die Hauptsache ist, daß man eine feste Mehrheit hat und einen Präsidenten, auf den man sich verlassen kann. Es ist eine besondere Kunst, die Debatten zu leiten und eine Abstimmung herbeizuführen. Aber brauche ich denn solche parlamentarischen Künste? Von zwanzig Mitgliedern der Kammer werden mir neunzehn ergeben sein, die auf Grund ihrer Instruktion abstimmen, während ich das Theater einer künstlichen und heimlich bestochenen Opposition aufziehe. Und dann mag man wunderschöne Reden halten, so viel man will. Sie gehen in die Ohren meiner Abgeordneten ein wie der Wind in ein Schlüsselloch. Wollen Sie jetzt noch etwas von meinem Senat hören?

Montesquieu
Nein, ich brauche nur an Caligula zu denken, um zu wissen, was man aus einem Senat machen kann.

SECHZEHNTES GESPRÄCH

Montesquieu
Die Vernichtung der Parteien und die Zerstörung der Kollektivkräfte ist eines der Hauptziele Ihrer Politik. Sie haben sich an dieses Programm gehalten. Ich sehe jedoch rings um Sie her noch so vieles, woran Sie nicht gerührt haben. Sie haben Ihre Hand noch nicht auf den Klerus gelegt, auf die Universität, die Advokatenschaft, die Bürgergarden, die Handelsgesellschaften. Mir scheint es darunter mehr als ein gefährliches Element zu geben.

Machiavelli
Ich kann Ihnen nicht alles auf einmal sagen. Sprechen wir zuerst über die Nationalgarden oder Bürgerwehren; denn mit ihnen dürfte ich mich sonst nicht mehr zu befassen haben. Ihre Auflösung war zwangs-

läufig eine der ersten Maßnahmen bei meiner Machtergreifung. Die Organisation einer Bürgerwehr würde sich mit der Existenz eines stehenden Heeres nicht in Einklang bringen lassen; denn Bürger in Waffen könnten sich bei passender Gelegenheit in Feinde verwandeln. Die Sache hat jedoch ihre Schwierigkeiten. Die Nationalgarde ist zwar eine unnütze Einrichtung, sie trägt aber einen populären Namen. In den Staaten, die sich auf eine militärische Macht stützen, kommt sie den kindlichen Instinkten gewisser bürgerlicher Kreise entgegen, die den Sinn für kriegerische Schaustellungen in ziemlich lächerlicher Weise mit ihren Geschäftsinteressen verbinden. Es handelt sich zwar um eine harmlose Passion, aber es wäre um so törichter, an sie zu rühren, als der Fürst niemals den Anschein erwecken darf, daß er andere Interessen verfolgt als die Bürgerschaft, die in der Bewaffnung der Bürger einen Schutz gefunden zu haben glaubt.

Montesquieu
Aber Sie lösen doch diese Bürgerwehr auf.

Machiavelli
Ich löse sie auf, um sie auf anderen Grundlagen neu aufzubauen. Die Hauptsache ist dabei, sie unter die unmittelbare Befehlsgewalt der Beamten der Zivilbehörde zu bringen und ihr das Vorrecht zu nehmen, ihre Vorgesetzten zu wählen. Dementsprechend

werde ich vorgehen. Ich werde sie übrigens nur in den Orten organisieren, wo es mir angebracht zu sein scheint, und ich behalte mir das Recht vor, sie wieder aufzulösen und sie nochmals auf anderer Grundlage aufzubauen, wenn das die Umstände erfordern. Über diesen Punkt habe ich Ihnen nun nichts mehr zu sagen. Was nun die Universität betrifft, so ist ihr gegenwärtiger Zustand ziemlich zufriedenstellend. Sie wissen wohl, daß die großen Unterrichtsanstalten heute nicht mehr so organisiert sind wie einst. Man sagt mir, daß sie fast überall ihre Selbständigkeit verloren haben und nur noch öffentliche Anstalten im Dienste des Staates sind. Nun, da, wo der Staat ist, da ist jetzt der Herrscher, so, wie ich es Ihnen nun schon mehr als einmal gesagt habe. Die geistige Führung der Staatsanstalten liegt in seinen Händen; seine Beamten sind es, die den Geist der Jugend beeinflussen. Die Leiter und die Mitglieder der Lehrkörper aller Grade werden von der Regierung ernannt, sie sind an sie gebunden, sie sind von ihr abhängig, und das genügt. Sollten sich hier und da noch einige Spuren von Selbständigkeit in irgendeiner öffentlichen Schule oder Hochschule finden, so ist es ein leichtes, sie an das gemeinsame Zentrum der einheitlichen Leitung zu binden. Das macht man mit einer Verfügung oder durch einen einfachen Erlaß des Ministeriums. Ich gehe über die Einzelheiten hinweg, auf die ich nicht näher einzugehen brauche. Ich möchte aber diesen Gegenstand nicht verlassen, ohne Ihnen zu sagen, daß ich es für sehr wichtig halte, aus dem Studium der Rechtswissenschaft die Beschäftigung mit den Staatsverfassungen auszuscheiden.

Montesquieu
Sie haben allerdings auch allen Grund dazu.

Machiavelli
Meine Gründe sind sehr einfach. Ich will nicht, daß sich die jungen Leute, wenn sie eben die Schule verlassen haben, sofort auf die Politik stürzen, daß sie sich mit achtzehn Jahren damit befassen, Verfassungen zu entwerfen, so, wie man Theaterstücke schreibt. Ein Unterricht hierin kann nur die Gedanken der Jugend verderben und sie vorzeitig auf Stoffe lenken, die über ihren Horizont hinaus liegen. Mit solchen schlecht verdauten und falsch verstandenen Ideen erzieht man keine echten Staatsmänner, sondern nur Utopisten, deren unüberlegte Gedanken sich später in unüberlegte Taten umsetzen.

Die Generationen, die unter meiner Regierung geboren werden, sind zur Achtung vor den bestehenden Einrichtungen und zur Liebe zum Herrscher zu erziehen. Daher werde ich die Macht, die ich als Leiter des Schulwesens habe, so geschickt wie möglich ausnutzen. Ich glaube, daß man in den Schulen überhaupt die Geschichte der Gegenwart zu Unrecht vernachlässigt. Es ist mindestens ebenso wichtig, sein eigenes Zeitalter zu kennen, wie das des

Perikles. Ich wünsche, daß die Geschichte meiner Regierung noch zu meinen Lebzeiten unterrichtet wird. So hält ein neuer Herrscher seinen Einzug in die Herzen einer neuen Generation.

Montesquieu
Das würde also, wenn ich Sie recht verstehe, auf eine fortgesetzte Apologie Ihrer Taten hinauslaufen.

Machiavelli
Selbstverständlich werde ich mich nicht in schlechtes Licht setzen lassen. Das andere Mittel, das ich anwenden würde, soll der Freiheit der Wissenschaft entgegenwirken, die man nicht direkt ablehnen kann. In den Universitäten gibt es eine ganze Menge Professoren, deren freie Zeit man dazu benutzen kann, außerhalb der Hörsäle gute Lehren zu verbreiten. Ich würde sie in allen bedeutenderen Städten freie Kurse eröffnen lassen und auf diese Weise die Bildung und zugleich den Einfluß der Regierung fördern.

Montesquieu
Mit anderen Worten: Sie absorbieren und beschlagnahmen für sich selbst den letzten Schimmer eines selbständigen Gedankens.

Machiavelli
Ich beschlagnahme gar nichts.

Montesquieu
Gestatten Sie anderen als den Ihnen ergebenen Professoren, die Wissenschaft ebenso unter das Volk zu bringen, aber ohne Ausweis, ohne Genehmigung?

Machiavelli
Was? Sie möchten wohl gar, daß ich die Bildung politischer Vereine genehmige?

Montesquieu
Nein. Fahren Sie nur fort.

Machiavelli
Unter den vielen Maßnahmen, die für das Wohl meiner Regierung erforderlich sind, haben Sie meine Aufmerksamkeit auch auf solche für den Stand der Rechtsanwälte gelenkt. Wenn ich mich damit befaßte, würde ich meine Tätigkeit auf etwas ausdehnen, was im Augenblick nicht nötig ist. Außerdem rühre ich hier an die Interessensphäre des bürgerlichen Rechts, und Sie wissen schon, daß es auf diesem Gebiete mein Grundsatz ist, mich hiervon möglichst fernzuhalten. In den Staaten, in denen der Rechtsanwaltsstand eine Körperschaft des öffentlichen Rechts bildet, betrachten die Untertanen die Unabhängigkeit dieser Organisation als einen Schutz und glauben, daß sie von dem Recht, sich vor Gericht verteidigen zu lassen, unabtrennbar ist. Sie treten für diese Unabhängigkeit ein, als ob es sich

um ihre eigene Ehre, ihr Interesse oder ihr Leben handelte. Es ist recht schwierig, hier einzugreifen; denn die öffentliche Meinung könnte durch das Gezeter der Empörung, das diese ganze Körperschaft sicherlich anstimmen wird, in Aufregung geraten. Aber ich bin mir sehr wohl bewußt, daß von diesem Stande Einflüsse ausgehen, die meiner Herrschaft durchweg feindlich sein werden. Dieser Beruf — das wissen Sie besser als ich, Montesquieu — bringt kalte und hartnäckig auf ihren Prinzipien bestehende Charaktere hervor, Männer, deren ganzes Streben darauf gerichtet ist, die Handlungen der Regierung daraufhin zu prüfen, ob sie sich auf das Fundament der reinen Legalität gründen. Der Advokat hat nicht wie der Beamte den ausgeprägten Sinn für die sozialen Notwendigkeiten. Er sieht das Gesetz aus zu großer Nähe und unter zu kleinen Gesichtspunkten, um für diese Notwendigkeiten das richtige Gefühl zu haben, während der Beamte ...

Montesquieu
Sie brauchen ihn nicht erst zu rechtfertigen.

Machiavelli
Jawohl; denn ich vergesse nicht, daß ich einem der großen Beamten gegenüberstehe, die in Frankreich den Thron der Monarchen so glänzend gestützt haben.

Montesquieu
Und die sich nicht so leicht dazu hergaben, Verordnungen auszuführen, die die Staatsverfassung verletzten.

Machiavelli
Und damit haben sie schließlich den ganzen Staat über den Haufen geworfen. Ich will nicht, daß meine Gerichtshöfe Parlamente sind und daß die Advokaten an ihnen Politik treiben, geschützt durch die Immunität, die ihnen ihr Stand verleiht. Der größte Mann des Jahrhunderts, der Ihrem Vaterland die Ehre erwies, in ihm geboren zu werden, sagte: »Ich wünschte, man könnte einem Advokaten, der etwas Schlechtes über die Regierung sagt, die Zunge abschneiden.« Die modernen Sitten sind nicht so grausam. Ich würde nicht so weit gehen. Am ersten Tage meiner Machtergreifung und unter den dadurch gegebenen Umständen werde ich mich auf eine ganz einfache Maßnahme beschränken: Ich werde eine Verfügung erlassen, die bei voller Anerkennung der Unabhängigkeit des Rechtsanwaltsstandes die Advokaten der Vorschrift unterwirft, daß sie durch den Herrscher in ihr Amt eingesetzt werden. Bei der Begründung meines Erlasses wird es wohl nicht schwer sein, den Klienten der Rechtsanwälte klarzumachen, daß eine solche Ernennung ihnen einen wirksameren Schutz gewährt, als wenn die Körperschaft der Anwälte sich aus sich selbst ergänzt, das heißt aus einer sicher doch ein wenig gemischten Gesellschaft.

Montesquieu

Es ist nur zu wahr, daß man den abscheulichsten Maßnahmen eine vernünftige Begründung geben kann. Aber jetzt sagen Sie, was Sie mit der Geistlichkeit zu tun gedenken. Das ist eine Organisation, die nur zum Teil vom Staate abhängt und sich auf eine geistige Macht stützt, deren Sitz nicht in Ihrem Machtbereiche liegt. Ich muß schon sagen, daß ich nichts kenne, was Ihrer Regierung gefährlicher werden könnte als diese Macht, die im Namen des Himmels spricht und die überall im Irdischen wurzelt. Vergessen Sie nicht, daß die christliche Predigt eine Predigt der Freiheit ist. Zweifellos ist durch die Staatsgesetze eine scharfe Grenze zwischen der religiösen und der politischen Machtsphäre gezogen; es ist auch daran gar nicht zu zweifeln, daß die Priester ihre Stimme nur im Namen des Evangeliums erheben werden; aber der göttliche Geist, der von diesem Evangelium ausgeht, ist für den politischen Materialismus ein Stein des Anstoßes. Dieses Buch, so voll Demut und Sanftmütigkeit, war es allein, welches das Römische Reich, die Cäsaren und ihre Macht vernichtete. Die Völker, die sich offen zum Christentum bekennen, werden sich immer dem Despotismus entziehen; denn das Christentum steigert die Würde des Menschen zu hoch, als daß der Despotismus sich an ihr vergreifen könnte. Es bringt geistige Kräfte zur Entfaltung, auf die menschliche Macht keinen Einfluß hat.* Hüten Sie

* *Geist der Gesetze,* XXIV. Buch, 1. Kap. und folgende.

sich vor dem Priester! Er ist nur von Gott abhängig, aber sein Einfluß erstreckt sich über alles, über die Kirche, die Familie, die Schule. Sie haben über ihn keine Macht. Seine Obrigkeit ist nicht die Ihre, er gehorcht einer Ordnung, die durch kein Gesetz und keine Gewalt getroffen wird. Wenn Sie über ein katholisches Volk herrschen und den Klerus zum Feinde haben, so werden Sie früher oder später untergehen, auch wenn Sie das ganze Volk hinter sich haben sollten.

Machiavelli
Ich weiß wirklich nicht, wie Sie darauf kommen, aus dem Priester einen Apostel der Freiheit zu machen. Ich habe so etwas nie beobachtet, weder in alten Zeiten noch in der Gegenwart. Ich habe in der Priesterschaft nur immer die natürliche Stütze des Absolutismus gesehen.

Bedenken Sie wohl: Wenn ich im Interesse meiner Staatsgründung Konzessionen an den demokratischen Geist meiner Zeit machen mußte, wenn ich das allgemeine Wahlrecht zur Grundlage meiner Herrschaft machte, so ist das nur ein durch den Zeitgeist gebotener Kunstgriff; ich nehme hierfür genauso das Walten der göttlichen Gerechtigkeit in Anspruch, ich bin deshalb um nichts weniger ein König von Gottes Gnaden. Von hier aus gesehen muß mich also der Klerus unterstützen; denn meine Grundsätze über die Autorität stimmen mit den seinen überein. Sollte er sich jedoch feindlich stellen, sollte er seinen Einfluß dazu benutzen, einen geheimen Kampf gegen meine Regierung zu führen ...

Montesquieu
Und was dann?

Machiavelli
Ich könnte innerhalb der Kirche eine Spaltung hervorrufen, durch die alle Bande zerrissen werden, die den Klerus an die Kurie in Rom fesseln; denn dort liegt der gordische Knoten. Ich würde durch meine Presse, meine Journalisten, meine Politiker etwa folgende Töne anschlagen lassen: Das Christentum ist vom Katholizismus nicht abhängig; was die katholische Kirche verbietet, das Christentum erlaubt es. Die Unabhängigkeit des Klerus vom Staate, seine Unterwerfung unter die Kurie in Rom, das sind rein katholische Dogmen. Solche Zustände sind eine ständige Bedrohung der Sicherheit des Staates. Die Gläubigen unseres Reiches sollen als ihr geistliches Oberhaupt keinen fremden Herrscher haben. Das hieße die Ordnung im Innern von dem Belieben einer Macht abhängig machen, die jeden Augenblick unser Feind werden kann. Jene Hierarchie des Mittelalters, die damals herrschende Bevormundung der noch im Kindesalter stehenden Völker, kann sich nicht mehr mit dem männlichen

Geiste der modernen Kultur vertragen, mit seiner Aufklärung und seiner Selbständigkeit. Warum soll man den Herrscher über die Gewissen in Rom suchen? Warum soll die politische Autorität nicht mit der religiösen zusammenfallen? Warum soll der Herrscher nicht zugleich der Hohepriester sein? Das ist der Ton, den man in der Presse anschlagen lassen könnte, besonders in der liberalen Presse, und es ist sehr wahrscheinlich, daß die Masse des Volkes ihn mit Freuden vernehmen würde.

Montesquieu
Wenn Sie das glauben sollten und wenn Sie so etwas zu unternehmen wagten, so würden Sie sofort und sicherlich auf eine schreckliche Weise erfahren, was die Macht der katholischen Kirche selbst bei den Völkern bedeutet, bei denen sie geschwächt zu sein scheint.*

Machiavelli
Ich, so etwas unternehmen! Großer Gott! Nein, ich bitte unsern himmlischen Herrn und Meister auf den Knien um Vergebung, daß ich einer solchen ruchlosen Auffassung, die nur dem Haß gegen den Katholizismus entsprang, auch nur Worte zu geben wagte. Aber der Gott, der den Menschen Macht gegeben hat, verbietet dieser Macht nicht, sich gegen Umtriebe des Klerus zu schützen, der ja doch die Gebote des Evangeliums übertritt, wenn er es an Gehorsam

---

* *Geist der Gesetze*, XXV. Buch, 12. Kap.

gegen die Obrigkeit fehlen läßt. Ich weiß sehr wohl, daß er gegen mich nur durch eine Beeinflussung des Volkes arbeiten wird, die man nicht fassen kann; aber ich würde Mittel und Wege zu finden wissen, den Mann, der diese Beeinflussung lenkt, zu fassen, und sei es im Schoße der römischen Kurie selbst.

Montesquieu
Wie wollen Sie das machen?

Machiavelli
Es würde genügen, den Heiligen Stuhl auf die geistige Verfassung hinzuweisen, in der sich mein Volk befindet, das unter dem Druck der Kirche leidet, das danach strebt, sich von ihm zu befreien, das imstande ist, sich selbst aus der Einheit der katholischen Kirche zu lösen und sich in eine Glaubensspaltung zu stürzen, so wie es die griechische und die protestantische Kirche taten.

Montesquieu
Das wäre eine Drohung statt einer Handlung!

Machiavelli
Da irren Sie sich sehr, Montesquieu, und verkennen ganz meine Hochachtung, die ich vor dem päpstlichen Stuhle habe. Die Rolle, die ich spielen möchte, die Mission, die mir als katholischem Herrscher zustünde, wäre es gerade, der Schutzherr der Kirche

zu sein. Sie wissen, daß in den gegenwärtigen Zeiten die weltliche Macht der Kirche ernstlich bedroht ist, und zwar durch die Abneigung gegen die Religion überhaupt und durch die Bestrebungen der Länder, die im Norden von Italien liegen. Ich würde nun zum Heiligen Vater sagen: Ich werde dich gegen sie alle unterstützen, ich bin deine Rettung, darin sehe ich meine Pflicht, das ist meine Mission; aber das Geringste, was ich dafür fordere, ist, daß du mich nicht angreifst, daß du mich mit deinem moralischen Einfluß unterstützt. Und das wäre doch nicht zuviel verlangt, wo ich doch selbst meine Popularität aufs Spiel setze und mich als Beschützer der weltlichen Macht der Kirche ausgebe, die heute, leider, in den Augen der sogenannten europäischen Demokratie so in Mißkredit geraten ist. Das würde mich ja nicht abschrecken. Ich würde nicht nur jedes Unternehmen gegen die Souveränität des Heiligen Stuhles von seiten der benachbarten Staaten in Schach halten, sondern auch dann, wenn er das Unglück hätte, angegriffen zu werden, wenn der Papst aus seinem Kirchenstaat verjagt werden sollte, wie das ja schon vorgekommen ist, dann würden allein meine Soldaten ihn in sein Land zurückführen und ihn dort ständig beschützen, solange ich an der Macht bin.

Montesquieu

Das würde dann wirklich ein Meisterstück Ihrer Politik sein; denn wenn Sie in Rom eine ständige

Garnison unterhalten, so haben Sie den Papst fast ebenso in Ihrer Hand, als ob er in einer Provinz Ihres eigenen Reiches residierte.

Machiavelli
Und nun werden Sie es glauben, daß der Papst, nachdem ich dem Papsttum einen solchen Dienst erwiesen habe, sich nicht weigern wird, meine Herrschaft zu unterstützen, daß er selbst es gegebenenfalls nicht ablehnen wird, mich in meiner Hauptstadt zu krönen. So etwas ist ja nicht ohne Beispiel in der Geschichte.

Montesquieu
Gewiß, das kommt alles in der Geschichte vor. Aber wenn Sie, statt auf dem Stuhle des heiligen Petrus einen Borgia oder einen Dubois zu finden, mit denen Sie zu rechnen scheinen, sich einem Papste gegenüber sehen, der sich Ihren Intrigen widersetzt und Ihnen Trotz bietet, was machen Sie dann?

Machiavelli
Dann müßte man sich allerdings dazu entschließen, unter dem Vorwand, die weltliche Macht zu schützen, seinen Sturz herbeizuführen.

Montesquieu
Sie haben wirklich geniale Einfälle!

SIEBZEHNTES GESPRÄCH

Montesquieu
Ich sagte, daß Sie geniale Einfälle haben, und man braucht solche wirklich, um sich das alles auszudenken und es auszuführen. Ich verstehe jetzt die Fabel von dem Gotte Wischnu. Sie haben so wie der indische Götze hundert Arme, und jeder Ihrer Finger berührt einen Bereich des politischen Lebens. Können Sie nun so, wie Sie an alles rühren, auch alles sehen?

Machiavelli
Gewiß; denn ich werde aus der Polizei eine so umfassende Organisation machen, daß innerhalb meines Reiches die eine Hälfte der Menschen damit beschäftigt ist, die andere zu beobachten. Erlauben Sie mir, daß ich Ihnen einige Einzelheiten über die Organisation meiner Polizei mitteile?

Montesquieu
Tun Sie es.

Machiavelli
Ich werde damit anfangen, ein Polizeiministerium zu schaffen, das das wichtigste meiner Ministerien werden wird und in dem die zahlreichen Dienststellen für den Innen- und Außendienst zentralisiert werden, mit denen ich diesen Teil meines Verwaltungsapparats auszustatten gedenke.

Montesquieu
Aber wenn Sie das tun, werden Ihre Untertanen doch sofort merken, daß sie in ein fürchterliches Netz verstrickt werden.

Machiavelli
Sollte dieses Ministerium Anstoß erregen, so werde ich es auflösen und es, wenn Ihnen das besser gefällt, Staatsministerium nennen. Ich werde außerdem in den anderen Ministerien entsprechende Dienststellen einrichten, von denen die meisten, ohne davon viel Aufhebens zu machen, mit den Ministerien in Verbindung stehen, die Sie jetzt das Ministerium des Innern und das Ministerium des Äußeren nennen. Sie verstehen gewiß, daß ich mich in diesen Dienststellen gar nicht mit Diplomatie beschäftige, sondern nur mit den Mitteln, die dazu geeignet sind, mich gegen die Umtriebe der Parteien im In- und Auslande zu sichern. Denn Sie können mir glauben, daß sich in dieser Hinsicht die meisten Monarchen so ziemlich in derselben Lage befinden wie ich, und das heißt, daß sie sehr gern dazu bereit sind, meine Absichten zu unterstützen, die darauf hinauslaufen würden, im Interesse einer gegenseitigen Sicherheit einen internationalen Polizeidienst zu schaffen. Wenn es mir gelingt, dieses Ziel zu erreichen, und ich zweifle daran gar nicht, so würde im Ausland meine Polizei etwa in folgenden Formen in Erscheinung treten: Da sind Leute, die sich an den Höfen des Auslands amüsieren und gute Gesellschafter sind,

aber die Aufgabe haben, die Intrigen der Fürsten zu beobachten und der Thronprätendenten, die ins Ausland verbannt wurden. Da sind geächtete Revolutionäre, bei denen es durchaus nicht ausgeschlossen ist, daß ich einige von ihnen für viel Geld dazu bringe, mir als Vermittler von Nachrichten über die Umtriebe der im Dunkeln wirkenden Demagogen zu dienen. Da gründet man in den Hauptstädten politische Zeitungen. Da sind Buchdrucker und Buchhändler, die unter denselben Bedingungen arbeiten und im geheimen durch Geld unterstützt werden und die Aufgabe haben, aus größerer Nähe durch die Presse den geistigen Bewegungen zu folgen.

Montesquieu
Das kommt darauf hinaus, daß Sie nicht mehr nur gegen die Ihrer Herrschaft feindlichen Parteien, sondern gegen den Geist der Humanität selbst arbeiten.

Machiavelli
Sie wissen, daß ich mich durch große Worte nicht einschüchtern lasse. Ich will, daß jeder, der sich mit Politik befaßt und der ins Ausland geht, um dort zu intrigieren, beobachtet werden kann, daß über ihn von Zeit zu Zeit Bericht erstattet wird, bis er in mein Reich zurückkehrt, wo man ihn, ohne viele Umstände zu machen, einsperren wird, damit er hiermit nicht wieder anfangen kann. Um die Fäden der revolutionären Umtriebe besser in die Hand zu be-

kommen, habe ich mir etwas ausgedacht, was, glaube ich, gar nicht schlecht ist.

Montesquieu
Gott bewahre uns davor! Was ist es?

Machiavelli
Ich würde mir einen Prinzen aus meinem Hause nehmen, der dem Throne nahesteht und der den Unzufriedenen zu spielen hätte. Seine Aufgabe bestünde dann darin, sich als einen Liberalen auszugeben, meine Regierung schlechtzumachen und so mit den Personen in den höchsten Stellungen in meinem Reiche in Verbindung zu kommen, die ein wenig zur Demagogie neigen, um sie besser beobachten zu können. Der Prinz, dem ich diese Mission anvertraue und der über die im In- und Ausland spielenden Intrigen gut unterrichtet ist, würde so mit denen allen ein falsches Spiel treiben, die in das Geheimnis dieser Komödie nicht eingeweiht sind.

Montesquieu
Wie, Sie wollen einem Prinzen Ihres eigenen Hauses Aufgaben zuweisen, die Sie selbst als Aufgaben Ihrer Polizei bezeichnen?

Machiavelli
Und warum nicht? Ich kenne regierende Fürsten, die, als sie im Exil leben mußten, im Dienste der Geheimpolizei gewisser Regierungen standen.

Montesquieu
Wenn ich Ihnen weiter zuhöre, Machiavelli, so tue ich es nur, um in dieser scheußlichen Debatte das letzte Wort zu haben.

Machiavelli
Regen Sie sich nicht auf, Herr von Montesquieu. In Ihrem *Geist der Gesetze* haben Sie mich einen großen Mann genannt.*

Montesquieu
Das lassen Sie mich jetzt schwer büßen. Ich werde damit bestraft, daß ich Ihnen zuhören muß. Gehen Sie möglichst schnell über diese vielen gräßlichen Einzelheiten hinweg.

Machiavelli
Im Inland muß ich das schwarze Kabinett wieder einrichten.**

Montesquieu
Richten Sie es nur wieder ein.

Machiavelli
Ihre besten Könige haben davon Gebrauch gemacht. Das Briefgeheimnis darf nicht dazu die-

* VI.Buch, 5.Kap.
** Das schwarze Kabinett *(cabinet noir)* war eine von Ludwig XIV. eingerichtete und geheimgehaltene Abteilung der Post, in der Briefe geöffnet und das Briefgeheimnis auf staatliche Anordnung verletzt wurde (Anmerkung des Übersetzers).

nen, Verschwörungen gegen die Regierung zu verheimlichen.

Montesquieu
Davor haben Sie Angst. Das kann ich verstehen.

Machiavelli
Sie irren sich. Denn es wird Verschwörungen unter meiner Herrschaft geben. Es muß sie geben.

Montesquieu
Was soll nun das wieder heißen?

Machiavelli
Vielleicht gibt es wirkliche Verschwörungen, das kann ich nicht wissen; aber sicher wird es Scheinverschwörungen geben. Das kann zu gewissen Zeiten ein vorzügliches Mittel sein, die Sympathie des Volkes für den Herrscher wieder zu beleben, wenn seine Popularität abnehmen sollte. Dadurch, daß man in der Öffentlichkeit Unruhe erweckt, bekommt man im Bedarfsfalle zur Unterdrückung der Unruhe die harten Mittel in die Hand, die man haben will, oder man hält die strengen Maßnahmen aufrecht, die schon vorhanden sind. Die nur zum Scheine angezettelten Verschwörungen, deren man sich selbstverständlich nur mit größter Vorsicht bedienen darf, haben noch einen anderen Vorzug: Sie machen es möglich, ein wirkliches Komplott aufzudecken, da sie den Anlaß zu Untersuchungen

geben, die es ermöglichen, daß man überallhin die Spuren derer verfolgt, auf die man einen Verdacht hat.

Nichts ist kostbarer als das Leben des Herrschers. Es muß von zahllosen Schutzmauern umgeben sein, das heißt von zahllosen Agenten. Aber zugleich muß diese geheime Schutztruppe so geschickt versteckt werden, daß, wenn sich der Herrscher in der Öffentlichkeit zeigt, nicht der Eindruck erweckt wird, als ob er Angst habe. Man hat mir erzählt, daß in Europa die Sicherheitsmaßnahmen in dieser Hinsicht so vervollkommnet sind, daß ein Fürst, der auf die Straße geht, so aussehen könnte wie ein einfacher Privatmann, der ohne Schutz in der Menschenmenge spazierengeht, obwohl er von zwei- oder dreitausend Beschützern umgeben ist.

Im übrigen meine ich, daß die Polizei alle Stände der Gesellschaft durchsetzen muß. Es darf keine Zusammenkunft, keine Sitzung, keine Gesellschaft, keinen Haushalt geben, in denen sich nicht ein Ohr findet, das auffängt, was an allen diesen Orten und zu jeder Stunde geredet wird. <u>Wer einmal an die Macht gekommen ist, der kennt die Erscheinung, daß die Menschen sich mit einer erstaunlichen Leichtfertigkeit gegenseitig denunzieren.</u> Und was noch erstaunlicher ist, das ist die Beobachtungsgabe und der Spürsinn, die sich bei den Leuten entwickeln, die zum Personal der politischen Polizei gehören. Sie machen sich keine Vorstellung von ihren Listen, ihren Verstellungskünsten, ihrer Instinktsicherheit, ja von der Leidenschaft, mit der sie ihre Nachforschungen anstellen, von ihrer Geduld, von ihrer Verschwiegenheit. Es gibt Menschen aus allen Gesellschaftsschichten, die das als ihren Beruf betreiben, und zwar — ich möchte sagen — mit einer gewissen Liebe zu ihrem Handwerk.

Montesquieu
Aha! Jetzt ziehen Sie den Vorhang weg!

Machiavelli
Jawohl! Denn es gibt in den Niederungen der Macht Geheimnisse, die uns entsetzen, wenn wir einen Einblick in sie bekommen. Ich erspare Ihnen die Schilderung von Dingen, die noch düsterer sind als die, von denen Sie bisher gehört haben. Durch das System, das ich organisiere, werde ich so vollständig über alles unterrichtet sein, daß ich selbst strafbare Handlungen dulden könnte, weil ich die Macht habe, sie jederzeit anzuhalten.

Montesquieu
Und warum wollen Sie so etwas dulden?

Machiavelli
Weil ein absoluter Monarch in den europäischen Staaten von seiner Macht keinen aufdringlichen Gebrauch machen soll; weil es in der Gesellschaft immer unterirdische Wühlereien gibt, über die man erst dann etwas vermag, wenn sie klar zutage treten;

weil man es sehr sorgfältig vermeiden muß, die öffentliche Meinung dadurch zu beunruhigen, daß man die Sicherheit der Regierung als bedroht hinstellt; weil die Parteien sich mit Murren und harmlosen Sticheleien begnügen, solange sie zur Ohnmacht verurteilt sind, und es eine Torheit wäre, sie so zu entwaffnen, daß sie in Wut geraten. Man wird es also ruhig mit anhören, wenn sie sich hier und da in Zeitungen oder in Büchern beklagen. Sie werden es versuchen, in einigen Vorträgen oder Reden Anspielungen auf die Regierung zu machen. Sie werden unter verschiedenen Vorwänden einige kleine Beweise ihrer Existenz geben. Alle diese Versuche werden sehr schüchtern sein, das kann ich Ihnen versichern, und wenn die Öffentlichkeit davon hört, wird man nur darüber lachen. Man wird mich für stark genug halten, das zu ertragen. Ich werde nur für zu gutmütig gehalten werden. Deshalb werde ich das alles dulden, und selbstverständlich nur das, was mir nicht gefährlich zu sein scheint. Ich möchte nicht, daß man auch nur sagen könnte, meine Regierung sei argwöhnisch.

Montesquieu
Was Sie da sagen, erinnert mich daran, daß Sie unter Ihren Verordnungen eine Lücke gelassen haben, und zwar eine recht ernst zu nehmende.

Machiavelli
Und die wäre?

Montesquieu
Sie haben die persönliche Freiheit unangetastet gelassen.

Machiavelli
Ich werde sie nicht antasten.

Montesquieu
Glauben Sie das zu können? Wenn Sie sich auch die Möglichkeit vorbehalten haben, etwas zu dulden, so haben Sie sich doch prinzipiell das Recht vorbehalten, alles zu unterbinden, was Ihnen gefährlich zu sein scheint. Wenn es nun das Staatsinteresse oder irgendeine dringende Vorsichtsmaßnahme verlangt, daß in Ihrem Reiche ein Mann sofort verhaftet wird, wie wird man das machen können, wenn es in Ihrer Gesetzgebung so etwas wie eine Habeaskorpusakte gibt, wenn der Verhaftung einer Person gewisse Formalitäten vorausgehen, wenn hierzu gewisse Garantien gegeben sein müssen? Während man das Verfahren einleitet, vergeht Zeit.

Machiavelli
Gestatten Sie mir zu bemerken: Wenn ich die Freiheit der Person respektiere, so verzichte ich damit nicht auf einige nützliche Abänderungen der Organisation des Gerichtswesens.

Montesquieu
Das dachte ich mir schon.

Machiavelli
Triumphieren Sie nicht zu früh. Es handelt sich um eine ganz einfache Sache. Wer hat denn so im allgemeinen in Ihren parlamentarisch regierten Staaten über die Freiheit der Person zu bestimmen?

Montesquieu
Das macht ein Gerichtshof, der aus Richtern besteht, deren Zahl und deren Unabhängigkeit für die Delinquenten eine Bürgschaft bedeuten.

Machiavelli
Das ist gewiß eine recht mangelhafte Organisation. Denn wie könnte bei der Langsamkeit, mit der ein solcher Gerichtshof seine Entschlüsse faßt, die Justiz die zur Verhaftung von Verbrechern nötige Schnelligkeit haben?

Montesquieu
Welcher Verbrecher?

Machiavelli
Ich meine Leute, die einen Mord, einen Diebstahl, ein Verbrechen und eine nach dem Strafrecht zu verurteilende Tat begehen. Man muß einer solchen Gerichtsbehörde die Einheitlichkeit im Handeln geben, die sie haben muß. Ich ersetze Ihren Gerichtshof durch einen einzigen Richter, der den Auftrag hat, die Verhaftung von Verbrechern zu veranlassen.

Montesquieu
Aber es handelt sich ja hier gar nicht um Verbrecher. Mit dieser Einrichtung bedrohen Sie die Freiheit aller Bürger. Lassen Sie wenigstens eine Erklärung über den Grund der Anklage angeben, die zur Verhaftung führt?

Machiavelli
Gerade das will ich nicht. Wer etwas gegen die Regierung unternimmt, ist ebenso und noch viel mehr schuldig, als wer ein Verbrechen oder ein gewöhnliches Delikt begeht. Mancher Fehltritt ist milder zu beurteilen, wenn man die Leiden oder das Elend berücksichtigt, die ihn verursachten. Aber was zwingt die Menschen dazu, sich mit der Politik zu befassen? Deshalb wünsche ich, daß man keinen Unterschied zwischen kriminellen und politischen Vergehen macht. Wo haben die modernen Regierungen ihren Verstand gelassen, wenn sie ihren Verleumdern auch noch so etwas wie Kanzeln errichten, von denen herab sie ihre verbrecherischen Reden halten können? In meinem Reiche wird in den Gefängnissen der frech gewordene Journalist mit dem gewöhnlichen Dieb zusammengesperrt und wird ihm dadurch gleichgestellt, daß beide zu Zuchthaus verurteilt werden. Wer gegen die Regierung agitiert, wird vor der Strafkammer auf derselben Anklagebank sitzen wie der Falschmünzer und der Mörder. Das ist eine ausgezeichnete und beachtliche Änderung in der Gesetzgebung; denn die öffentliche

Meinung wird, wenn man sieht, daß der politisch Verdächtige wie ein gemeiner Verbrecher behandelt wird, schließlich beide mit derselben Verachtung bedenken.

Montesquieu
Sie ruinieren das Rechtsbewußtsein bis auf den Grund. Aber darum kümmern Sie sich nicht. Was mich wundert, ist nur, daß Sie ein Schwurgericht beibehalten.

Machiavelli
In Staaten mit zentralisierter Regierungsgewalt, wie es der meine ist, werden die Geschworenen durch Staatsbeamte ernannt. Bei einem einfachen politischen Vergehen wird mein Justizminister im Notfalle den Gerichtshof immer aus Richtern zusammensetzen können, die eigens dazu ernannt sind, um über diesen bestimmten Fall zu entscheiden.

Montesquieu
Ihre Gesetzgebung ist wirklich tadellos. Wir können nun zu etwas anderem übergehen.

DRITTER TEIL

ACHTZEHNTES GESPRÄCH

Montesquieu
Bisher haben Sie sich nur mit den Formen, die Ihre Regierung annehmen wird, und mit den strengen Gesetzen befaßt, die nötig sind, um sie aufrechtzuerhalten. Das ist viel, aber es ist doch wieder so gut wie nichts. Sie müssen noch das schwierigste aller Probleme lösen, das es für einen Herrscher gibt, der in einem europäischen Staate, der sich auf das Repräsentativsystem gründet, die absolute Macht erzwingen will.

Machiavelli
Und was für ein Problem ist das?

Montesquieu
Es ist das der Finanzen.

Machiavelli
Diese Frage liegt nicht außerhalb meiner Erwägungen; denn ich habe Ihnen doch wohl schon gesagt, daß schließlich alles auf ein Rechenexempel hinausläuft.

Montesquieu
Sehr gut! Aber hier ist es das Wesen der Sache selbst, das Ihnen Widerstand leisten wird.

Machiavelli
Ich muß zugeben, daß mich das beunruhigt; denn ich stamme aus einem Jahrhundert, das auf dem Gebiete der Staatswirtschaft noch ganz ungebildet war, und ich verstehe recht wenig von solchen Sachen.

Montesquieu
Was Sie beunruhigt, das beruhigt mich. Sie gestatten mir doch, an Sie eine Frage zu richten. Ich erinnere mich, im *Geist der Gesetze** geschrieben zu haben, daß der absolute Herrscher durch das Prinzip, auf das sich seine Regierung gründet, dazu gezwungen wird, seinen Untertanen nur mäßige Lasten aufzuerlegen. Werden Sie Ihren Untertanen wenigstens diese Entschädigung zukommen lassen?

Machiavelli
Darauf lasse ich mich nicht ein, und ich kenne auch wirklich nichts, was man so bestreiten könnte wie die Behauptung, die Sie da aufgestellt haben. Wie sollen der ganze Apparat einer Monarchie, der Glanz und die Repräsentationspflichten eines großen Hofes bestehen können, ohne daß man einem Volke schwere Opfer auferlegt? Ihre Behauptung kann richtig sein in der Türkei, in Persien oder sonstwo bei kleinen

* XIII. Buch, 80. Kap.

Völkern ohne Industrie, die auch gar nicht die Mittel dazu hätten, eine solche Steuer zu bezahlen. Aber bei den europäischen Völkern, wo die Arbeit die Quelle des Reichtums ist und sich unter so vielen Formen versteuern läßt, wo der Luxus von der Regierung ausgenutzt wird, wo die Unterhaltung und die Kosten aller öffentlichen Ämter in den Händen des Staates zentralisiert sind, wo alle hohen Beamten, alle Würdenträger mit großen Geldmitteln ausgestattet werden, wie können Sie da verlangen, so frage ich noch einmal, daß man sich auf mäßige Abgaben, wie Sie das nennen, beschränkt, wenn man hierüber die unbeschränkte Macht hat?

Montesquieu
Das ist ganz richtig, und ich halte meine Behauptung nicht aufrecht, deren wahrer Sinn Ihnen übrigens entgangen ist. Also, Ihre Regierung wird sehr viel kosten. Sie wird jedenfalls mehr kosten als eine Regierung, die aus Abgeordneten des Volkes besteht.

Machiavelli
Das ist möglich.

Montesquieu
Gewiß, und gerade hier fängt die Schwierigkeit an. Ich weiß, wie die repräsentativen Regierungen für ihre finanziellen Bedürfnisse sorgen, aber ich habe keinerlei Vorstellung von den Existenzmitteln einer absoluten Macht innerhalb der modernen Gesell-

schaft. Wenn ich mich in der Vergangenheit umsehe, so sehe ich ganz klar, daß eine solche Macht nur unter folgenden Bedingungen existieren kann: Zunächst muß der absolute Monarch ein Heerführer sein. Das geben Sie doch sicher zu.

Machiavelli

Jawohl.

Montesquieu

Und dann muß er ein Eroberer sein. Denn der Krieg muß ihm die Hauptquellen erschließen, die er braucht, um seinen Prunk und seine Armeen zu unterhalten. Wenn er das durch Steuern zu erreichen versuchte, würde er seine Untertanen erdrücken. Sie sehen hieraus, daß der absolute Monarch nicht deshalb mit der Auferlegung von Abgaben sparsam umgehen muß, weil er weniger ausgibt, sondern weil seine Existenz von einer anderen Gesetzlichkeit abhängt. Nun bringt aber heute der Krieg denen, die ihn führen, keinen Nutzen mehr. Er ruiniert die Sieger ebenso wie die Besiegten. Damit entgeht Ihnen eine Einnahmequelle. Bleiben also die Steuern. Aber der absolute Herrscher muß hier selbstverständlich auf die Zustimmung seiner Untertanen verzichten können. In den despotisch regierten Staaten gibt es eine als Gesetz anerkannte Fiktion, die es erlaubt, beliebig hohe Steuern aufzuerlegen. Der Herrscher gilt rechtlich als Besitzer aller Güter seiner Untertanen. Wenn er ihnen etwas wegnimmt, so nimmt er sich nur das wieder, was ihm gehört. So gibt es hier keinen Widerstand.

Schließlich muß der Fürst ohne Diskussion und ohne Kontrolle über die Geldmittel verfügen können, die ihm durch die Steuer verschafft werden. Das sind auf diesem Gebiete die Abwege, auf die der Absolutismus unvermeidlich führt. Sie geben mir zu, daß man sehr viel zu tun hätte, um zu diesen Zuständen zurückzukehren. Wenn sich die modernen Völker beim Verluste ihrer Freiheit so indifferent verhalten, wie Sie es darstellen, so werden sie sich doch nicht ebenso verhalten, wenn es sich um ihr Geld handelt. Ihre Geldinteressen sind an ein sparsames Regime gebunden, das den Despotismus ausschließt. Wenn auf dem Gebiete der Finanzen keine Willkür herrschen darf, so kann sie es auch nicht auf dem Gebiete der Politik. Ihre ganze Regierung wird an der Frage des Budgets scheitern.

Machiavelli
Das bringt mich ebensowenig aus der Ruhe wie alles, was Sie sonst gesagt haben.

Montesquieu
Das wollen wir sehen. Kommen wir zur Sache. Das Grundrecht der modernen Staaten ist die Abstimmung über die Steuern durch die Abgeordneten des Volkes. Werden Sie die Abstimmung über die Steuern beibehalten?

Machiavelli
Warum nicht?

Montesquieu
Sehen Sie sich vor! Dieses Prinzip bedeutet die ausdrücklichste Anerkennung der Souveränität des Volkes. Denn wer dem Volke das Recht gibt, über die Steuern abzustimmen, gibt ihm auch das Recht, sie abzulehnen, die Mittel für die Unternehmungen des Herrschers auf ein Nichts zu reduzieren und schließlich im Notfalle die Steuern überhaupt aufzuheben.

Machiavelli
Sie gehen rücksichtslos vor. Fahren Sie nur fort.

Montesquieu
Die Abgeordneten, die über die Steuern abstimmen, sind selbst Steuerpflichtige. Ihre Interessen sind hier aufs engste mit denen des Volkes verbunden, und zwar in einem Punkte, in dem das Volk sicher die Augen offen hält. Sie werden seine Vertreter da, wo es sich um die Gewährung der gesetzlichen Kredite handelt, so wenig willfährig finden, wie sie bei der Verhandlung über die Freiheiten gefügig waren.

Machiavelli
Hier ist die schwache Stelle Ihrer Beweisführung. Ich bitte Sie, zwei Erwägungen zur Kenntnis zu nehmen, an die Sie nicht gedacht haben. Erstens: Die Volksvertreter werden besoldet. Ob sie nun steuerpflichtig

sind oder nicht, sie sind persönlich an der Abstimmung über die Steuern nicht interessiert.

Montesquieu
Ich gebe zu, daß diese Maßnahme praktisch ist, und halte sie für recht klug.

Machiavelli
Sie sehen, wie unangebracht es ist, die Verhältnisse allzu schematisch zu betrachten. Die kleinste geschickt angebrachte Veränderung läßt alles in einem anderen Lichte erscheinen. Vielleicht hätten Sie recht, wenn ich meine Macht auf die Aristokratie oder auf das Bürgertum stützte, die mir gegebenenfalls ihre Mitwirkung verweigern könnten. Aber — und das ist der zweite Umstand, den Sie vergessen haben — meine Herrschaft stützt sich auf das Proletariat, auf die Masse der Besitzlosen. Die Lasten des Staates bedrücken diese Masse fast gar nicht, und ich werde es sogar so einrichten, daß sie von ihnen überhaupt nichts merkt. Um die Gesetze über die Staatsfinanzen werden sich die Arbeiter nur wenig kümmern; sie werden von ihnen ja nicht betroffen.

Montesquieu
Wenn ich Sie recht verstanden habe, ist folgendes ganz klar: Sie lassen die bezahlen, die etwas besitzen, weil das der souveräne Wille derer ist, die nichts besitzen. Das ist der Tribut, den die große Masse und die Armen von den Reichen fordern.

Machiavelli
Und ist das nicht ganz gerecht?

Montesquieu
Es ist nicht einmal wahr. Denn in der gegenwärtigen Gesellschaft gibt es, vom ökonomischen Standpunkte aus gesehen, weder Reiche noch Arme. Der Arbeiter von gestern ist der Bürger von morgen kraft des Gesetzes, nach dem alle Arbeit sich lohnt. Wenn Sie das vom Grundbesitz oder von der Industrie lebende Bürgertum angreifen, wissen Sie, was Sie damit tun?

Sie erschweren in Wirklichkeit die Emanzipation des Arbeiters durch seine eigene Arbeit, Sie halten eine Unmenge von Arbeitern in den Fesseln des Proletariats fest. Es ist ein Irrtum, wenn man glaubt, der Proletarier könne aus Eingriffen in die Produktion Nutzen ziehen. Wenn man die Besitzenden durch die Steuergesetzgebung verarmen läßt, schafft man nur ungesunde Verhältnisse, und, wenn es soweit ist, werden auch die noch ärmer, die nicht zu den Besitzenden gehörten.

Machiavelli
Das sind schöne Theorien, aber ich bin sehr wohl imstande, Ihnen ebenso schöne entgegenzusetzen, wenn Sie es wünschen.

Montesquieu
Nein; denn Sie haben ja noch nicht einmal das Problem gelöst, das ich Ihnen gestellt habe. Verschaffen

Sie erst einmal die nötigen Mittel, mit denen Sie die Kosten einer absoluten Herrschaft bestreiten können. Das wird nicht so leicht sein, wie Sie sich das denken, selbst dann nicht, wenn Sie eine gesetzgebende Kammer mit einer gesicherten Mehrheit haben, und auch dann nicht, wenn Sie die Allmacht eines Beauftragten des ganzen Volkes besitzen, mit der Sie sich ausgestattet haben. Sagen Sie mir doch, wie Sie den Finanzapparat moderner Staaten den Bedürfnissen einer absoluten Herrschaft anpassen können. Ich sage Ihnen noch einmal: Das Wesen der Sache selbst steht Ihnen hier entgegen. Die kultivierten Völker Europas haben die Verwaltung ihrer Finanzen mit Schutzmaßnahmen umgeben, die so eng, so vom Mißtrauen diktiert, so vielfältig sind, daß sie keine Möglichkeit zu einem willkürlichen Gebrauch der öffentlichen Mittel geben.

Machiavelli
Was ist denn das für ein wunderbares System?

Montesquieu
Ich kann es Ihnen mit wenigen Worten beschreiben.
Die Vollkommenheit des modernen Finanzsystems ruht auf zwei Grundlagen: Die Finanzen werden ständig kontrolliert, und es wird über sie Rechenschaft in der Öffentlichkeit abgelegt. Hierin besteht im wesentlichen auch die Garantie für die Steuerpflichtigen. Ein Herrscher darf das nicht antasten. Er würde, wenn er es täte, dadurch seinen Unter-

tanen sagen: Ihr habt einen geordneten Staatshaushalt, ich aber will die Unordnung, ich will, daß die Verwaltung der öffentlichen Gelder im Dunkeln bleibt, ich brauche das, weil ich eine Menge Ausgaben habe, die ich ohne eure Genehmigung machen will, Fehlbeträge, die ich nicht in Erscheinung treten lassen möchte, Einnahmen, für die ich die Möglichkeit haben muß, sie je nach den Umständen verschwinden zu lassen oder sie besonders hervorzuheben.

Machiavelli
Sie machen das ganz gut so.

Montesquieu
In freien und betriebsamen Völkern kennt jeder das Finanzwesen, weil das zu seinen Lebensnotwendigkeiten gehört, weil er dafür Interesse hat und weil er es als Staatsbürger kennen muß. Ihre Regierung würde auf diesem Gebiete niemanden täuschen können.

Machiavelli
Wer sagt Ihnen, daß jemand getäuscht werden soll?

Montesquieu
Die ganze Tätigkeit der Finanzverwaltung, so ausgedehnt und kompliziert sie auch im einzelnen sein mag, läuft letzten Endes auf zwei recht einfache Operationen hinaus: das Einnehmen und das Ausgeben.

Auf diese beiden Arten von Finanzoperationen beziehen sich die vielen Gesetze und die speziellen Verordnungen, die wieder etwas sehr Einfaches bezwecken: Sie müssen bewirken, daß der Steuerpflichtige nur die nötigen und regelrecht erhobenen Steuern bezahlt, und sie müssen so abgefaßt sein, daß die Regierung die öffentlichen Gelder nur für Ausgaben verwenden kann, die vom Volke bewilligt wurden.

Ich lasse alles beiseite, was die Veranlagung und die Art und Weise der Steuererhebung betrifft, die praktischen Mittel, sich darüber zu vergewissern, daß die Einnahmen auch vollständig angegeben werden, alles, was die Ordnung und die genaue Abrechnung bei der Verwendung der öffentlichen Gelder angeht; das sind Einzelheiten der Rechnungsführung, über die ich Ihnen nichts zu sagen brauche. Ich will Ihnen nur zeigen, wie die Rechenschaftsablegung vor der Öffentlichkeit und die Kontrolle der Finanzen in den am besten organisierten Finanzsystemen Europas zusammenwirken.

Eine der wichtigsten der zu lösenden Aufgaben war es, die Bestandteile, aus denen sich die Einnahmen und die Ausgaben zusammensetzen und die als Unterlage für die Verwendung des Volksvermögens in den Händen der Regierung dienen, jeder Verdunkelung völlig zu entreißen und sie allen Augen sichtbar zu machen. Das wurde erreicht durch die Schöpfung der Einrichtung, die man in moderner Redeweise das Staatsbudget oder den Staatshaushalt nennt. Er ist der Überschlag oder die Abschätzung der Einnahmen und Ausgaben, die nicht für eine große Zeitspanne vorausberechnet werden, sondern jedes Jahr für das kommende Jahr. Das Jahresbudget ist die Hauptsache. Es ist das, was die ganze Finanzlage überhaupt erst hervorbringt, die sich bessert oder verschlechtert je nach den Ergebnissen, die im Budget festgestellt sind. Die Teile, aus denen es sich zusammensetzt, werden von den verschiedenen Ministern bearbeitet, in deren Ministerien Planungsstellen eingerichtet sind. Als Grundlage für ihre Arbeit nehmen sie die Bewilligungen für die Haushaltspläne der vorausgegangenen Jahre, an denen sie Abänderungen, nötig gewordene Zusätze und Streichungen vornehmen. Das Ganze wird dem Finanzminister zugestellt, der die ihm übergebenen Akten sammelt und der gesetzgebenden Versammlung den sogenannten Haushaltsplan vorlegt. Diese große Arbeit, die veröffentlicht, gedruckt und in tausend Zeitungen abgedruckt wird, enthüllt vor allen Augen die innere und die äußere Politik des Staates, die Verwaltung der Zivilbehörden, des Gerichts und des Militärs. Sie wird nachgeprüft, diskutiert und durch die Abstimmung der Volksvertretung genehmigt. Dadurch ist sie auf dieselbe Weise wie alle Gesetze des Staates rechtskräftig geworden.

Machiavelli
Erlauben Sie mir, meiner Bewunderung Ausdruck zu geben für die Klarheit der Darstellung und die scharfe Fassung dieser ganz modernen Begriffe. Der

berühmte Verfasser des *Geistes der Gesetze* hat es hier verstanden, sich auf dem Gebiete der Finanzen von den ein wenig vagen Theorien und manchmal etwas unklaren Begriffsbestimmungen des großen Werkes frei zu machen, durch das sein Name unsterblich wurde.

Montesquieu
Der *Geist der Gesetze* ist kein finanzwissenschaftliches Werk.

Machiavelli
Die Nüchternheit, mit der Sie hierüber reden, verdient um so mehr Anerkennung, als Sie darin durchaus als Sachverständiger hätten handeln können. Fahren Sie also, bitte, fort, ich folge Ihnen mit dem größten Interesse.

NEUNZEHNTES GESPRÄCH

Montesquieu
Die Einführung des Budgetsystems hat, so kann man wohl sagen, alle die anderen Sicherungen auf dem Gebiete der Finanzen nach sich gezogen, die heute zu einem wohlgeordneten Staatswesen gehören.

So besteht die erste Vorschrift, die sich notwendigerweise aus der Budgetwirtschaft ergibt, darin, daß der geforderte Kredit zu den vorhandenen Einnahmequellen im rechten Verhältnis steht. Es handelt sich um eine Bilanz, die sich dem Auge in reell und authentisch belegten Ziffern übersichtlich darstellen muß, und um dieses wichtige Ergebnis noch übersichtlicher zu gestalten, damit kein Mitglied der gesetzgebenden Versammlung, das über die gemachten Vorschläge abstimmt, sich zu einer Unbesonnenheit hinreißen läßt, ist man auf ein sehr kluges Verfahren gekommen. Man hat das Hauptbudget des Staates in zwei voneinander zu unterscheidende geteilt: das Budget der Ausgaben und das der Einnahmen, über die getrennt abgestimmt werden muß und von denen jedes durch ein besonderes Gesetz rechtskräftig wird.

Auf diese Weise wird jedes Mitglied der gesetzgebenden Kammer gezwungen, seine Aufmerksamkeit nacheinander erst auf die aktiven, dann auf die passiven Posten zu konzentrieren, und seine Entschlüsse sind nicht von vornherein durch die Hauptbilanz der Einnahmen und Ausgaben bestimmt.

Jedes Mitglied vergleicht gewissenhaft diese beiden Bestandteile, und aus ihrem Vergleich, aus ihrer genauen Übereinstimmung entsteht schließlich die Hauptabstimmung über das ganze Budget.

Machiavelli
Das ist alles ganz schön und gut. Aber können denn die Ausgaben auf einen Betrag beschränkt werden, der von der gesetzgebenden Versammlung bei der

Abstimmung nicht überschritten werden darf? Ist das möglich? Kann eine Kammer, ohne die Ausübung der Exekutivgewalt lahmzulegen, es einem Herrscher verbieten, durch Dringlichkeitsmaßnahmen für unvorhergesehene Ausgaben vorzusorgen?

Montesquieu
Ich sehe wohl, daß Ihnen das peinlich ist, aber ich kann es leider nicht ändern.

Machiavelli
Ist nicht auch in den Staaten mit konstitutioneller Monarchie dem Herrscher formell die Möglichkeit gegeben, durch Verordnungen zusätzliche oder außerordentliche Kredite in der Zeit zu eröffnen, in der die gesetzgebenden Versammlungen nicht tagen?

Montesquieu
Das stimmt. Er darf es aber nur unter der Bedingung, daß diese Verordnungen durch beide Kammern in Gesetze umgewandelt werden. Er braucht dazu ihre Zustimmung.

Machiavelli
Wenn die Zustimmung gegeben wird, nachdem die Ausgabe einmal gemacht ist und um das zu ratifizieren, was schon geschehen ist, so würde ich das gar nicht schlecht finden.

Montesquieu
Das kann ich mir denken! Aber leider ist man hierbei nicht stehengeblieben. Die weiter fortgeschrittene moderne Finanzgesetzgebung untersagt es, von dem normalen Vorschlag des Budgets abzuweichen, es sei denn auf Grund von Gesetzen, die zusätzliche und außerordentliche Kredite eröffnen. Die Ausgaben dürfen nicht erhöht werden ohne die Mitwirkung der gesetzgebenden Gewalt.

Machiavelli
Aber dann kann man doch überhaupt nicht mehr regieren.

Montesquieu
Das scheint so. In den modernen Staaten ist man zu der Einsicht gekommen, daß die Abstimmung der gesetzgebenden Kammer über das Budget bei zu großer Inanspruchnahme zusätzlicher und außerordentlicher Kredite schließlich illusorisch werden würde, daß einmal auch die Ausgaben beschränkt werden müssen, wenn die Einnahmen von Natur beschränkt sind, daß die politischen Ereignisse nicht fortwährend die Finanzverhältnisse verändern dürfen und daß die Sitzungspausen nicht allzu lang sein sollen, damit es nicht immer wieder möglich wird, sie für eine nachträgliche Abstimmung für ein Sonderbudget auszunutzen.

Man ist noch weiter gegangen. Man wollte, daß die Geldmittel, die man einmal für diesen oder jenen

Zweck bestimmt hatte, wieder in die Staatskasse zurückfließen, wenn sie nicht verbraucht wurden. Man meinte, die Regierung dürfe nicht, auch wenn sie in den Grenzen der bewilligten Mittel bliebe, die Gelder einer Dienststelle für eine andere verwenden, hier ein Defizit decken und dort eins entstehen lassen durch Übertragung der Mittel des Etats von einem Ministerium auf ein anderes auf dem Verordnungswege; denn das hieße, ihre gesetzliche Bestimmung zu umgehen und durch ein geschicktes Manöver zur Willkürherrschaft zurückzukehren.

Man hat sich zu diesem Zwecke die sogenannte Spezialisierung der Kredite nach Titeln ausgedacht. Das heißt: Es wird über bestimmte Titel der Ausgaben abgestimmt, unter die nur gleichgeordnete Dienststellen fallen, die in allen Ministerien von der gleichen Beschaffenheit sind. So enthält zum Beispiel der Titel A in allen Ministerien die Ausgabe A, der Titel B die Ausgabe B und so fort. Diese Einrichtung führt zu dem Ergebnis, daß die nicht verbrauchten Kredite in der Buchführung der einzelnen Ministerien gestrichen und als Einnahmen in das Budget des folgenden Jahres vorgetragen werden müssen. Ich brauche Ihnen nicht zu sagen, daß die Verantwortlichkeit der Minister alle diese Maßnahmen sanktioniert. Diese Sicherungen der Finanzen werden gekrönt durch die Einrichtung einer Rechnungskammer, die in ihrer Art so etwas wie ein oberster Gerichtshof ist, damit beauftragt, ständig die juristischen Geschäfte und die Kontrolle über die Rechnungen, die Verwaltung und die Verwendung der öffentlichen Gelder auszuüben, und zu deren Aufgabe es auch gehört, die Zweige der Verwaltung zu bezeichnen, die in Hinsicht auf Ausgaben und Einnahmen besser eingerichtet werden können. Diese Ausführungen mögen genügen. Finden Sie nicht, daß eine absolute Herrschaft durch eine derartige Organisation recht behindert sein würde?

Machiavelli
Ich muß Ihnen gestehen, daß ich noch recht niedergeschmettert bin durch diesen Exkurs auf das Gebiet der Finanzen. Sie haben mich da an meiner schwachen Stelle gefaßt. Ich habe Ihnen schon gesagt, daß ich von diesen Dingen nur sehr wenig verstehe, aber ich würde — und das werden Sie mir wohl glauben — Minister haben, die es verstehen, das alles zu beschränken und auf die Gefahr der meisten dieser Maßnahmen aufmerksam zu machen.

Montesquieu
Könnten Sie nicht auch selbst etwas dabei tun?

Machiavelli
Gewiß. Meine Minister sollen nur für schöne Theorien sorgen, das wird ihre Hauptbeschäftigung sein. Was mich betrifft, so werde ich über die Finanzen als Politiker und weniger als Wirtschafter sprechen. Sie sind nur allzu geneigt zu übersehen, daß das Geldwesen von allen Gebieten der Politik gerade das ist,

auf das sich die in meinem Buche über den Fürsten entwickelten Prinzipien am leichtesten anwenden lassen. Die Staaten, die solche methodisch angelegten Haushaltspläne haben und so gut geregelte offizielle Rechnungsführungen, machen mir den Eindruck von Kaufleuten, die eine ausgezeichnet geführte Buchhaltung haben und sich dabei schließlich in allen Ehren ruinieren. Haben nicht die parlamentarisch regierten Staaten die größten Budgets? Was gibt es Kostspieligeres als die demokratische Republik der Vereinigten Staaten, als die königliche Republik Englands? Die ungeheuren Geldquellen dieser Macht werden allerdings in den Dienst der geschicktesten und klügsten Politik gestellt.

Montesquieu
Sie bleiben nicht bei der Sache. Worauf wollen Sie hinaus?

Machiavelli
Darauf, daß die Regeln, nach denen die Finanzen der Staaten zu verwalten sind, in gar keiner Beziehung zu den Prinzipien stehen, die für die Privatwirtschaft gelten, die das Vorbild für Ihre Ideen geliefert zu haben scheint.

Montesquieu
Aha! Das ist dieselbe Unterscheidung wie die der politischen von der im Privatleben geltenden Moral.

Machiavelli
Gewiß. Hat man das nicht ganz allgemein anerkannt und in der Praxis erprobt? Lagen die Dinge nicht auch so zu Ihrer Zeit, die in dieser Hinsicht recht wenig fortschrittlich war, und haben Sie nicht selbst gesagt, daß sich die Staaten auf dem Gebiete der Finanzen Ausschweifungen erlauben, über die der ungeratenste Sohn einer bürgerlichen Familie erröten würde?

Montesquieu
Das ist richtig. Ich habe das gesagt. Aber wenn Sie hieraus einen Schluß ziehen wollen, der Ihre Behauptung bestätigt, so ist das für mich eine rechte Überraschung.

Machiavelli
Sie wollen sicherlich sagen, daß man sich nicht nach dem richten solle, was geschieht, sondern nach dem, was geschehen sollte.

Montesquieu
Ganz richtig.

Machiavelli
Ich antworte hierauf: Man muß das Mögliche wollen. Und was allgemein geschieht, das kann man nicht ändern.

Montesquieu
Ich gebe Ihnen zu, daß das der Standpunkt des reinen Praktikers ist.

Machiavelli
Und ich bin nun einmal der Überzeugung, daß, wenn wir die Bilanz ziehen, wie Sie das nennen, meine Regierung bei all ihrem Absolutismus nicht soviel Kosten machen wird wie die Ihre. Aber wir wollen hierüber nicht streiten. Das interessiert hier auch nicht. Sie täuschen sich aber wirklich sehr, wenn Sie meinen, daß mich diese in sich vollkommenen Finanzsysteme, die Sie mir soeben geschildert haben, beunruhigen. Ich erfreue mich ebenso wie Sie an der Regelmäßigkeit der Steuererhebungen, an der Vollständigkeit, mit der die Einnahmen hereinkommen, ich freue mich über die Genauigkeit der Abrechnungen, ich freue mich darüber ganz aufrichtig. Glauben Sie denn, daß ein absoluter Herrscher nur darauf aus ist, sich an den Staatskassen zu vergreifen, die Groschen des Volkes für sich selbst zu verbrauchen? Dieser ganze Aufwand von Vorsichtsmaßnahmen ist einfach kindisch. Ist denn dazu überhaupt ein Grund vorhanden? Ich kann nur noch einmal sagen, daß es um so besser ist, wenn die Gelder sich ansammeln, wenn sie mit der wunderbaren Präzision, die Sie mir geschildert haben, in Bewegung gesetzt werden und zirkulieren. Ich rechne gerade damit, daß diese ganze herrliche Buchführung, diese ganze schöne

Organisation des Finanzwesens zur Erhöhung des Glanzes meiner Herrschaft beiträgt.

Montesquieu

Sie sind ein Komödiant. Was mich an Ihren Ansichten über die Finanzen überrascht, ist nur der formale Widerspruch, in dem diese Ansichten zu dem stehen, was Sie hierüber in dem Buche über den Fürsten sagen, wo Sie in vollem Ernst nicht nur zur Sparsamkeit, sondern sogar zum Geiz raten.*

Machiavelli

Sie haben kein Recht, sich darüber zu wundern; denn in dieser Hinsicht haben sich die Zeiten geändert, und einer meiner wichtigsten Grundsätze ist es, mich der Zeit anzupassen. Aber kommen wir doch wieder zur Sache und nehmen wir uns, bitte, besonders das vor, was Sie über die Rechnungskammer gesagt haben. Gehört diese Einrichtung zum Gerichtswesen?

Montesquieu

Nein.

Machiavelli

Sie ist also nur eine Körperschaft der Verwaltung. Ich nehme an, sie funktioniere völlig tadellos. Aber was haben Sie denn für einen Vorteil davon, daß sie alle Ihre Rechnungen als richtig bestätigt hat? Kann sie verhindern, daß über Kredite abgestimmt wird, daß Ausgaben gemacht werden? Ihre Prüfungs-

* *Der Fürst,* Kap. 16.

ergebnisse geben von der Lage der Finanzen kein anderes Bild als die Budgets. Das ist eine Registraturbehörde, die nichts zu sagen hat, eine harmlose Einrichtung. Reden wir weiter nicht darüber. Ich behalte sie ruhig bei, so, wie sie ist.

Montesquieu
Sie behalten sie bei, sagen Sie! Sie gedenken also die anderen Teile, aus denen die Organisation der Finanzen besteht, abzuschaffen?

Machiavelli
Darüber waren Sie sich doch wohl im klaren, denke ich. Nach einer Staatsumwälzung ist eine Umwälzung der Finanzen unvermeidlich. Kann ich meine Allmacht hierzu nicht ebenso brauchen wie für alles andere? Wo ist die Zauberkraft, die Ihre Geldwirtschaft schützen könnte? Ich bin wie der Riese im Märchen, den Zwerge mit Ketten gefesselt hatten, während er schlief. Als er aufwachte, zerbrach er sie, ohne daß er es selbst merkte. Am Tage nach meiner Machtergreifung wird gar keine Rede mehr davon sein, daß über ein Budget abgestimmt wird. Ich werde das Budget durch eine Notverordnung dekretieren; ich werde diktatorisch die nötigen Kredite eröffnen, und ich werde sie durch meinen Staatsrat genehmigen lassen.

Montesquieu
Und so werden Sie das fortsetzen?

Machiavelli
Nein. Mit Beginn des folgenden Jahres werde ich zum legalen Zustand zurückkehren; denn ich gedenke nichts direkt zu zerstören, wie ich Ihnen schon öfters sagte. Man hat vor mir Gesetze gegeben, ich gebe auch welche. Sie sprachen mir davon, daß die Abstimmung über das Budget als eine Abstimmung über zwei Gesetzesvorlagen erfolgt. Ich halte das für ein schlechtes Verfahren. Man erhält ein besseres Bild von der Lage der Finanzen, wenn über das Budget der Einnahmen und das der Ausgaben zugleich abgestimmt wird. Meine Regierung ist eine Regierung der Arbeit. Die für die öffentlichen Verhandlungen zur Verfügung stehende Zeit darf nicht mit unnützen Diskussionen vergeudet werden. Künftig werden das Budget der Einnahmen und das der Ausgaben in eine einzige Gesetzesvorlage zusammengefaßt werden.

Montesquieu
Gut. Und was wird aus dem Gesetz, das verbietet, ohne die vorhergegangene Abstimmung der Kammer zusätzliche Kredite aufzunehmen?

Machiavelli
Das hebe ich auf. Die Gründe, die ich dazu habe, werden Sie wohl verstehen.

Montesquieu
Gewiß.

Machiavelli
Es ist ein Gesetz, das für keine Regierung annehmbar sein dürfte.

Montesquieu
Und die Spezialisierung der Kredite, die Abstimmung nach Titeln?

Machiavelli
Die kann man unmöglich beibehalten. Man wird über das Budget der Ausgaben nicht mehr nach Titeln, sondern nach Ministerien abstimmen.

Montesquieu
Das scheint mir recht schwierig zu sein; denn bei der Abstimmung nach Ministerien kann nur ein Totalbetrag geprüft werden. Das hieße, sich bei der Durchsiebung der Staatsausgaben eines Fasses ohne Boden statt eines Siebes zu bedienen.

Machiavelli
Das ist nicht ganz richtig. Denn jeder Kredit, der im ganzen gewährt wird, hat verschiedene Bestandteile, verschiedene Titel, wie Sie sagen. Man wird sie prüfen, wenn man das will. Aber man wird nach Ministerien abstimmen und die Möglichkeit des Ausgleichs eines Titels durch einen anderen geben.

Montesquieu
Und die Möglichkeit der Übertragung von einem Ministerium auf das andere.

Machiavelli
Nein, so weit gehe ich nicht. Ich möchte in den Grenzen des unbedingt Nötigen bleiben.

Montesquieu
Sie sind recht gemäßigt. Und Sie glauben, daß diese Neuerungen auf dem Gebiete der Finanzen keine Unruhe im Lande hervorbringen werden?

Machiavelli
Warum sollen sie mehr Unruhe verbreiten als meine politischen Maßnahmen?

Montesquieu
Weil sie an die materiellen Interessen jedes einzelnen rühren.

Machiavelli
Ach, das sind zu feine Unterscheidungen.

Montesquieu
Fein! Das haben Sie gut gesagt. Machen Sie nur selbst keine Feinheiten, und sagen Sie schlicht und einfach, daß ein Volk, das seine Freiheiten nicht verteidigen kann, auch sein Geld zu verteidigen nicht imstande ist.

Machiavelli
Worüber könnte man sich beklagen, da ich doch die wesentlichen Prinzipien des Staatsrechts auf dem Ge-

biete der Finanzen beibehalten habe? Werden die Steuern nicht ordnungsgemäß veranlagt, ordentlich eingezogen, wird über sie nicht regelrecht abgestimmt? Ruht nicht auch hier, wie überall, das Ganze auf der Grundlage der Volksabstimmung? Nein, meine Regierung wird gewiß nicht zur Dürftigkeit verurteilt werden. Das Volk, das mir zugejubelt hat, läßt sich nicht nur die Prachtentfaltung der Regierung gefallen, sondern es wünscht sie, es erwartet sie von einem Fürsten, der nur der Repräsentant seiner eigenen Macht ist. Der Mann aus dem Volke verfolgt in Wirklichkeit nur den Reichtum von seinesgleichen mit seinem Haß.

Montesquieu
Weichen Sie mir nicht wieder aus. Sie sind noch nicht am Ende. Ich bringe Sie unweigerlich auf das Budget zurück. Was Sie auch darüber sagen, seine Auswirkung beschränkt die Entfaltung Ihrer Macht. Es stellt eine Begrenzung dar, die man wohl überschreiten kann; aber man überschreitet sie nur auf eigene Kosten und auf eigene Gefahr. Das Budget wird veröffentlicht, man kennt die Posten, aus denen es sich zusammensetzt, es bleibt immer da und dient als Barometer für die Lage der Finanzen.

Machiavelli
Bringen wir also die Erörterung hierüber zu Ende, da Sie es nun einmal so wollen.

ZWANZIGSTES GESPRÄCH

Machiavelli
Das Budget stellt eine Begrenzung dar, sagen Sie. Gewiß, aber es ist eine elastische Grenze, die man ausdehnen kann, soweit man will. Ich werde stets innerhalb der Grenze bleiben und sie nie überschreiten.

Montesquieu
Was wollen Sie damit sagen?

Machiavelli
Muß ich Sie erst darüber belehren, wie sich die Dinge selbst in den Staaten abspielen, deren Finanzwesen die höchste Vollendung erreicht hat? Die Vollendung besteht gerade darin, daß man es versteht, sich durch geschickte Kunstgriffe einem System zu entziehen, das in Wirklichkeit nur eine rein fiktive Beschränkung darstellt.

Was ist denn Ihr Budget, über das Jahr für Jahr abgestimmt wird? Es ist doch nichts anderes als eine vorläufige Regelung, ein ungefährer Kostenüberschlag über die wesentlichen Vorgänge, die auf dem Gebiete der Finanzen zu erwarten sind. Die Finanzlage ist erst dann definitiv festgelegt, wenn die Ausgaben gemacht sind, die im Laufe des Jahres nötig wurden. In Ihren Haushaltsplänen findet man wer weiß wie viele Arten von Krediten, die allen möglichen Eventualitäten entsprechen: zusätzliche Kredite, ergänzende, außerordentliche, provisorische, Ausnahmekredite. Und alle diese bilden ebenso viele verschiedene Budgets. Denn die Sache spielt sich doch folgendermaßen ab: Das Hauptbudget, über das im Anfang des Jahres abgestimmt wurde, stellte im ganzen beispielsweise einen Kredit von 800 Millionen in Rechnung. Nach einem halben Jahre entsprechen die Tatsachen schon nicht mehr den ersten Voranschlägen. Dann legt man der Kammer ein, wie man sagt, berichtigtes Budget vor. In ihm werden 100 oder 150 Millionen zu dem ursprünglichen Betrag hinzugefügt. Dann kommt das Ergänzungsbudget mit einem Zuschlag von 50 oder 60 Millionen. Schließlich kommt noch die Schuldentilgung hinzu, die fünfzehn, zwanzig oder dreißig Millionen erfordert. Kurz, bei der das Ganze umfassenden Bilanz der Kosten beträgt der Fehlbetrag im ganzen ein Drittel der vorgesehenen Ausgaben. Über diesen Betrag stimmen die Kammern in der Form einer Bestätigung ab und machen ihn dadurch rechtskräftig. Auf diese Weise kann man in zehn Jahren das Budget verdoppeln und verdreifachen.

Montesquieu
Ich zweifle keinen Augenblick daran, daß Ihre Finanzreformen zu einer derartigen Erhöhung der Ausgaben führen werden. Aber in den Staaten, wo man Ihre Irreführungen nicht mitmacht, wird so etwas nicht vorkommen. Übrigens sind Sie immer

noch nicht fertig. Die Ausgaben müssen ja schließlich
den Einnahmen angeglichen werden. Wie wollen Sie
das machen?

Machiavelli
Hier kommt, so kann man wohl sagen, alles auf das
Geschick an, mit dem man die Zahlen gruppiert, auf
gewisse Unterscheidungen, die man bei den Ausgaben
macht und mit deren Hilfe man den nötigen Spielraum erhält. So kann zum Beispiel die Unterscheidung des ordentlichen Budgets vom außerordentlichen gute Dienste leisten. Mit Hilfe des Wortes
»außerordentlich« kann man gewisse umstrittene Ausgaben und mehr oder weniger fragwürdige Einnahmen recht bequem durchbringen. Ich habe hier zum
Beispiel zwanzig Millionen Ausgaben; ich muß ihnen
zwanzig Millionen Einnahmen gegenüberstellen.
Dann buche ich als außerordentliche Einnahme eine
Kriegsentschädigung von zwanzig Millionen, die ich
zwar noch nicht erhalten habe, aber später erhalten
werde, oder noch besser: Ich buche als Einnahme eine
Erhöhung des Steuerertrags um zwanzig Millionen,
die im folgenden Jahre eintreten wird. Das gilt für
die Einnahmen. Ich brauche weiter keine Beispiele.
Was die Ausgaben angeht, so kann man auf das entgegengesetzte Verfahren zurückgreifen: Statt hinzuzufügen, streicht man. So kann man zum Beispiel von
dem Ausgabenbudget die Kosten für die Erhebung
der Steuern abtrennen.

Montesquieu
Und unter welchem Vorwand, ich bitte Sie?

Machiavelli
Man kann meines Erachtens, und zwar mit gutem Recht, erklären, daß das keine Ausgabe des Staates ist. Man kann auch aus demselben Grunde im Budget die Ausgaben für die Provinzial- und Kommunalverwaltung nicht auftreten lassen.

Montesquieu
Auf all das lasse ich mich nicht ein. Aber was machen Sie mit Einnahmen, die fehlen, und mit Ausgaben, die Sie weggelassen haben?

Machiavelli
Das, worauf es hier ankommt, ist doch die Unterscheidung des ordentlichen von dem außerordentlichen Budget. Die Ausgaben, um die Sie sich Sorge machen, müssen auf das außerordentliche Budget übertragen werden.

Montesquieu
Aber schließlich bilden doch die beiden Budgets ein Ganzes, und da tritt doch die Endsumme der Ausgaben in Erscheinung.

Machiavelli
Man darf sie eben nicht zu einem Ganzen zusammenfassen. Im Gegenteil: Das ordentliche Budget er-

scheint für sich allein. Das außerordentliche ist ein Nachtrag, für den durch andere Mittel gesorgt wird.

Montesquieu
Und was sind das für Mittel?

Machiavelli
Ich möchte nichts vorwegnehmen. Sie sehen zunächst, daß es eine besondere Art gibt, das Budget zu präsentieren und, wenn es nötig ist, sein Anwachsen zu verschleiern. Es gibt keine Regierung, die nicht dazu gezwungen wäre, so zu handeln. Die Geldquellen der Industriegebiete sind unerschöpflich, aber, wie Sie richtig bemerken, ihre Bewohner sind geizig, argwöhnisch. Sie zanken sich über die nötigsten Ausgaben. Der Finanzpolitiker kann ebensowenig wie jeder andere Politiker mit offenen Karten spielen. Man würde bei jedem Schritt gehemmt werden. Aber schließlich und, wie ich es gern zugebe, dank der Vollkommenheit dieses Systems renkt sich alles ein, ordnet sich alles, und wenn das Budget seine Geheimnisse hat, so hat es auch seine Klarheiten.

Montesquieu
Aber sicher nur für die Eingeweihten. Ich sehe, daß Sie aus der Finanzgesetzgebung einen Formalismus machen, der ebenso undurchdringlich ist wie das Gerichtsverfahren bei den Römern zur Zeit des Zwölftafelgesetzes. Aber fahren wir fort. Da Ihre

Ausgaben größer werden, müssen doch wohl Ihre Geldquellen in demselben Verhältnis anwachsen. Werden Sie wie Cäsar einen Schatz von zwei Milliarden Franken in den Staatskassen finden, oder werden Sie die Silberminen von Potosi entdecken?

Machiavelli
Sie haben ganz gescheite Einfälle. Ich werde das tun, was alle Regierungen tun, ich werde Anleihen machen.

Montesquieu
So weit wollte ich Sie bringen. Es gibt gewiß wenig Regierungen, die nicht gezwungen waren, ihre Zuflucht zur Anleihe zu nehmen; aber sie fühlten sich gewiß auch verpflichtet, hiervon einen sparsamen Gebrauch zu machen. Sie konnten nicht ohne Gefahr und ohne gewissenlos zu handeln die zukünftigen Generationen belasten, dadurch, daß sie ihnen Verpflichtungen auferlegten, die unerfüllbar sind und in keinem Verhältnis zu den zu erwartenden Einnahmen stehen. Wie kommen denn die Anleihen zustande? Dadurch, daß die Regierungen Wertpapiere ausgeben, die sie verpflichten, Zinsen zu zahlen, die dem Kapital entsprechen, das ihnen zur Verfügung gestellt wurde. Wenn die Anleihe zum Beispiel zu fünf Prozent erfolgte, so hat der Staat nach zwanzig Jahren an Zinsen eine Summe bezahlt, die ebenso groß ist wie das geliehene Kapital, nach vierzig Jahren eine doppelt, nach sechzig Jahren eine dreimal so große, und außerdem muß er noch

das ganze geliehene Kapital zurückzahlen. Wenn der Staat dauernd seine Schulden erhöht, ohne etwas zu unternehmen, sie herabzusetzen, wird er schließlich keine Anleihen mehr aufnehmen können oder Bankrott machen. Das ist leicht einzusehen, und es gibt kein Land, in dem man das nicht begriffen hat. Deshalb hat man sich in den modernen Staaten darum bemüht, dem Anwachsen der Steuern eine sich als notwendig erweisende Begrenzung zu setzen. Zu diesem Zwecke hat man die Methode der sogenannten Amortisation erdacht, ein Verfahren, das wirklich Bewunderung verdient wegen seiner Einfachheit und wegen der praktischen Art seiner Durchführung. Man hat einen besonderen Fond geschaffen, dessen Zinsen dazu bestimmt sind, die Staatsschulden eine nach der anderen abzutragen. Und jedesmal, wenn der Staat eine Anleihe auflegt, muß er dem Amortisationsfond ein bestimmtes Kapital zuführen, das dazu bestimmt ist, die neue Schuld in einer absehbaren Zeit zu tilgen. Sie sehen, daß diese Art der Einschränkung des Schuldenmachens eine indirekte ist, und gerade darin liegt ihre Wirksamkeit.

Durch die Amortisation sagt das Volk seiner Regierung: Du kannst, wenn du mußt, Schulden machen, aber du mußt auch immer daran denken, der neuen Verpflichtung nachzukommen, die du in meinem Namen eingegangen bist. Wenn man immer dazu verpflichtet ist zu amortisieren, so wird man es sich sehr überlegen, ob man eine neue Anleihe aufnehmen soll. Wenn Sie regelrecht amortisieren, können Sie Ihre Anleihen haben.

Machiavelli
Aber ich bitte Sie, wozu soll ich denn amortisieren? In welchen Staaten wird denn die Amortisation regelmäßig durchgeführt? Selbst in England hat man damit aufgehört. Sie verlangen zuviel. Was kein Mensch tut, das braucht man auch nicht zu tun.

Montesquieu
So lassen Sie also die Amortisierung nicht zu?

Machiavelli
Das habe ich nicht gesagt, ich denke nicht daran. Ich werde diesen Mechanismus ruhig funktionieren lassen, und meine Regierung wird die Gelder verbrauchen, die dabei herauskommen. Dieses Verfahren wird einen großen Vorteil bringen. Wenn man das Budget vorzulegen hat, wird man von Zeit zu Zeit als Einnahmen den Ertrag der Amortisation für das folgende Jahr auftreten lassen.

Montesquieu
Und im darauf folgenden Jahr wird er als Ausgabe auftreten.

Machiavelli
Das weiß ich nicht. Das wird von den Umständen abhängen; denn ich werde immer sehr bedauern,

daß diese Einrichtung nicht besser funktionieren kann. Meine Minister werden sich hierüber mit dem Ausdruck des größten Bedauerns aussprechen. Ich erhebe, weiß Gott, keinen Anspruch darauf, daß meine Regierung auf dem Gebiete der Finanzen keine Angriffspunkte hat; aber wenn man die Dinge ins rechte Licht rückt, kann man über vieles hinwegkommen. Sie dürfen nicht vergessen, daß auch das Finanzwesen zum großen Teil eine Angelegenheit der Presse ist.

Montesquieu
Was soll denn das heißen?

Machiavelli
Haben Sie mir nicht gesagt, daß es zum Wesen des Budgets gehört, daß es veröffentlicht wird?

Montesquieu
Jawohl.

Machiavelli
Nun also! Den Haushaltsplänen werden doch Abrechnungen beigelegt, Berichte, offizielle Dokumente aller Art. Was für Mittel geben diese öffentlichen Mitteilungen dem Herrscher an die Hand, wenn er in seiner Umgebung Männer hat, die das nötige Geschick besitzen? Ich verlange, daß mein Finanzminister die Sprache der Zahlen mit einer wunderbaren Klarheit redet und daß im übrigen sein ganzer

Stil von einer untadeligen Reinheit der Gesinnung zeugt.

Es macht einen guten Eindruck, wenn man immer wiederholt, was ja auch wahr ist, daß »die Verwendung der Staatsgelder sich tatsächlich vor den Augen der Öffentlichkeit vollzieht.«

Diese Behauptung, die man nicht bestreiten kann, muß in tausend Formen immer wieder dargelegt werden. Ich möchte, daß man sich in Phrasen ergeht wie etwa den folgenden:

»Unser System der Rechnungsführung, das die Frucht einer langen Erfahrung ist, unterscheidet sich von seinen Vorgängern durch seine Klarheit und seine Zuverlässigkeit. Es verhindert jeden Mißbrauch und gibt niemandem, vom kleinsten Beamten bis zum Oberhaupt des Staates selbst, die Möglichkeit, auch nur den kleinsten Betrag seiner Bestimmung zu entziehen oder davon einen unrechtmäßigen Gebrauch zu machen.«

Man kann gar nichts Besseres tun, als gerade so zu reden, wie Sie es selbst getan haben. Man wird sagen:

»Die Vorzüglichkeit des Finanzsystems besteht darin, daß es auf zwei Grundlagen ruht: der Kontrolle und der Öffentlichkeit. Auf der Kontrolle, die verhindert, daß auch nur ein Pfennig aus den Händen der Steuerzahler in die Staatskassen kommt, aus einer Kasse in die andere wandert und sie verläßt, um in den Besitz eines Gläubigers des Staates überzugehen, ohne daß die Rechtmäßigkeit seiner Erhebung, sein ordnungsgemäßer Umlauf, die Gesetzlichkeit seiner Verwendung durch verantwortliche Beamte kontrolliert, durch unabsetzbare Richter gerichtlich bestätigt und schließlich in den zum Gesetz erhobenen Abrechnungen der Kammer sanktioniert wird.«

Montesquieu
Ach, Machiavelli! Sie machen sich immer über mich lustig; aber Ihre Lustigkeit hat etwas Infernalisches an sich.

Machiavelli
Sie müssen immer daran denken, wo wir uns befinden.

Montesquieu
Das heißt Gott versuchen.

Machiavelli
Gott siehet das Herz an.

Montesquieu
Fahren Sie fort.

Machiavelli
Zu Beginn des Jahres, für das der Haushaltsplan aufzustellen ist, wird sich der Oberintendant der Finanzen folgendermaßen äußern:
»Nichts kann, soweit sich das voraussehen läßt, den Voranschlag dieses Budgets erschüttern. Ohne sich

Illusionen hinzugeben, hat man die besten Gründe zu hoffen, daß zum ersten Male seit vielen Jahren das Budget trotz der für die Anleihen zu zahlenden Zinsen beim Rechnungsabschluß in ein reelles Gleichgewicht gebracht wird. Dieses so wünschenswerte Ergebnis, das in so ausgesprochen schwierigen Zeiten zustande gebracht wurde, ist der beste Beweis dafür, daß das Anwachsen des Staatsvermögens niemals nachgelassen hat.«

Das ist doch schön gesagt!

Montesquieu
Fahren Sie nur fort.

Machiavelli
Bei dieser Gelegenheit wird man auch auf die Amortisation der Staatsschulden zu sprechen kommen, die Ihnen vorhin so am Herzen lag, und man wird sagen:

»Die Amortisation wird bald in Fluß kommen. Wenn der Plan, den man hierfür entworfen hat, zur Verwirklichung kommt, wenn die Einkünfte des Staates weiter anwachsen, wäre es nicht unmöglich, daß sich in dem Budget, das in fünf Jahren vorzulegen ist, beim Abschluß ein Überschuß der Einnahmen ergibt.«

Montesquieu
Das sind Hoffnungen auf lange Sicht. Aber was werden Sie über die Amortisation sagen, wenn nun

gar nichts geschieht, nachdem man versprochen hat, sie in Gang zu bringen?

Machiavelli
Man wird sagen, daß der Zeitpunkt hierzu nicht gut gewählt sei, daß man noch warten müsse. Man kann noch weiter gehen und sagen: Bekannte Volkswirtschaftler bestreiten die reelle Wirksamkeit der Amortisation. Sie kennen diese Theorien; ich kann sie Ihnen ins Gedächtnis zurückrufen.

Montesquieu
Das ist nicht nötig.

Machiavelli
Man läßt diese Theorien in den nichtoffiziellen Zeitungen veröffentlichen, man deutet selbst auf sie hin, und eines Tages bekennt man sich schließlich ganz offen zu ihnen.

Montesquieu
Was! Nachdem Sie früher die Wirksamkeit der Amortisation anerkannt und ihre guten Wirkungen gepriesen haben?

Machiavelli
Aber die Voraussetzungen der Wissenschaft ändern sich doch, und eine aufgeklärte Regierung muß doch

allmählich den Fortschritten der Volkswirtschaft ihres Jahrhunderts folgen.

Montesquieu
Damit kann man alles für ungültig erklären. Lassen wir die Amortisation auf sich beruhen. Wenn Sie kein einziges Ihrer Versprechen halten konnten, wenn Ihnen die Ausgaben über den Kopf gewachsen sind, wenn man gemerkt hat, wie übermäßig hoch die Steuererhebungen werden, was werden Sie dann sagen?

Machiavelli
Im Notfalle wird man das ganz offen zugeben. Solcher Freimut gereicht den Regierungen zur Ehre und erweckt Verständnis beim Volke, wenn eine starke Macht dahintersteht. Aber mein Finanzminister wird es sich als Gegenwirkung angelegen sein lassen, alles zu beseitigen, was auf eine Erhöhung der Ausgaben hindeuten könnte. Dabei wird er nur das sagen, was wahr ist:

»Die Finanzpraxis zeigt, daß ungedeckte Posten niemals ganz fest bleiben, daß es eine gewisse Zahl unerwarteter Einnahmen gibt, die meist im Laufe des Jahres hinzukommen, namentlich durch das Anwachsen des Ertrags der Steuern, daß ferner ein beträchtlicher Teil der genehmigten Kredite nicht gebraucht und daher getilgt wird.«

Montesquieu
Kommt das wirklich vor?

Machiavelli

Es gibt so manches Mal, wie Sie wissen, im Wirtschaftsleben Redewendungen, stereotype Phrasen, die eine große Wirkung auf das Publikum ausüben, es beruhigen, ihm wieder Mut machen.

So sagt man, wenn man ihm das eine oder andere Passivum geschickt präsentieren will: »Das ist kein außergewöhnlich hoher Betrag; er ist ganz normal, er entspricht den entsprechenden Posten in früheren Budgets; die Höhe der schwebenden Staatsschuld gibt keinen Grund zur Beunruhigung.« So gibt es eine Menge ähnlicher Redensarten, die ich Ihnen gar nicht erst anführe, weil es andere praktische Verfahren gibt, die wichtiger sind und auf die ich Ihre Aufmerksamkeit richten muß.

Zunächst muß man in allen offiziellen Schriftstücken immer wieder auf das Zunehmen des Wohlstandes hinweisen, auf die Belebung des Handels und das immer steigende Wachsen des Umsatzes.

Der Steuerzahler regt sich über das Mißverhältnis der Haushaltspläne weniger auf, wenn man ihm das immer wiederholt, und man kann es ihm bis zum Überdruß sagen, ohne daß er jemals mißtrauisch wird. So mächtig ist die magische Wirkung amtlicher Schriftsätze auf den Verstand der simplen Bürger. Wenn die Haushaltspläne nicht ausgeglichen werden können und wenn man die Öffentlichkeit für das kommende Jahr auf einige Ausfälle vorbereiten will, sagt man schon vorher in einem amtlichen Bericht:

»Im nächsten Jahre wird das Defizit nur um so oder so viel größer sein.«

Wenn dann das Defizit kleiner ist als der Voranschlag, so macht man daraus einen wahren Triumph. Ist es größer, so sagt man: »Das Defizit ist größer geworden, als man es voraussehen konnte, aber im vergangenen Jahre ist es noch größer gewesen. Alles in allem ist die Finanzlage besser geworden; denn man hat weniger Ausgaben gehabt und hatte es doch mit ganz besonders schwierigen Verhältnissen zu tun: mit Krieg, Teuerung, Epidemien, unvorherzusehenden Wirtschaftskrisen usw.

Aber im nächsten Jahre wird das Steigen der Einnahmen aller Wahrscheinlichkeit nach den so lange erhofften Ausgleich herbeiführen, die Schuldenlast wird herabgesetzt und das Budget, so, wie es sich gehört, ins Gleichgewicht gebracht werden. Man darf hoffen, daß das Steigen der Einnahmen anhalten wird, und der Ausgleich des Budgets wird, wenn nicht außerordentliche Ereignisse eintreten, der gewöhnliche Zustand unserer Finanzen sein, so, wie er das ja auch in der Regel ist.«

Montesquieu
Das ist doch nur eine Komödie. Der gewöhnliche Zustand wird ebenso wie die Regel niemals eintreten; denn ich kann mir denken, daß es unter Ihrer Regierung immer einen außergewöhnlichen Zustand, einen Krieg, eine Wirtschaftskrise geben wird.

Machiavelli
Ich weiß nicht, ob es Wirtschaftskrisen geben wird, aber das ist sicher, daß ich immer die Ehre der Nation sehr hochhalten werde.

Montesquieu
Das ist auch das Geringste, was Sie tun können. Wenn Sie Ruhm und Ehre suchen, so braucht man Ihnen dafür nicht besonders dankbar zu sein; denn der Ruhm ist in Ihren Händen nur ein Mittel zur Macht. Mit dem Ruhm werden Sie Ihre Staatsschulden nicht tilgen.

EINUNDZWANZIGSTES GESPRÄCH

Machiavelli
Ich fürchte, Sie haben gegen die Anleihen ein Vorurteil. Sie sind in mehr als einer Beziehung wertvoll. Sie binden die Familien an die Regierung; sie sind für den Privatmann ausgezeichnete Kapitalanlagen, und die modernen Volkswirtschaftler erkennen heute ausdrücklich an, daß die Staatsschulden die Staaten nicht ärmer, sondern reicher machen. Wollen Sie mir gestatten, Ihnen zu erklären, wie das kommt?

Montesquieu
Nein. Denn ich glaube, diese Theorien zu kennen. Da Sie immer davon sprechen, Geld zu leihen, und

niemals davon, das geliehene zurückzuerstatten, möchte ich zunächst einmal wissen, wem Sie so große Summen abverlangen und womit Sie das begründen wollen.

Machiavelli
Hierbei helfen mir die Kriege. In großen Staaten kann man für so einen Krieg fünfhundert oder sechshundert Millionen aufnehmen. Man richtet es dann so ein, daß man dafür nur die Hälfte oder zwei Drittel ausgibt, und der Rest kommt in den Staatsschatz zur Bestreitung von Ausgaben im Innern.

Montesquieu
Fünfhundert oder sechshundert Millionen, sagen Sie? Und wo sind in der heutigen Zeit die Bankiers, die Anleihen beschaffen können, die ein Kapital darstellen, das so groß ist wie das gesamte Vermögen einzelner Staaten?

Machiavelli
Ah! Sie stecken noch in den Anfängen der Anleihentechnik! Sie gestatten mir zu bemerken, daß ein solches Verfahren auf dem Gebiete der Finanzwirtschaft beinahe vorsintflutlich ist. Man nimmt heute keine Anleihen mehr bei Bankiers auf.

Montesquieu
Und bei wem denn?

Machiavelli

Statt mit den Kapitalisten Geschäfte zu machen, die sich zusammentun, um höhere Angebote zu verhindern, und deren kleine Zahl eine Konkurrenz unmöglich macht, wendet man sich an alle Untertanen, an die Reichen, die Armen, die Handwerker, die Kaufleute, an jeden, der über etwas Geld verfügt. Man legt, wie man das nennt, eine <u>Staatsanleihe</u> auf, und damit jeder Anteile kaufen kann, teilt man sie in sehr kleine Stücke. Man verkauft Anleihescheine von zehn oder fünf Francs bis zu hunderttausend und einer Million. Gleich nach ihrer Ausgabe steigt der Wert dieser Papiere. Er steht über pari, wie man sagt. Das weiß man schon, und von allen Seiten stürzt man sich auf diese Papiere, um sie zu kaufen. Es ist, wie wenn die Leute ein Rausch erfaßt hätte. In wenigen Tagen sind die Staatskassen übervoll. Man bekommt so viel Geld, daß man gar nicht weiß, wohin damit. Aber man nimmt es. Denn wenn die Zeichnung der Anleihe die Summe übersteigt, mit der sie aufgelegt ist, so kann man damit einen großen Eindruck auf die öffentliche Meinung machen.

Montesquieu

Ach so!

Machiavelli

Dann gibt man den zu spät Gekommenen ihr Geld zurück. Man macht ein großes Aufheben davon mit großer Verstärkung durch die Presse. Das ist ein wohlinszeniertes Theater. Der Überschuß beläuft sich manchmal auf zwei- oder dreihundert Millionen. Sie können sich denken, welchen Eindruck dieses Vertrauen des Volkes zur Regierung auf die Öffentlichkeit macht.

Montesquieu
Ein Vertrauen, das sich mit der von Ihnen entfesselten Leidenschaft zur Spekulation mischt, soweit ich die Sache durchschaue. Ich hatte tatsächlich schon von diesem Schwindel gehört; aber in Ihrem Munde wirkt das alles wahrhaft phantastisch. Nun schön, mag das so sein. Sie haben also die Hände voll Geld, aber ...

Machiavelli
Ich werde noch viel mehr haben, als Sie denken. Denn bei den modernen Völkern gibt es große Bankunternehmen, die dem Staate hundert und zweihundert Millionen zum gewöhnlichen Zinsfuß leihen. Auch die großen Städte können dem Staate Geld leihen. Bei diesen Völkern gibt es auch noch die sogenannten Versorgungseinrichtungen; das sind Sparkassen, Unterstützungskassen, Pensionskassen. Für gewöhnlich verlangt der Staat, daß ihre Kapitalien, die sehr groß sind und sich manchmal auf fünf- oder sechsundert Millionen belaufen, an die Staatskasse abgeführt werden, wo sie mit der gesamten Masse zusammenarbeiten bis auf geringe Zinsen, die an die Geldgeber zu zahlen sind.

Außerdem können die Regierungen sich ebenso Kapital verschaffen wie die Bankiers. Sie geben Kassenscheine auf Sicht aus in Höhe von zwei- oder dreihundert Millionen, eine Art von Wechseln, auf die man sich stürzt, bevor sie noch in Umlauf kommen.

Montesquieu
Entschuldigen Sie, wenn ich Sie unterbreche. Sie sprechen immer noch nur davon, Geld zu borgen oder Wechsel auszustellen. Wollen Sie sich denn niemals damit befassen, etwas zu bezahlen?

Machiavelli
Ich muß Ihnen nur noch sagen, daß man im Notfalle die Staatsdomänen verkaufen kann.

Montesquieu
Ah, jetzt verkaufen Sie schon Ihren eigenen Staat. Aber denken Sie denn gar nicht daran, endlich einmal etwas zu bezahlen?

Machiavelli
Gewiß. Ich muß Ihnen nur schnell noch sagen, wie man gegen die Schulden vorgeht.

Montesquieu
Sie sagen: »Wie man gegen die Schulden vorgeht.« Ich möchte, daß Sie sich genauer ausdrücken.

Machiavelli
Ich bediene mich dieses Ausdrucks, weil ich glaube, daß er die Sache genau trifft. Man kann die Schulden nicht immer tilgen, aber man kann gegen sie vorgehen. Das ist ein Ausdruck, der etwas sehr Energisches hat, und die Schulden sind ein zu fürchtender Feind.

Montesquieu
Und wie werden Sie gegen sie vorgehen?

Machiavelli
Es gibt da die verschiedensten Mittel. Da ist zunächst die Steuer.

Montesquieu
Das heißt, man macht Schulden, um damit Schulden zu bezahlen.

Machiavelli
Sie reden wie ein Volkswirtschaftler, aber nicht wie ein Kenner des Finanzwesens. Verwechseln Sie das nicht. Mit dem Ertrag einer Steuer kann man wirklich etwas bezahlen. Ich weiß, daß man sich über die Steuer aufregt. Wenn eine Steuer, die man erhoben hat, als eine zu große Belastung empfunden wird, erfindet man eine andere, oder man erhebt dieselbe unter einem anderen Namen. Wissen Sie, es ist eine große Kunst, unter den Gegenständen, auf die sich eine Steuer legen läßt, auch die herauszufinden, bei denen etwas herauskommt.

Montesquieu
Ich fürchte, Sie werden sie bald erschöpft haben.

Machiavelli
Dann gibt es noch andere Mittel, zum Beispiel die sogenannte Konvertierung.

Montesquieu
Ah so!

Machiavelli
Sie bezieht sich auf die sogenannte konsolidierte Staatsschuld, das heißt auf die Schuld, die aus der Ausgabe von Anleihen entsteht. Man sagt zum Beispiel zu denen, die eine Rente vom Staate beziehen: Bis heute habe ich euch für euer mir geliehenes Geld fünf Prozent bezahlt. Das war der Zinsfuß, zu dem ihr die Rente erhalten habt. Ich beabsichtige, euch von jetzt an nur noch viereinhalb oder vier Prozent zu zahlen. Entweder stimmt ihr dieser Herabsetzung der Zinsen zu, oder ihr bekommt das Kapital zurückgezahlt, das ihr mir geliehen habt.

Montesquieu
Wenn man das Geld wirklich zurückgibt, finde ich das Verfahren noch ziemlich anständig.

Machiavelli
Gewiß gibt man das Geld zurück, wenn es verlangt wird. Aber nur sehr wenige denken daran. Die

Rentner haben so ihre Gewohnheiten. Ihre Gelder sind einmal untergebracht. Sie haben Vertrauen zum Staate. Sie bevorzugen eine sichere Anlage, auch wenn die Zinsen geringer sind. Wenn alle ihr Geld zurückverlangten, würde natürlich die Staatskasse gesprengt werden. Das kommt niemals vor, und man entledigt sich durch dieses Mittel einer Schuld von mehreren hundert Millionen.

Montesquieu
Das ist ein unmoralisches Verfahren, was man auch darüber sagen mag. Es ist eine Zwangsanleihe, die das Vertrauen des Publikums schädigt.

Machiavelli
Sie kennen die Rentner nicht. Ich will Ihnen noch einen anderen Trick für eine andere Art Schulden angeben. Ich sagte Ihnen eben, daß dem Staat noch das Kapital der Versorgungskassen zur Verfügung steht, daß er es verwendet und dafür Zinsen zahlt unter der Bedingung, diese Gelder sofort zurückzugeben, wenn sie angefordert werden. Nachdem er sie lange Zeit behalten hat und nicht mehr in der Lage ist, sie zurückzugeben, konsolidiert er die schwebende Schuld.

Montesquieu
Ich weiß schon, was das zu bedeuten hat. Der Staat sagt den Sparern: Ihr wollt euer Geld haben? Ich habe es nicht mehr. Ihr habt ja dafür die Rente.

Machiavelli
Ganz richtig. Und er konsolidiert auf dieselbe Weise alle Schulden, die er nicht bezahlen kann. Er konsolidiert die Schatzanweisungen, die Schulden, die er bei den Städten, bei den Bankiers hat, kurz, alle die Schulden, die man mit einem drastischen Ausdruck die schwebende Schuld nennt, weil sie sich aus Forderungen von Gläubigern zusammensetzt, die nicht fest angelegt und zu keinem festen Termin zurückzuzahlen sind.

Montesquieu
Sie haben sonderbare Methoden, den Staat von seinen Schulden zu befreien.

Machiavelli
Wie können Sie mir Vorwürfe machen, wenn ich nur das tue, was die anderen auch tun?

Montesquieu
Wenn jeder das täte, dann brauchte man in der Tat einem Machiavelli nichts vorzuwerfen.

Machiavelli
Ich teile Ihnen hier noch nicht den tausendsten Teil der Methoden mit, die man anwenden kann. Ich fürchte das Anwachsen der laufenden Renten gar nicht, ich möchte sogar, daß das ganze Volksvermögen in Anleihen angelegt wird. Ich würde es so einrichten, daß die Städte, die Gemeinden, die öffent-

lichen Anstalten ihr festes und ihr bewegliches Kapital in Anleihen umwandelten. Das Interesse meiner Dynastie würde mir sogar solche finanziellen Maßnahmen zur Pflicht machen. Es soll in meinem Reiche keinen Taler geben, der nicht von meiner Existenz abhängt.

Montesquieu
Aber selbst wenn man die Sache von diesem recht fatalen Gesichtspunkte aus betrachtet, werden Sie dann Ihr Ziel erreichen? Gehen Sie nicht auf direktestem Wege mit dem Untergang des Staates Ihrem eigenen Untergang entgegen? Wissen Sie nicht, daß es bei allen Völkern Europas ein großes Angebot von Staatspapieren gibt, hinter denen die Vorsicht, die Klugheit, die Redlichkeit der Regierung steht? Bei der Art und Weise, mit der Sie Ihre Finanzen regeln, werden Ihre Wertpapiere von den ausländischen Geldmärkten mit Verlust abgestoßen werden, und sie werden an der Börse Ihres eigenen Reiches auf den niedrigsten Kurs fallen.

Machiavelli
Das ist ein offenbarer Irrtum. Eine ruhmreiche Regierung, wie es die meine sein würde, kann sich im Ausland nur des größten Vertrauens erfreuen. Im Inneren würde Ihre Macht die Befürchtungen niederhalten. Außerdem möchte ich nicht, daß der Kredit meines Staates von den Befürchtungen einiger kleiner Händler abhängt. Ich würde die Börse durch die Börse beherrschen.

Montesquieu
Was ist das nun wieder?

Machiavelli
Ich würde gigantische Kreditinstitute errichten, scheinbar, um der Industrie Geld zu leihen, deren wirkliche Aufgabe aber darin bestehen müßte, die Zinsen zu bestreiten. Da sie imstande sind, Papiere im Werte von vierhundert oder fünfhundert Millionen auf den Markt zu werfen oder sie ihm zu entziehen, würden diese Finanzmonopole immer den Kurs beherrschen. Was sagen Sie hierzu?

Montesquieu
Die schönen Geschäfte, die Ihre Minister, Ihre Günstlinge, Ihre Maitressen in diesen Häusern machen werden! Ihre Regierung wird also die Staatsgeheimnisse benutzen, um mit ihnen an der Börse zu spekulieren?

Machiavelli
Was sagen Sie da?

Montesquieu
Erklären Sie mir doch, wozu diese Häuser sonst da sind. Solange Sie sich noch auf dem Gebiete der Theorien bewegten, konnte man sich über den wahren Sinn Ihrer Politik täuschen. Seit Sie aber zu den Anwendungen in der Praxis übergegangen sind, kann man das nicht mehr. Glauben Sie denn, daß

Ihre Regierung einzig in ihrer Art in der Geschichte dastehen wird und niemand ihr etwas Schlechtes nachsagen kann?

Machiavelli
Wenn sich in meinem Reiche einer herausnähme, das zu sagen, was Sie eben hören ließen, so würde er verschwinden, wie wenn er vom Blitz getroffen wäre.

Montesquieu
Der Blitz ist kein Beweis dafür, daß er Unrecht hat. Sie sind in der glücklichen Lage, ihn zu Ihrer Verfügung zu haben. Sind Sie jetzt mit den Finanzen fertig?

Machiavelli
Ja.

Montesquieu
Unsere Zeit geht mit Riesenschritten ihrem Ende entgegen.

VIERTER TEIL

ZWEIUNDZWANZIGSTES GESPRÄCH

Montesquieu
Bevor ich mit Ihnen sprach, kannte ich weder den Geist der Gesetze noch den Geist der Finanzen. Ich bin Ihnen zu Dank verpflichtet, mich in beiden unterrichtet zu haben. Sie haben nun die größte Macht der Gegenwart in Ihrer Hand: das Geld. Sie können sich dafür fast soviel verschaffen, wie Sie wollen. Ausgestattet mit so ungeheuren Mitteln werden Sie nun zweifellos große Dinge unternehmen. Jetzt können Sie nun endlich durch Ihre Taten zeigen, daß — wie Sie sagten — »das Gute aus dem Bösen hervorgehen kann«.

Machiavelli
Das wollte ich Ihnen in der Tat beweisen.

Montesquieu
Nun also, bitte!

Machiavelli
Das größte meiner guten Werke wird es zunächst einmal sein, daß ich meinem Volke den Frieden im Innern geschenkt habe. Unter meiner Regierung

werden die bösen Instinkte unterdrückt, die Guten atmen auf, und die Bösen zittern. Ich habe einem Lande, das vor meiner Machtergreifung in Parteien zerrissen war, die Freiheit, die Würde und die Macht wiedergeschenkt.

Montesquieu
Da Sie so viel geändert haben, sollten Sie nicht auch den Sinn dieser Wörter geändert haben?

Machiavelli
Die Freiheit besteht nicht in der Ungebundenheit, ebensowenig wie die Würde und die Macht in Aufruhr und Unordnung bestehen. Mein Reich, befriedet im Innern, wird sich nun nach außen Ruhm erwerben.

Montesquieu
Inwiefern?

Machiavelli
Ich werde Krieg führen, und zwar nach allen vier Windrichtungen. Ich werde wie Hannibal die Alpen überschreiten, ich werde wie Alexander in Indien kämpfen, wie Scipio in Libyen. Ich werde vom Atlas bis zum Taurus ziehen, von den Ufern des Ganges bis zum Mississippi, vom Mississippi zum Amurfluß. Die Große chinesische Mauer wird sich vor mir auftun. Meine siegreichen Legionen werden in Jerusalem das Grab des Erlösers, in Rom den Statthalter Christi verteidigen. Ihre Schritte werden

in Peru den Staub der Inkas aufwirbeln, sie werden in Ägypten über die Asche des Sesostris, in Mesopotamien über die des Nebukadnezar dahinmarschieren. Als Nachfolger eines Cäsar, eines Augustus und eines Karl des Großen werde ich an den Ufern der Donau die Niederlage des Varus, an den Ufern der Etsch die Schlacht bei Cannä, an der Ostsee die schmachvolle Besiegung der Normannen rächen.

Montesquieu
Hören Sie doch nur auf, ich bitte Sie! Wenn Sie so die Niederlagen aller großen Feldherrn rächen wollen, werden Sie damit nie fertig werden. Ich werde Sie nicht mit Ludwig XIV. vergleichen können, zu dem Boileau sagte: »Großer König, höre auf zu siegen, oder ich höre auf, Deine Taten zu beschreiben.« Dieser Vergleich würde Sie nur herabsetzen. Ich gebe Ihnen zu, daß kein Kriegsheld der Vergangenheit oder der neueren Zeiten mit Ihnen verglichen werden kann.

Aber darum handelt es sich ja auch gar nicht. Der Krieg als solcher ist doch ein Übel. Er dient in Ihren Händen nur dazu, ein noch größeres Übel erträglich zu machen, und das ist die Knechtschaft. Aber wo ist denn nun in alledem das Gute, das Sie mir zu tun versprochen haben?

Machiavelli
Hier gibt es doch gar keine Mißverständnisse. Der Ruhm ist doch schon an sich ein großes Gut. Er

ist die beste Kapitalanlage. Ein Herrscher, der Ruhm geerntet hat, der hat auch alles Übrige. Er ist der Schrecken der Nachbarstaaten, der Schiedsrichter Europas. Sein Kredit macht sich unbestreitbar geltend; denn was Sie auch darüber gesagt haben, daß die Siege nichts einbringen, die Macht verzichtet nie auf ihre Rechte. Man gibt vor, daß es sich nur um ideelle Gegensätze handle, man stellt sich desinteressiert, und eines schönen Tages ist man soweit, daß man sich einer Provinz bemächtigt, die man gern haben möchte, und daß man sich von den Besiegten einen Tribut entrichten läßt.

Montesquieu
Aber natürlich, wenn man ein solches System hat, ist es vollkommen richtig, so zu handeln, soweit man die Macht dazu hat. Sonst wäre die Soldatenspielerei doch auch zu albern.

Machiavelli
Na also! Sie sehen, unsere Gedanken beginnen sich schon ein wenig zu nähern.

Montesquieu
Ja, sie liegen einander so nahe wie der Atlas dem Taurus. Lassen Sie hören, was Sie sonst noch für große Dinge in Ihrem Reiche vollbringen werden.

Machiavelli
Ich lehne einen Vergleich mit Ludwig XIV. nicht so ohne weiteres ab, wie Sie es anzunehmen scheinen. Ich würde mehr als einen Zug mit diesem Monarchen gemeinsam haben. Ich würde so wie er gewaltige Bauten errichten; aber mein Ehrgeiz würde hierin noch viel weiter gehen als der seine und der Ehrgeiz der berühmtesten Herrscher. Ich würde dem Volke zeigen, daß ich die großen Bauwerke, zu deren Errichtung man einst Jahrhunderte brauchte, niederlegen und sie in wenigen Jahren neu aufbauen kann. Die Paläste meiner königlichen Vorgänger müßten niedergerissen werden, um sich verjüngt in neuen Formen wieder zu erheben. Ich würde ganze Städte niederreißen, um sie nach neuen Plänen regelmäßiger wiederaufzubauen und schönere Städtebilder zu erhalten. Sie können sich gar nicht ausdenken, wie sehr solche Bauten die Völker an ihre Herrscher binden. Man könnte sagen, daß sie es dem Monarchen verzeihen, daß er ihre Gesetze zerstört, wenn er ihnen dafür nur schöne Häuser baut. Sie werden übrigens gleich noch sehen, daß diese Bauten noch besonders wichtigen Zwecken dienen.

Montesquieu
Und außer den Bauten, was werden Sie noch tun?

Machiavelli
Sie gehen recht schnell vor. Die Zahl großer Taten ist nicht unbeschränkt. Ich bitte Sie, mir erst einmal

zuzugeben, daß von Sesostris bis zu Ludwig XIV. oder bis zu Peter I. die beiden Hauptsachen, mit denen sich die großen Herrscher befaßten, der Krieg und die Bauten waren.

Montesquieu
Das ist wohl wahr; aber es gab doch auch überall absolute Herrscher, die sich damit beschäftigten, gute Gesetze zu geben, die Sitten zu verbessern, Einfachheit und Bescheidenheit einzuführen. Es gab Herrscher, die sich der Ordnung der Finanzen und der Volkswirtschaft widmeten, die darauf bedacht waren, nach ihrem Tode Ordnung, Frieden, dauerhafte soziale Einrichtungen, manchmal sogar die Freiheit ihren Völkern zu hinterlassen.

Machiavelli
Oh, das läßt sich alles machen. Sie sehen also, daß auch nach dem, was Sie da sagen, die absoluten Herrscher ihr Gutes haben.

Montesquieu
Leider nicht allzu viel. Aber versuchen Sie es, mir das Gegenteil zu beweisen. Haben Sie mir etwas Gutes zu sagen?

Machiavelli
Ich würde dem Unternehmungsgeist einen gewaltigen Aufschwung geben. Meine Regierung würde die Regierung der großen geschäftlichen Unter-

nehmen werden. Ich würde der Spekulation neue und bisher unbekannte Wege weisen. Meine Beamten würden dabei ein Auge zudrücken. Ich würde eine Anzahl von Industrien von den für sie geltenden gesetzlichen Vorschriften befreien. Die Fleischer, die Bäcker und die Theaterunternehmer würden überhaupt frei sein.

Montesquieu
Frei wozu?

Machiavelli
Frei, Brot zu backen, Fleisch zu verkaufen, und frei, Theater zu gründen ohne behördliche Genehmigung.

Montesquieu
Ich weiß nicht, was das bedeuten soll. Auf die Freiheit des Handels haben alle modernen Völker ein Recht. Haben Sie mir nichts Besseres zu sagen?

Machiavelli
Ich beschäftige mich dauernd mit dem Wohlergehen des Volkes. Meine Regierung wird ihm Arbeit verschaffen.

Montesquieu
Lassen Sie das Volk seine Arbeit selbst finden; das ist mehr wert. Die politischen Machthaber haben nicht das Recht, sich mit den Groschen ihrer Untertanen populär zu machen. Die Staatseinkünfte be-

stehen doch nur aus einer Selbstbesteuerung des Volkes, deren Ertrag nur für allgemeine Zwecke verwendet werden darf. Wenn man die Arbeiterklasse daran gewöhnt, sich auf den Staat zu verlassen, verkommt sie. Sie verliert ihre Energie, ihren Schwung, ihre geistige Beweglichkeit. Empfängt sie ihren Lohn vom Staate, so bringt sie das in eine Art Knechtschaft, aus der sie sich nur dadurch befreien kann, daß sie den Staat selbst zerstört. Ihre Bauten verschlingen ungeheure Summen in unproduktiven Anlagen, entziehen die Kapitalien anderen Zwecken, töten die kleinen Betriebe, führen zur Verarmung der unteren Bevölkerungsschichten. Sparen Sie erst, und bauen Sie dann. Regieren Sie mit Maß und mit Gerechtigkeit, regieren Sie überhaupt möglichst wenig, und das Volk wird von Ihnen nichts zu fordern haben, weil es Sie nicht braucht.

Machiavelli
Wie können Sie von der elenden Lage, in der sich das Volk befindet, so kalten Herzens reden! Meine Regierung hat ganz andere Grundsätze. Ich habe die Leidenden, die kleinen Leute in mein Herz geschlossen. Ich finde es empörend, wenn ich mit ansehen muß, wie die Reichen sich Genüsse verschaffen, die für die große Masse unerreichbar sind. Ich werde alles tun, was ich nur irgend kann, um die materielle Lage der Arbeiter, der Tagelöhner, aller Menschen, die von der Last der sozialen Verhältnisse bedrückt werden, zu verbessern.

Montesquieu

Nun, dann fangen Sie damit an, daß Sie ihnen die Gelder geben, die Sie als Gehälter für Ihre Großwürdenträger, Ihre Minister, Ihre Geheimräte bestimmt haben. Lassen Sie ihnen die Geldgeschenke zukommen, die Sie an Ihre Diener, Ihre Höflinge, Ihre Maitressen verschwenden.

Tun Sie noch etwas Besseres: Legen Sie den Purpur ab, der ein Protest gegen das Ideal der Gleichheit aller Menschen ist. Verzichten Sie auf die Titel Majestät, Hoheit, Exzellenz, die sich wie Dolche in stolze Herzen bohren. Nennen Sie sich Protektor wie Cromwell, aber handeln Sie wie die Apostel des Christentums. Leben Sie in der Hütte des Armen wie Alfred der Große, übernachten Sie in den Hospitälern, schlafen Sie in den Betten der Kranken wie der heilige Ludwig. Es ist leicht, die christliche Barmherzigkeit zu üben, wenn man sein Leben mit dem Feiern von Festen verbringt, wenn man abends im prächtigen Bette liegt, womöglich mit einer schönen Frau, wenn man beim Schlafengehen und Aufstehen ein großes, dienstbereites Personal um sich hat. Seien Sie ein Landesvater und kein Despot, ein Patriarch und kein Fürst.

Wenn Ihnen diese Rolle nicht liegt, so werden Sie doch das Oberhaupt einer demokratischen Republik, bringen Sie dem Volke die Freiheit, lassen Sie die Freiheit in allen Sitten und Gebräuchen walten, und tun Sie das mit der größten Energie, wenn es so Ihrem Temperamente entspricht. Werden Sie ein

Lykurg, ein Agesilaos, einer der Gracchen. Aber ich verstehe nicht, was Sie mit dieser weichlichen Gesellschaft wollen, in der sich alles vor dem Fürsten beugt und nach ihm richtet, wo alle Geister in dieselbe Form, alle Seelen in dieselbe Uniform gepreßt werden. Ich kann es verstehen, daß man über Menschen, nicht aber, daß man über Automaten herrschen möchte.

Machiavelli
Das sind so Redensarten, auf die man nichts entgegnen kann. Aber mit solchen Phrasen kann man Regierungen stürzen.

Montesquieu
Ach, Sie haben immer nur die eine Sorge, wie Sie sich an der Macht halten können. Wenn Sie Ihre Liebe für das Volk und Ihre Sorge für sein Wohl beweisen wollen, brauchte man von Ihnen nur zu verlangen, daß Sie im Namen des Staatswohls von Ihrem Throne steigen. Das Volk, dessen Erwählter Sie sind, brauchte seinen Willen nur dahin zu äußern, um zu wissen, was Sie von der Souveränität des Volkes halten.

Machiavelli
Was für ein sonderbarer Gedanke! Ich würde dem Volke doch nur zu seinem Besten den Willen nicht tun.

Montesquieu

Wie können Sie wissen, was dem Volke zum Besten dient? Wenn das Volk Ihnen übergeordnet ist, mit welchem Rechte ordnen Sie dann den Volkswillen Ihrem eigenen Willen unter? Wenn man Sie freiwillig als Herrscher angenommen hat, nicht, weil es das Recht, sondern weil es die Notwendigkeit so forderte, warum erwarten Sie dann alles von der Gewalt und nichts von der Vernunft? Sie müssen ja fortwährend um den Bestand Ihrer Herrschaft besorgt sein; denn Sie gehören zu denen, die nur einen Tag überdauern.

Machiavelli

Einen Tag! Ich werde mein ganzes Leben lang dauern und meine Nachkommen wahrscheinlich ebenso lange. Sie haben das System meiner Politik, meiner Wirtschaft und meiner Finanzen kennengelernt. Wollen Sie nun auch noch die letzten Mittel kennenlernen, mit deren Hilfe ich die Wurzeln meiner Herrschaft bis in die letzten Bodenfalten vortreiben werde?

Montesquieu

Nein.

Machiavelli

Sie wollen mir nicht weiter zuhören. Dann sind Sie besiegt, Sie, Ihre Prinzipien, Ihre Schüler und Ihr ganzes Jahrhundert.

Montesquieu
Wenn Sie darauf bestehen, so reden Sie. Aber diese Rede soll die letzte sein.

DREIUNDZWANZIGSTES GESPRÄCH

Machiavelli
Ich gehe auf Ihre aufreizenden Reden nicht ein. Mit hinreißenden Ansprachen ist hier nichts zu machen. Es wäre doch heller Wahnsinn, wollte man zu einem Fürsten sagen: Wollen Sie nicht so freundlich sein, zum Wohle Ihres Volkes von Ihrem Throne zu steigen? Es wäre doch eine Unmöglichkeit, ihm auch noch zu sagen: Da Sie Ihre Existenz nur einer Volksabstimmung verdanken, müssen Sie sich von den Schwankungen des Volkswillens abhängig machen und sich selbst immer wieder zur Diskussion stellen. Ist es nicht das oberste Gesetz einer einmal errungenen Macht, daß sie sich behauptet, und zwar nicht nur in ihrem eigenen Interesse, sondern im Interesse des Volkes, das von ihr beherrscht wird? Habe ich nicht das größte Opfer gebracht, das man in den modernen Zeiten dem Prinzip der Gleichberechtigung aller Staatsbürger bringen kann? Ist eine Regierung, die aus einer allgemeinen Volksabstimmung hervorgegangen ist, nicht der endgültige Ausdruck des Willens der Mehrheit? Sie werden mir sagen, daß

ein solches Prinzip die Freiheit des Volkes vernichtet. Was kann ich dafür? Dies Prinzip ist nun einmal aufgekommen. Können Sie mir ein Mittel nennen, durch das es wieder aus der Welt geschafft werden kann? Und wenn es nicht wieder aus der Welt gebracht werden kann, können Sie mir ein Mittel nennen, wie man es in den großen europäischen Staaten anders als dadurch verwirklichen kann, daß man die Macht in die Hand eines einzigen Mannes legt? Sie urteilen so streng über die Mittel, mit denen man regiert. Zeigen Sie mir eine andere Art, auf die man die Macht ausüben soll, und wenn es keine andere gibt als den Absolutismus, dann sagen Sie mir, wie man diese Macht trennen kann von den speziellen Unvollkommenheiten, zu denen sie durch ihr eigenes Prinzip verurteilt ist.

Nein, ich bin kein heiliger Vinzenz von Paula; denn meine Untertanen brauchen keinen Mann mit einer engelgleichen Seele, sondern einen Mann mit einem starken Arm. Ich bin auch kein Agesilaos, kein Lykurg und kein Gracche, weil ich nicht unter Spartanern und Römern lebe. Ich lebe in einer genußsüchtigen Gesellschaft, in der sich die Vergnügungssucht mit der Kriegsbegeisterung, der Reiz der rohen Kraft mit dem der Sinnenfreude verbindet, in einer Gesellschaft, die nichts mehr wissen will von einer göttlichen, einer väterlichen Autorität, einer religiösen Bindung. Ich habe doch die Welt nicht geschaffen, in der ich lebe. Ich bin so, weil die Welt so ist. Liegt es in meiner Macht, ihren Verfall aufzuhalten? Nein, ich kann nur ihr Leben verlängern, weil sie sich noch schneller auflösen würde, wenn sie sich selbst überlassen bliebe. Ich halte mich in dieser Gesellschaft an ihre Laster, weil ich in ihr nur Laster sehe. Wenn sie Tugenden hätte, würde ich mich an ihre Tugenden halten.

Wenn meine Herrschaft auch strengen sittlichen Anforderungen nicht standhält, kann man doch die reellen Dienste nicht verkennen, die ich den Menschen erweise. Muß man nicht meine Genialität und auch meine Größe anerkennen?

Ich bin der Arm, ich bin das Schwert, das die Revolutionen bändigt, die von dem Sturm erregt werden, der dem Weltuntergang vorausweht. Ich halte die Wahnsinnigen auf, die im tiefsten Grunde nur von der Brutalität ihrer Instinkte getrieben werden und die unter dem Vorwand edler Prinzipien nur auf Raub ausgehen. Wenn ich diese Kräfte der Disziplin unterwerfe, wenn ich ihrer Ausbreitung über mein Vaterland Halt gebiete, und sei es auch nur für ein Jahrhundert, habe ich mich dann nicht sehr verdient um mein Land gemacht? Kann ich nicht auch auf die Dankbarkeit der Staaten Europas Anspruch erheben, die ihre Augen auf mich wie auf den Gott Osiris richten, der allein die Macht hat, diese erregten Massen zu bändigen? Blicken Sie doch weiter hinaus in die Zukunft und haben Sie Achtung vor dem Mann, der an seiner Stirn das Zeichen des Schicksals trägt, das dem Menschengeschlechte beschieden ist.

Montesquieu
Sie sind der Würgengel, Sie könnten ein Nachfahre Tamerlans sein. Erniedrigen Sie nur die Völker zu Heloten, Sie werden es doch nicht verhindern können, daß es noch irgendwo freie Seelen gibt, die Ihnen Trotz bieten und deren Verachtung dazu genügt, die aus dem Bewußtsein der Menschen verdrängten Rechte des menschlichen Gewissens mit Gottes Hilfe zu bewahren.

Machiavelli
Gott ist mit den Starken.

Montesquieu
Kommen Sie doch nun bitte zu den letzten Ringen der Kette, die Sie geschmiedet haben. Schmieden Sie die Kette eng und fest zusammen auf Ihrem Amboß mit Ihrem Hammer. Sie können ja alles. Gott ist ja mit Ihnen, sein Stern leuchtet über Ihnen.

Machiavelli
Ich kann die Erregung nicht verstehen, die jetzt aus Ihren Worten klingt.

Ich bin doch gar nicht so grausam. Ich habe mir doch als letztes politisches Ziel gar nicht die Vergewaltigung, sondern die Befreiung des Volkes gesetzt. Beruhigen Sie sich also. Ich habe mehr als einen Trost für Sie, den Sie gar nicht erwarten. Nur lassen Sie mich noch ein paar Vorsichtsmaßnahmen treffen, die ich für meine persönliche Sicherheit zu brauchen glaube. Sie werden sehen, daß ein Herrscher, der sich mit solchen Sicherungen schützt, von den kommenden Ereignissen nichts zu fürchten braucht.

Unsere Schriften, die wir beide verfaßt haben, stehen, was Sie auch darüber denken mögen, doch in mancherlei Beziehungen zueinander, und ich meine, daß ein Despot, wenn er ganz vollkommen sein will, Ihr Buch gelesen haben muß. So bemerken Sie zum Beispiel im *Geist der Gesetze* sehr richtig, daß ein absoluter Monarch sich mit einer Prätorianergarde umgeben muß.* Der Rat ist gut. Ich werde ihn befolgen. Meine Leibgarde wird etwa so groß sein wie ein Drittel des Effektivbestandes meiner Armee. Ich schätze die allgemeine Dienstpflicht sehr hoch; sie ist eine der schönsten Erfindungen des französischen Geistes, aber ich meine, man muß diese Einrichtung noch dadurch vervollkommnen, daß man eine möglichst große Zahl der Leute, die ihrer Dienstpflicht genügt haben, unter den Waffen zurückbehält. Das wird mir, glaube ich, dadurch gelingen, daß ich mich kurzerhand des Handels bemächtige, der in einigen Staaten wie beispielsweise auch in Frankreich mit denen getrieben wird, die sich für Geld anstelle der Dienstpflichtigen freiwillig melden. Ich werde dieses scheußliche Geschäft unterbinden und es selbst ganz ehrlich und offen in der Form eines Monopols betreiben, dadurch, daß ich eine Kasse der Förderer der Armee schaffe, die mir dazu dient, sol-

---

* X. Buch, 15. Kap.

che Leute, die sich ganz dem Soldatenberuf widmen möchten, durch den Köder des Geldes unter die Fahnen zu locken und sie durch dasselbe Mittel im Heeresdienste festzuhalten.

Montesquieu
Sie wollen also in Ihrem eigenen Lande so etwas wie eine Söldnertruppe ausbilden.

Machiavelli
Ja, so würden es die gehässigen Vertreter der Parteien nennen, wo ich mich doch nur vom Wohle des Volkes und von dem — übrigens ganz legitimen — Interesse an meiner Selbsterhaltung leiten lasse, die dem allgemeinen Wohle meiner Untertanen dient.

Gehen wir zu anderen Dingen über. Sie werden sich wundern, wenn ich noch einmal auf die Bauten zurückkomme. Ich habe Sie aber schon darauf vorbereitet, daß wir darüber noch zu reden hätten. Sie werden gleich den politischen Gedanken erkennen, der sich aus dem umfassenden System der von mir unternommenen Bauten ergibt. Ich löse dadurch ein volkswirtschaftliches Problem, das über manche Staaten Europas viel Unglück gebracht hat, das Problem der dauernden Arbeitsbeschaffung für die ganze Arbeiterklasse. Meine Regierung verspricht ihnen einen ständigen Lohn. Wenn ich sterbe, wenn mein System aufgegeben wird, gibt es keine Arbeit mehr. Das Volk hat dann die Arbeit eingestellt und stürzt sich auf die Reichen. Man ist mitten in der Revolution: Die Industrie ist gestört, der Kredit vernichtet, in meinem Staate herrscht der Aufstand, in den Staaten um ihn her erhebt sich das Volk, Europa steht in Flammen. Hier halte ich an und frage Sie: Sagen Sie mir, ob die privilegierten Klassen, die natürlich um ihr Vermögen zittern, nicht mit der Arbeiterklasse gemeinsame Sache machen und sich mit ihr aufs engste verbinden werden, um mich und meine Dynastie an der Macht zu erhalten, und ob nicht auf der anderen Seite das Interesse an der Ruhe Europas alle Großmächte an meine Herrschaft binden wird!

Die Errichtung von Bauten, die nur wenig zu bedeuten scheint, ist also, wie Sie sehen, in Wirklichkeit eine kolossale Sache. Wenn es sich um eine Angelegenheit von großer Wichtigkeit handelt, darf man kein Opfer scheuen. Haben Sie bemerkt, daß fast jede meiner politischen Ideen sich mit einer Finanzaktion verbindet? Auch hier ist es so. Ich werde eine Kasse der öffentlichen Arbeiten errichten, die ich mit mehreren hundert Millionen ausstatten werde. Mit ihrer Hilfe werde ich zu Bauten aufrufen, die sich über mein ganzes Reich erstrecken. Sie haben den Zweck wohl schon erraten: Ich stütze die Organisation der Arbeiter. Das ist eine zweite Armee, die ich gegen die bürgerlichen Parteien brauche. Aber diese Masse des Proletariats, die ich in der Hand halte, darf sich an dem Tage, wo sie kein Brot mehr hat, nicht gegen mich wenden können. Hierfür sorge ich durch diese Bauten; denn das ist gerade das Eigenartige an jeder meiner Unternehmungen, daß sie gleichzeitig Nebenwirkungen hervorbringt. Der Arbeiter, der für mich baut, baut zugleich gegen sich selbst an den Festungen, die ich zu meiner Verteidigung brauche. Ohne es zu wissen, vertreibt er sich selbst aus den Zentren der großen Städte, in denen seine Anwesenheit mich beunruhigt. Er vereitelt für immer den Erfolg von Revolutionen auf der Straße. Es wird tatsächlich das Ergebnis der großen Bauten sein, daß der Raum, in dem der Arbeiter leben kann, beschränkt wird, daß die Arbeiter nach den Vorstädten abgedrängt werden und daß sie auch diese bald aufgeben müssen; denn die Kosten des Lebensunterhalts steigern sich mit der Erhöhung der Mieten. Meine Hauptstadt wird für Leute, die von der Tagesarbeit ihrer Hände leben, nur noch an ihren äußersten Rändern bewohnbar sein. Demnach können sich die Aufstände nicht mehr in den Stadtvierteln abspielen, die in der Nähe des Sitzes der Regierungsbehörden liegen. Es wird gewiß rings um die Hauptstadt eine gewaltige Masse der arbeitenden Bevölkerung geben, die zu fürchten ist, wenn sie in Wut gerät. Aber die Bauten, die ich errichte, werden alle nach einem Plan angelegt sein, der die strategischen Gesichtspunkte berücksichtigt, das heißt, sie werden für breite Straßen Raum lassen, auf denen die Kanonen von einem Ende bis zum anderen gefahren werden können. Die Enden dieser großen Straßen stehen mit einer Anzahl von Kasernen in Verbindung, die so etwas wie Bollwerke sind, voll von Waffen, von Soldaten und Munition. Mein Nachfolger müßte ein schwachsinniger Greis oder ein Kind sein, wenn er vor einem Aufstand kapitulieren wollte; denn auf einen Wink seiner Hand würden ein paar Kanonenschüsse die Menschen bis auf zwanzig Meilen aus der Hauptstadt wegfegen. Aber ich bin kein Greis und kein Kind. Das Blut in meinen Adern ist heiß, und mein Geschlecht ist allen Anzeichen nach kräftig. Hören Sie mir überhaupt noch zu?

Montesquieu
Ja.

Machiavelli
Aber Sie verstehen wohl, daß ich nicht beabsichtige, die materiellen Lebensbedingungen der arbeitenden Bevölkerung der Stadt schwieriger zu gestalten, und ich stoße da zweifellos auf eine schwer zu umgehende Klippe. Doch die reichen Mittel, die meiner Regierung zur Verfügung stehen werden, bringen mich auf folgenden Gedanken: Ich werde für das werktätige Volk große Städte bauen, in denen die Wohnungen billig sind und in denen man die Massen in Gruppen gliedert, wie wenn das große Familien wären.

Montesquieu
Mauselöcher nennt man solche Massenquartiere!

Machiavelli
Oh, diese Verleumdungssucht, dieser erbitterte Haß der Parteien, er wird es nicht daran fehlen lassen,

meine Einrichtungen schlechtzumachen. So wird man sie nennen. Aber das rührt mich nicht. Wenn es so nicht geht, werde ich andere Mittel und Wege finden.

Ich kann das Kapitel über die Bauten nicht verlassen, ohne noch eine scheinbar unbedeutende Kleinigkeit zu erwähnen. Aber in der Politik ist ja nichts unbedeutend. Die zahllosen Gebäude, die ich errichten werde, sollen mit meinem Namen bezeichnet werden. Man soll in ihnen Insignien, Reliefs, Plastiken finden, die an ein Ereignis meiner Geschichte erinnern. Mein Wappen, mein Monogramm sollen überall mit eingeflochten werden. Hier halten Engel meine Krone, dort stehen Statuen der Gerechtigkeit und der Weisheit, die meinen Namen tragen. Das ist alles von größter Wichtigkeit; ich halte das für wesentlich.

Durch diese Zeichen, durch diese Embleme ist die Person des Herrschers überall zugegen; man lebt mit ihm, man erinnert sich an ihn, man denkt an ihn. Das Gefühl für seine absolute Souveränität dringt in die widerspenstigsten Seelen ein, so wie der Wassertropfen, der unaufhörlich vom Felsen herabsickert, den Boden von Granit aushöhlt. Aus demselben Grunde wünsche ich, daß meine Statue, meine Büste, Bilder, die mich darstellen, in allen öffentlichen Räumen zu sehen sind, besonders in den Sitzungssälen der Gerichte, daß man mich darstellt im königlichen Ornat oder zu Pferde.

Montesquieu
Neben dem Bilde Christi.

Machiavelli
Nein, das nicht; aber ihm gegenüber. Denn die souveräne Macht ist ein Ebenbild der göttlichen Macht. So verbindet sich mein Bild mit der Vorstellung von der Vorsehung und der Gerechtigkeit.

Montesquieu
Selbst die Gerechtigkeit muß Ihre Uniform tragen. Sie sind gar kein Christ. Sie sind ein griechischer Cäsar des Byzantinischen Reiches.

Machiavelli
Ich bin ein katholischer, apostolischer und römischer Imperator. Aus denselben Gründen, die ich Ihnen eben auseinandersetzte, wünsche ich, daß man das Wort »königlich« den Namen aller öffentlichen Anstalten hinzufügt, von welcher Art sie auch sein mögen: Königliches Gericht, Königlicher Gerichtshof, Königliche Akademie, Königliche gesetzgebende Kammer, Königlicher Senat, Königlicher Staatsrat. Dieselbe Bezeichnung soll, soweit wie möglich, den Beamten, den Angestellten, dem offiziellen Personal in der Umgebung der Regierung gegeben werden: Königsleutnant, Königlicher Bischof, Königlicher Schauspieler, Königlicher Richter, Königlicher Advokat. Kurz, das Wort »königlich« soll, wenn es einem Menschen oder einem Gegenstand aufgeprägt wurde, ein Zeichen seiner Macht darstellen. Nur mein Geburtstag soll ein nationales und kein

königliches Fest sein. Ich füge noch hinzu, daß die Straßen, die öffentlichen Plätze möglichst Namen tragen sollen, die Erinnerungen an die Geschichte meiner Regierung erwecken. Folgt man diesen Hinweisen, so wird man, auch wenn man ein Caligula oder ein Nero ist, gewiß sein können, daß man sich für immer in das Gedächtnis der Völker einprägt und sein Ansehen der fernsten Nachwelt überliefert. Was könnte ich noch alles dazu sagen! Ich muß mich beschränken.

Denn wer könnte alles sagen, ohne daß es zum Sterben langweilig wird.*

Ich war also bei den kleinen Mitteln, die ich anwenden werde. Ich bedaure davon reden zu müssen; denn diese Dinge sind wohl Ihrer Aufmerksamkeit nicht so recht wert, aber für mich sind sie von vitaler Bedeutung.

So sagt man zum Beispiel, die Bürokratie werde in den monarchischen Regierungen zu einer wahren Plage. Ich glaube das nicht. Sie besteht aus Tausenden von Staatsdienern, die auf ganz natürliche Weise an die bestehende Ordnung der Verhältnisse gebunden sind. Ich habe ein Heer von Soldaten, ein Heer von Richtern, ein Heer von Arbeitern, ich will auch ein Heer von Beamten haben.

Montesquieu
Sie geben sich gar nicht mehr die Mühe, etwas zu begründen.

* Dieser Satz steht in der Einleitung zum *Geist der Gesetze*.

Machiavelli
Habe ich denn die Zeit dazu?

Montesquieu
Nein. Fahren Sie nur fort.

Machiavelli
In den Staaten, die einmal eine monarchische Regierung hatten — und sie haben alle eine solche im Laufe ihrer Geschichte mindestens einmal gehabt —, habe ich festgestellt, daß die Leute wie toll hinter Orden und Ehrenzeichen her sind. Das kostet den Herrscher fast nichts, und er kann die Leute glücklich machen, ja, mehr als das, er kann sich mit ein paar Stückchen Stoff, mit etwas Gold- oder Silberblech treue Anhänger erwerben. Ich würde so ziemlich ausnahmslos alle dekorieren, die das von mir wünschen. Ein mit Orden geschmückter Mann ist ein mir ergebener Mann. Ich würde aus diesen Ehrenzeichen ein Abzeichen machen, das alle mir ergebenen Untertanen zusammenschließt. Ich bin überzeugt, daß ich für den Preis dieses Abzeichens elf Zwölftel der Männer meines Reiches kaufen kann. So verwirkliche ich, soweit es in meinen Kräften steht, das Streben des Volkes nach Gleichberechtigung. Sie müssen bedenken: Je mehr das Volk im ganzen auf Gleichberechtigung aus ist, um so mehr haben die einzelnen eine Vorliebe für Auszeichnungen, durch die sie sich von den anderen unterscheiden. Man hat damit ein Mittel, auf die Menschen einzu-

wirken, und es wäre zu unklug, wenn man darauf verzichten wollte. Infolgedessen bin ich auch gar nicht geneigt, auf die Titel zu verzichten, wie Sie mir das angeraten haben. Ich werde sie rings um mich her zugleich mit den Würden noch vermehren. Ich möchte an meinem Hofe die Etikette eines Ludwig XIV., die Beamtenhierarchie eines Konstantin haben, strenge Umgangsformen in der Diplomatie, ein eindrucksvolles Zeremoniell. Das sind die Mittel, mit denen eine Regierung unfehlbar auf den Geist der großen Masse wirkt. Kommt das alles zusammen, so erscheint der Herrscher wie ein Gott.

Man hat mir versichert, daß in den Staaten, die nach Ihren Ideologien die demokratischsten zu sein scheinen, der alte, aus der Monarchie stammende Adel fast nichts von seinem Ansehen verloren hat. Als Kammerherren werde ich mir die Edelleute aus den ältesten Häusern nehmen. Viele alte Namen dürften erloschen sein. Ich werde sie kraft meiner mir als Souverän zukommenden Macht mit ihren alten Titeln wiedererstehen lassen, und man würde an meinem Hofe die größten Namen der Geschichte seit Karl dem Großen finden.

Diese Ideen werden Ihnen phantastisch erscheinen; aber ich kann Ihnen versichern, daß Sie zur Festigung meiner Dynastie mehr beitragen als die mit größter Weisheit gegebenen Gesetze. Der Fürstenkult ist eine Art Religion, und wie alle Religionen führt dieser Kultus zu Unbegreiflichkeiten und zu

Mysterien, die höher sind als alle Vernunft.* Jede meiner Handlungen, so unerklärlich sie auch zu sein scheint, entspringt einer Berechnung, deren einziger Gegenstand mein Wohl und das meiner Dynastie ist. So habe ich es übrigens auch in meinem Buche über den Fürsten gesagt: Was wirklich schwer ist, das ist die Machtergreifung; leicht aber ist es, die Macht zu behalten; denn im ganzen genügt es, das zu beseitigen, was ihr schadet, und das einzuführen, was sie schützt. Das Wesentliche an meiner Politik, wie Sie das ja sehen konnten, ist es, mich unentbehrlich zu machen.** Ich habe nur so viele organisierte Kräfte zerstört, wie es nötig war, damit nichts ohne mich funktionieren kann, auf daß selbst die Feinde meiner Macht davor Angst haben, diese Macht zu stürzen.

Was mir jetzt noch zu tun übrigbleibt, ist die Entwicklung der moralischen Mittel, deren Keime in meinen Einrichtungen enthalten sind. Meine Herrschaft ist eine Herrschaft der Freuden. Sie werden es mir nicht verargen, wenn ich mein Volk durch Spiele, durch Feste erheitere. Dadurch erweiche ich die Moral. Man kann sich nicht verhehlen, daß unsere Zeit das Zeitalter des Geldes ist. Die Bedürfnisse haben sich verdoppelt; der Luxus ruiniert ganze Familien; überall strebt man nach materiellen Genüssen. Ein Herrscher dürfte kein Kind seiner Zeit sein, wenn er nicht diese allgemein verbreitete Geldgier und diese Sucht nach sinnlichen Genüssen,

---

* *Geist der Gesetze,* XXV. Buch, 9. Kap.
** *Der Fürst,* 9. Kap.

von der die Menschen heute verzehrt werden, zu seinem Nutzen zu verwenden wüßte. Wenn die Armut sie bedrückt, die Sinnlichkeit sie bedrängt, der Ehrgeiz sie verzehrt, dann sind die Menschen mir verfallen. Wenn ich aber auch so rede, so ist es im Grunde genommen doch das Interesse an meinem Volke, das mich leitet. Ja, ich werde aus dem Bösen das Gute hervorgehen lassen. Ich werde die materialistische Gesinnung zu Gunsten der Eintracht und der Kultur ausnutzen. Ich werde die politischen Leidenschaften der Menschen dadurch zum Erlöschen bringen, daß ich ihren Ehrgeiz, ihre Lüsternheit und ihre Bedürfnisse befriedige. Mein Bestreben ist es, die Männer, die unter den vorausgehenden Regierungen im Namen der Freiheit den größten Lärm geschlagen haben, zu Dienern meines Regimes zu machen. Es geht einem mit den Leuten von größter Charakterstärke so wie mit der Frau des reichen Mannes; man braucht nur den Preis zu verdoppeln, um sie zu haben. Die für Geld nicht zu haben sind, werden nicht widerstehen, wenn man ihnen Ehren anbietet. Die man für Ehren nicht bekommt, werden dem Geld nicht widerstreben. Wenn die Leute so sehen, wie die Menschen umfallen, die man für die reinsten Charaktere hielt, wird die öffentliche Meinung in diesem Punkte so nachgiebig werden, daß sie es schließlich völlig aufgibt. Worüber soll man sich denn auch beklagen? Ich werde nur gegen die hart sein, die von der Politik nicht lassen können. Ich werde nur diese eine Leidenschaft verfolgen, die anderen werde ich sogar insgeheim begünstigen auf den tausend unterirdischen Wegen, die der absoluten Macht zur Verfügung stehen.

Montesquieu
Nachdem Sie das politische Gewissen vernichtet haben, mußten Sie ja nun auch das menschliche Gewissen zerstören. Sie haben die Gemeinschaft getötet, jetzt töten Sie den einzelnen Menschen. Wenn es doch Gott so fügte, daß Ihre Worte oben auf der Erde gehört werden könnten. Nie hätten die Menschen eine schlagendere Widerlegung Ihrer eigenen Lehren zu hören bekommen.

Machiavelli
Lassen Sie mich zum Ende kommen.

VIERUNDZWANZIGSTES GESPRÄCH

Machiavelli
Ich habe Sie jetzt nur noch auf gewisse Eigenheiten meiner Handlungsweise, gewisse Gewohnheiten in meinem Benehmen hinzuweisen, die meiner Regierung das ihr eigentümliche Gesicht geben.

Zunächst möchte ich, daß meine Absichten selbst denen unergründbar sind, die zu meiner nächsten

Umgebung gehören. Ich würde mich in dieser Hinsicht wie Alexander VI. und wie der Herzog von Valentinois benehmen. Am römischen Hofe sagte man sprichwörtlich von dem Ersten, daß er niemals täte, was er sagte, und von dem Zweiten, daß er niemals sagte, was er täte. Ich werde meine Pläne erst mitteilen, wenn ich ihre Ausführung anordne, und ich werde meine Anordnungen erst im letzten Augenblick geben. Borgia machte es nie anders. Selbst seine Minister wußten nichts, und seine Umgebung war immer auf einfache Mutmaßungen angewiesen. Ich habe die Gabe, ganz unbewegt zu erscheinen, wenn meine Beute, auf die ich Jagd mache, einmal da ist. Ich sehe dann nach der anderen Seite, und wenn sie in meine Reichweite gekommen ist, drehe ich mich plötzlich um und stürze mich auf sie, bevor sie auch nur die Zeit gehabt hat, einen Schrei auszustoßen.

Sie können sich gar nicht vorstellen, welches Ansehen eine solche Verstellungskunst einem Fürsten gibt. Wenn sie sich mit der Wucht der Tat verbindet, umgibt ihn eine abergläubische Scheu. Seine Räte fragen sich leise, was wohl wieder seinem Kopf entspringen wird. Das Volk setzt sein Vertrauen nur auf ihn allein. Er ist in seinen Augen die personifizierte Vorsehung, deren Wege unbekannt sind. Wenn das Volk ihn vorbeikommen sieht, denkt es mit einem unwillkürlichen Schauder daran, was er mit einem Winke seiner Augen ins Werk setzen könnte. Die benachbarten Staaten sind immer in

Furcht und überschütten ihn mit Bezeugungen ihrer Ehrerbietung; denn sie wissen nie, ob nicht ein schon völlig vorbereitetes Unternehmen von heute auf morgen über sie hereinbrechen wird.

Montesquieu
Sie sind hart gegen Ihr Volk, das Sie unter Ihr Joch gebeugt haben; aber wenn Sie die Staaten, mit denen Sie unterhandeln, so betrügen, wie Sie Ihre Untertanen betrügen, werden Sie bald durch eine Koalition erdrückt werden.

Machiavelli
Sie bringen mich von meinem Gegenstande ab; denn ich befasse mich hier nur mit der Innenpolitik. Aber wenn Sie eins der wichtigsten Mittel kennenlernen wollen, mit dessen Hilfe ich die Koalition der ausländischen Staaten, die mich hassen, in Schach halte, so will ich es Ihnen nennen: Ich herrsche über ein gewaltig großes Reich, das habe ich Ihnen schon gesagt. Nun, da würde ich mir unter den angrenzenden Staaten irgendein großes, in Verfall geratenes Land aussuchen, das danach strebt, wieder hochzukommen. Ich würde es ganz in die Höhe bringen mit Hilfe eines großen Krieges, wie man das an Schweden, an Preußen erlebt hat und wie man es von heute auf morgen an Deutschland oder an Italien erleben könnte. Und dieses Land, das nur von meiner Gnade lebt, das nur ein Ableger meiner eigenen Existenz ist, würde mir, solange ich an der

Macht bin, noch dreihunderttausend Mann gegen das ganze bewaffnete Europa zur Verfügung stellen.

Montesquieu
Und wie steht es da mit dem Wohle Ihres eigenen Staates, an dessen Seite Sie auf diese Weise eine Macht großziehen würden, die Ihre Rivalin und infolgedessen zur gegebenen Zeit Ihre Feindin sein wird?

Machiavelli
Ich habe vor allem mich selbst zu erhalten.

Montesquieu
Und sonst kümmern Sie sich um nichts, nicht einmal um das Schicksal Ihres eigenen Reiches?

Machiavelli
Wer sagt Ihnen das? Für mein Wohl sorgen heißt zugleich für das Wohl meines Reiches sorgen.

Montesquieu
Sie lassen einen Schleier nach dem andern von Ihrem königlichen Angesichte fallen; ich möchte es nun ganz sehen.

Machiavelli
Unterbrechen Sie mich doch nicht immer.
Kein Fürst, so begabt er auch sein mag, besitzt alle geistigen Fähigkeiten, die er braucht. Die größte Begabung eines Staatsmannes besteht gerade darin,

daß er sich die Gedanken aneignet, von denen er in seiner Umgebung hört. Man findet da sehr oft ganz einleuchtende Ansichten. Deshalb würde ich meinen Staatsrat recht oft einberufen, ich würde ihn diskutieren und in meiner Gegenwart über die wichtigsten Fragen debattieren lassen. Wenn der Herrscher sich kein eigenes Urteil zutraut oder sprachlich nicht gewandt genug ist, seine wahre Meinung hinter seinen Worten zu verbergen, soll er schweigen oder nur reden, um die Diskussion vorwärtszutreiben. Es ist selten, daß man in einem gut zusammengesetzten Staatsrat nicht irgendwie herausbekommt, für welche Meinung man in einer gegebenen Situation Partei zu ergreifen hat. Man eignet sie sich an, und öfter ist einer von denen, die ihre Ansicht ganz unbemerkt geäußert haben, sehr erstaunt, wenn er am nächsten Tage sieht, wie sein Gedanke ausgeführt wird.

Sie konnten bei allen meinen Einrichtungen und meinen Handlungen bemerken, welchen Wert ich immer darauf gelegt habe, den Schein zu wahren. Man muß das mit seinen Worten ebenso tun wie mit seinen Taten. Das größte Raffinement aber besteht darin, daß man die Leute an seine Aufrichtigkeit glauben läßt, wo man selbst gar nicht aufrichtig sein will. Nicht nur meine Gedanken werden unergründbar sein, sondern auch meine Worte werden fast immer das Gegenteil von dem bedeuten, was sie anzukündigen scheinen. Nur die Eingeweihten werden den Sinn der typischen Redewendungen erfassen, die ich von Zeit zu Zeit von der Höhe meines Thrones ins Volk fallen lassen werde. Wenn ich sage: Meine Regierung ist eine Regierung des Friedens, so bedeutet das, daß es bald Krieg geben wird. Wenn ich sage, daß ich mich auf die Anwendung von Waffen des Geistes beschränke, so heißt das, daß ich Gewaltmittel anwenden werde. Verstehen Sie mich?

Montesquieu

Ja.

Machiavelli

Sie haben gehört, daß meine Presse hundert verschiedene Stimmen hat und daß sie alle von der Größe meiner Herrschaft reden, von der Begeisterung meiner Untertanen für ihren Herrn, daß sie gleichzeitig dem Publikum die Meinungen, die Gedanken in den Mund legen, und zwar bis auf die Formulierungen, die sie dann in ihren Gesprächen brauchen. Sie haben ferner gehört, daß meine Minister unaufhörlich die Öffentlichkeit mit Rechenschaftsberichten überraschen, die nicht anzuzweifeln sind. Was mich selbst betrifft, so würde ich nur selten das Wort ergreifen, nur einmal im Jahre, dann hier und da bei bedeutenden Anlässen. Daher wird jede meiner Kundgebungen nicht nur in einem Reiche, sondern in ganz Europa als ein Ereignis betrachtet werden.

Ein Fürst, dessen Macht auf demokratischer Grundlage ruht, muß sich einer gepflegten, aber doch populären Sprache bedienen. Wenn es nötig ist, darf er sich nicht davor scheuen, wie ein Demagoge zu sprechen; denn er stellt immerhin in seiner Person das Volk dar, und er muß auch seine Leidenschaften haben. Er muß ihm etwas entgegenkommen, ihm ein paar Schmeicheleien sagen und gelegentlich einige Sentimentalitäten anbringen. Er braucht sich nicht darum zu kümmern, daß diese Mittel in den Augen der Gebildeten niedrig und kindisch erscheinen. Das Volk wird es nicht so genau nehmen, und der Erfolg wird das rechtfertigen.

In meinem Buche empfehle ich dem Fürsten, sich einen großen Mann der Vergangenheit zum Vorbild zu nehmen und möglichst seinen Spuren zu folgen.* Solche Ähnlichkeiten mit historischen Personen machen auf die Massen einen großen Eindruck. Man wächst in ihrer Phantasie, man gibt sich schon bei Lebzeiten den Platz, den die Nachwelt einem einräumen wird. Außerdem findet man in der Geschichte dieser großen Männer Ähnlichkeiten, nützliche Hinweise, oft auch die gleichen Situationen, woraus man wertvolle Belehrungen entnimmt, denn in der Geschichte findet man alle wichtigen Lehren über die Politik. Wenn man einen großen Mann gefunden hat, mit dem man sich vergleichen kann, dann kann man noch weiter gehen. Sie wissen, daß es die Völker lieben, wenn ein Fürst gebildet ist, wenn er sich für die schöngeistigen Wissenschaften interessiert, wenn er selbst Talent dazu hat. Nun,

* *Der Fürst,* Kap. 14.

dann könnte der Fürst seine Mußestunden nicht besser ausnützen als zum Beispiel damit, daß er die Geschichte des großen Mannes der Vergangenheit schreibt, den er sich zum Muster genommen hat. Die strenge Wissenschaft mag ruhig diese Erzeugnisse schwacher Stunden verurteilen. Wenn der Herrscher ein starker Mann ist, verzeiht man sie ihm, und sie geben ihm sogar eine gewisse Anmut.

Einige Schwächen, ja sogar einige Laster sind übrigens dem Fürsten ebenso nützlich wie die Tugenden. Sie konnten die Wahrheit dieser Beobachtung schon daran erkennen, wie ich mich bald der Doppelzüngigkeit, bald der Gewalt bediente. So darf man zum Beispiel nicht glauben, daß es dem Herrscher schaden könnte, wenn er seiner Natur nach rachsüchtig ist. Wenn es auch oft gut ist, Milde und Hochherzigkeit walten zu lassen, so muß doch in bestimmten Augenblicken sein Zorn sich auf eine fürchterliche Weise entladen. Der Mensch ist Gottes Ebenbild, und die Gottheit zeigt in ihren Werken nicht weniger Härte als Barmherzigkeit. Wenn ich den Untergang meiner Feinde beschlossen habe, so werde ich sie niedertreten, bis von ihnen nur noch Staub übrigbleibt. Die Menschen rächen sich nur für kleines Unrecht, das ihnen angetan wurde, dem großen Unrecht gegenüber sind sie machtlos.* Das habe ich übrigens ausdrücklich in meinem Buche gesagt. Der Fürst hat ja die Wahl unter den Werkzeugen, die er in den Dienst seines

---

* *Der Fürst,* Kap. 3.

Zornes stellen will. Er wird immer Richter finden, die bereit sind, ihr Gewissen seinen Unternehmungen, die der Rache oder dem Haß dienen, zum Opfer zu bringen.

Sie brauchen nicht zu fürchten, daß das Volk sich jemals über die Schläge aufregen wird, die ich austeilen werde. Es möchte gern die Kraft des Armes spüren, der sie führt, und dann haßt es aus natürlichem Instinkt jeden, der sich über das Volk erhebt, und es freut sich, wenn man ihn niederschlägt. Und Sie müssen ferner daran denken, wie leicht man vergißt. Wenn die Zeit der Bestrafung vorbei ist, erinnern sich sogar kaum noch die daran, die von ihr betroffen wurden. Tacitus berichtet, daß in Rom zur Zeit der Spätantike die Opfer geradezu mit einer gewissen Freudigkeit ihrer Bestrafung entgegengingen. Sie verstehen wohl, daß es sich in den modernen Zeiten um so etwas nicht handelt. Die Sitten sind recht milde geworden. Landesverweisungen, Verhaftungen, der Verlust der bürgerlichen Rechte, das sind recht leichte Strafen. Gewiß mußte man Blut vergießen, um zur souveränen Macht zu gelangen, und sehr viele Rechte verletzen; aber — ich wiederhole es — alles wird einmal vergessen. Das geringste Entgegenkommen des Fürsten, einige Höflichkeiten seiner Minister oder seiner Beamten werden mit den Zeichen größter Dankbarkeit aufgenommen werden.

Wenn man nicht umhin kann, mit unbeugsamer Härte zu strafen, so muß man auch mit derselben

Pünktlichkeit belohnen. Und das werde ich niemals unterlassen. Wenn jemand meiner Regierung einen Dienst erwiesen hat, so soll er noch am selben Tage seinen Lohn dafür bekommen. Anstellungen, Auszeichnungen, die Verleihung höchster Würden sollen bestimmte Etappen in der Laufbahn derer sein, die sich um die Durchführung meiner Politik ein Verdienst erworben haben. In der Armee, in der Verwaltung, in allen öffentlichen Ämtern wird die Beförderung nach der mehr oder weniger guten Gesinnung und dem Grade des Einsatzes für meine Regierung bemessen werden. Sie schweigen dazu.

Montesquieu
Fahren Sie nur fort.

Machiavelli
Ich komme noch einmal auf gewisse Charakterfehler, ja sogar Wunderlichkeiten zurück, von denen ich glaube, daß sie ein Herrscher haben muß. Die Ausübung der Macht hat etwas Furchterregendes an sich. So geschickt ein Souverän auch sein mag, so unfehlbar sein Scharfblick und so hart seine Entschlossenheit ist, seine Existenz hängt doch immer noch von einem ungeheuren Risiko ab. Er muß abergläubisch sein. Glauben Sie ja nicht, daß das von geringer Bedeutung ist. Es gibt im Leben der Fürsten so schwierige Situationen, so schwerwiegende Augenblicke, daß die menschliche Voraussicht ver-

sagt. In solchen Fällen kann man beinahe darum würfeln, was man tun soll. Die Methode, die ich verfolgen würde, besteht darin, daß ich mich bei gewissen Konstellationen an historische Daten halten, glückbringende Gedenktage heranziehen und diesen oder jenen kühnen Entschluß an einem Glückstage fassen würde, an dem ich einen Sieg errungen, ein geglücktes Unternehmen durchgeführt habe. Ich kann Ihnen sagen, daß der Aberglaube noch einen anderen sehr großen Vorteil hat, wenn das Volk diese Neigung seines Monarchen kennt. Die von solchen glückbringenden Umständen abhängig gemachten Unternehmen gelingen öfters. Man muß diese Vorbedeutungen nun auch dann benutzen, wenn man des Erfolges sicher ist. Das Volk, das nur nach dem Erfolg urteilt, gewöhnt sich daran zu glauben, daß jede Tat des Herrschers in den Sternen geschrieben steht und daß ein Unternehmen, das zu einer historischen Stunde begonnen wird, das Glück erzwingt.

Montesquieu
Und damit ist das Letzte gesagt, was Sie zu sagen haben: Sie sind ein Spieler.

Machiavelli
Jawohl, aber ich habe dabei ein unerhörtes Glück. Meine Hand ist so sicher, mein Kopf so reich an Einfällen, daß das Glück sich nicht von mir wenden kann.

Montesquieu
Da Sie ihr eigenes Bild entwerfen, dürften Sie noch andere Fehler oder — nach Ihrem Urteil — andere Tugenden haben, die Sie sich selbst verzeihen.

Machiavelli
Verzeihen Sie mir die Sinnlichkeit. Die Leidenschaft für die Frauen ist dem Ansehen eines Herrschers weit dienlicher, als Sie es sich denken können. Heinrich IV. verdankte seinen Ausschweifungen einen Teil seiner Popularität. Die Menschen sind nun einmal so, daß dieser Zug ihnen an denen gefällt, die über sie herrschen. Sich über die guten Sitten hinwegzusetzen, danach trachtete man zu allen Zeiten, und es gab einen Wettstreit in der Galanterie, bei dem der Fürst den anderen voraneilen muß, so wie er seinen Soldaten vor dem Feinde voranstürmt. So denken die Franzosen, und ich nehme an, daß das dem berühmten Verfasser der *Persischen Briefe* nicht allzusehr mißfällt. Ich möchte mir nicht erlauben, auf zu gemeine Gedanken zu verfallen, aber ich kann mich doch nicht enthalten, Ihnen zu sagen, daß es das greifbarste Ergebnis der Galanterie des Fürsten ist, daß er sich damit die Sympathie der ganzen schöneren Hälfte seiner Untertanen erwirbt.

Montesquieu
Das wird ja ganz poetisch.

Machiavelli

Man kann ernste Absichten verfolgen und doch dabei galant sein. Sie haben ja davon selbst eine Probe gegeben. Ich habe von meinem Vorschlag nichts zurückzunehmen. Der Einfluß der Frauen auf die öffentliche Meinung ist beträchtlich. Wenn der Herrscher ein guter Politiker sein will, ist er geradezu dazu verurteilt, Liebschaften einzugehen, selbst wenn ihm das im Grunde genommen gar nicht liegt. Aber dieser Fall wird selten eintreten.

Ich kann Ihnen versichern, daß man, wenn ich die Regeln befolge, die ich eben aufgestellt habe, sich in meinem Reiche sehr wenig um die Freiheit kümmern wird. Es wird einen Herrscher haben, der kräftig, ausschweifend, von ritterlicher Gesinnung, geschickt in allen körperlichen Übungen ist, und man wird ihn lieben. Die ernsteren Leute werden daran nichts ändern. Man läßt sich mit dem Strome treiben, ja noch mehr: Die selbständigen Charaktere werden in Verruf kommen; man wird sich von ihnen fernhalten. Man wird weder an ihre Charakterfestigkeit noch an ihre Uneigennützigkeit glauben. Sie werden als Unzufriedene gelten, die nur darauf aus sind, sich kaufen zu lassen. Wenn ich nicht hier und da einen begabten Mann förderte, würde man ihn von allen Seiten ablehnen, man würde über die Gewissen so leicht hinwegschreiten wie über das Straßenpflaster. Aber im tiefsten Grunde werde ich doch ein sittenstrenger Herrscher sein. Ich werde nicht zulassen, daß man gewisse Grenzen überschreitet. Ich werde den im öffentlichen Leben geforderten Anstand überall respektieren, wo ich merke, daß er geachtet sein will. Der Schmutz wird nicht an mich herankommen; denn ich werde alles, was gegen die Tätigkeit meiner Regierung Haß erregt, auf andere abwälzen. Das Schlimmste, was man von mir sagen könnte, wäre, daß ich zwar ein guter Herrscher, aber von bösen Menschen umgeben bin, daß ich das Beste will, daß ich mit allem Eifer danach strebe und daß ich es auch immer tun werde, wenn man mich nur darauf aufmerksam machte.

Wenn Sie nur wüßten, wie leicht es ist, zu regieren, wenn man die absolute Macht hat. Da gibt es keinen Widerspruch, keinen Widerstand. Man kann in Ruhe seine Pläne verfolgen, man hat die Zeit dazu, die Fehler, die man begehen sollte, wiedergutzumachen. Man kann ohne Opposition für das Glück seines Volkes sorgen; denn das ist es doch, was ich immer im Auge habe. Ich kann Ihnen versichern, daß man sich in meinem Reiche nicht langweilen wird. Die Gemüter der Menschen werden unaufhörlich mit tausenderlei Dingen beschäftigt sein. Ich werde dem Volke das Schauspiel meiner Equipagen und der feierlichen Aufzüge meines Hofes bieten, man wird große Festlichkeiten vorbereiten, ich werde Gärten anlegen, ich werde Könige zu Gast bitten, werde Gesandtschaften aus den fernsten Ländern kommen lassen. Bald werden es Gerüchte über einen bevorstehenden Krieg sein, bald diplomatische Verwicklungen, über die man ganze Monate lang sprechen wird. Ich werde noch weiter gehen. Ich werde selbst dem Freiheitswahn Genüge tun. Die unter meiner Regierung zu führenden Kriege werden im Namen der Freiheit der Völker und der Unabhängigkeit der Nationen geführt werden, und während mir die Völker auf meinem Siegeszuge zujubeln, werde ich den absoluten Königen heimlich ins Ohr flüstern: Fürchtet nichts, ich gehöre zu euch, ich trage eine Krone wie ihr, und ich gedenke, sie zu behalten. Ich schließe die europäische Freiheit in meine Arme, aber nur, um sie zu erdrücken.

Nur eins könnte einen Augenblick lang mein Glück trüben, das wäre der Tag, an dem man überall zu der Erkenntnis kommt, daß meine Politik nicht ehrlich ist, daß alle meine Taten auf Berechnung beruhen.

Montesquieu
Und wer wird so blind sein, daß er das nicht sieht?

Machiavelli
Mein ganzes Volk mit Ausnahme einiger Kreise, um die ich mich nicht kümmern werde. Im übrigen habe ich mir in meiner nächsten Umgebung eine Schule von Politikern herangebildet, die eine relativ große Macht darstellt. Sie machen sich keine Vorstellung davon, wie ansteckend der Machiavellismus ist und wie leicht man seine Lehren befolgen kann.

In allen Regierungsbehörden wird es Männer geben, die keine oder nur sehr geringe Charakterfestigkeit haben, echte Machiavellis kleinen Formats, die listig sind, sich verstellen und mit einer unerschütterlichen Kaltblütigkeit lügen. So wird die Wahrheit niemals ans Licht kommen können.

Montesquieu
Wenn Sie in dieser Unterhaltung vom Anfang bis zum Ende Ihren Spaß mit mir getrieben haben, wie ich das glaube, Machiavelli, so ist diese Ironie Ihre prächtigste Leistung.

Machiavelli
Eine Ironie! Wenn Sie das meinen, so täuschen Sie sich aber sehr. Begreifen Sie denn nicht, daß ich hier ohne jede Beschönigung geredet habe und daß es die furchtbare Macht der Wahrheit ist, die meinen Worten den Ton gibt, den Sie herauszuhören glauben?

Montesquieu
Sie sind fertig.

Machiavelli
Noch nicht.

Montesquieu
So kommen Sie zum Ende.

FÜNFUNDZWANZIGSTES GESPRÄCH

Machiavelli
Ich werde so zehn Jahre lang regieren, ohne irgend etwas an meiner einmal erfolgten Gesetzgebung zu ändern. Der Enderfolg ist nur um diesen Preis zu haben. Nichts, aber auch gar nichts darf in dieser Zeit geändert werden. Der Deckel, mit dem der Dampfkessel geschlossen wird, muß aus Eisen und schwer wie Blei sein. Und während dieser Zeit vollzieht sich der Vorgang der Auflösung des Parteigeistes. Sie meinen vielleicht, daß man sich nicht wohl fühlen, daß man sich beklagen wird. Aber nein! Ich würde einen unverzeihlichen Fehler begangen haben, wenn es so wäre. Wenn aber die Federn aufs stärkste angespannt sind, wenn ich mein Volk mit den fürchterlichsten Lasten bedrücke, dann wird man sagen: Wir haben nur die Regierung, die wir verdient haben, und wir müssen sie ertragen.

Montesquieu
Es ist recht kurzsichtig, wenn Sie das als Verteidigung Ihrer Herrschaft anführen, wenn Sie nicht begreifen, daß, wenn diese Worte ausgesprochen werden, in ihnen eine heftige Sehnsucht nach der Vergangenheit liegt. Aus diesen Worten spricht der Fatalismus des Stoikers, der Ihnen den Tag des Gerichts ankündigt.

Machiavelli
Unterbrechen Sie mich nicht. Dann ist die Stunde gekommen, die Federn zu entspannen. Ich werde dem Volke einige Freiheiten wiedergeben.

Montesquieu
Es wäre tausendmal besser, wenn Sie Ihre Unterdrückung bis zum Äußersten trieben. Ihr Volk wird Ihnen antworten: Behalten Sie nur, was Sie uns genommen haben.

Machiavelli
Daran erkenne ich so recht den unversöhnlichen Haß der Parteien. Nur nichts an seinen politischen Gegnern anerkennen, gar nichts, auch ihre Wohltaten nicht.

Montesquieu
Nein, Machiavelli, wir wollen nichts mit Ihnen zu tun haben, gar nichts! Das Opfer, das zur Schlachtbank geführt wird, nimmt von seinem Henker keine Wohltaten an.

Machiavelli
Was das angeht, wie leicht würde ich die geheimen Gedanken meiner Feinde durchschauen. Diese Leute bilden sich ein, sie hoffen, daß die von mir unter Druck gesetzte Expansionskraft mich früher oder später einmal wegschleudern wird. Das ist Wahnsinn! Sie werden mich erst kennenlernen,

wenn ich mein Werk zu Ende gebracht habe. Was braucht man denn in der Politik, um bei größtmöglichem Druck jeder Gefahr der Explosion zu begegnen? Man braucht eine unmerkliche Öffnung als Ventil. Und man soll sie haben.

Ich werde dem Volke keine beachtlichen Freiheiten geben, das steht fest. Nun ja, man muß doch erst einmal sehen, bis zu welchem Grade der Absolutismus schon zur Gewohnheit geworden ist. Ich gehe jede Wette ein, daß beim ersten Gerücht von der Gewährung dieser Freiheiten in meiner nächsten Umgebung Stimmen des Entsetzens ertönen werden. Meine Minister, meine Staatsräte werden sagen, daß ich das Steuer aus der Hand gebe, daß alles verloren ist. Man wird mich im Namen des Staatswohls, des ganzen Landes beschwören, nichts dergleichen zu tun. Das Volk wird sagen: Was denkt er sich eigentlich? Sein Genius verläßt ihn. Die Indifferenten werden sagen: Das ist ein toter Mann.

Montesquieu
Und sie werden alle recht haben; denn ein moderner Schriftsteller* hat gesagt, und darin liegt eine tiefe Wahrheit: »Will man den Menschen ihre Rechte rauben, so darf man es nicht halb tun. Was man ihnen läßt, das dient ihnen nur dazu, sich das wieder zu erobern, was man ihnen nimmt. Die Hand, die frei geblieben ist, befreit die andere von ihren Fesseln.«

* Benjamin Constant (Anmerkung des Übersetzers).

Machiavelli
Das ist sehr richtig gedacht. Das ist sehr wahr. Ich weiß, daß ich mich sehr weit vorwage. Sie sehen doch wohl ein, daß man ungerecht gegen mich ist, daß ich die Freiheit mehr liebe, als man meint. Sie haben mich vor kurzem gefragt, ob ich mich selbst verleugnen könnte, ob ich mich für meine Völker opfern, ob ich gegebenenfalls vom Throne steigen könnte. Hier haben Sie meine Antwort: Ich kann vom Throne steigen, aber als Märtyrer.

Montesquieu
Sie sind recht weich geworden. Was für Freiheiten werden Sie denn dem Volke wiedergeben?

Machiavelli
Ich erlaube meiner gesetzgebenden Kammer, mir jedes Jahr am Neujahrstage ihre Wünsche in der Form einer Adresse vorzutragen.

Montesquieu
Und da die überwiegende Mehrheit der Kammer Ihnen ergeben ist, was können Sie da anderes erhalten als Danksagungen und Erweise der Bewunderung und Verehrung?

Machiavelli
Nun ja! Sind diese Erweise nicht ganz natürlich?

Montesquieu
Sind das alle Freiheiten?

Machiavelli
Aber diese erste Konzession ist doch schon recht bedeutend, was Sie auch dagegen sagen mögen. Ich werde aber dabei nicht stehenbleiben. Es vollzieht sich heute in ganz Europa eine gewisse Bewegung, die sich gegen die Zentralisation richtet, nicht bei den Massen, wohl aber in den Kreisen der Gebildeten. Ich werde dezentralisieren, das heißt, ich werde meinen Gouverneuren in der Provinz das Recht geben, viele kleine lokale Angelegenheiten abzutrennen, die vorher von der Genehmigung meiner Minister abhängig waren.

Montesquieu
Sie machen dadurch die Tyrannei nur noch unerträglicher, wenn die Gemeinde selbst bei dieser Reform nicht berücksichtigt wird.

Machiavelli
Da haben wir diese verhängnisvolle Übereilung, mit der alle vorstürmen, die Reformen fordern. Man muß auf dem Wege der Freiheit mit vorsichtigen Schritten vorwärtsgehen. Ich werde mich aber auf das, was ich sagte, nicht beschränken. Ich gewähre Freiheiten auf dem Gebiete des Geschäftslebens.

Montesquieu
Davon sprachen Sie schon.

Machiavelli
Weil mir die Industrie immer am Herzen liegt. Ich möchte nicht, daß man sagt, meine Gesetzgebung gehe durch mein übertriebenes Mißtrauen gegen das Volk darauf aus, es daran zu hindern, selbst für seinen Lebensunterhalt zu sorgen. Aus diesem Grunde werde ich den Kammern Gesetze vorlegen, die bezwecken, den Verboten der Bildung von Handelsgesellschaften entgegenzuwirken. Im übrigen macht die Toleranz meiner Regierung eine solche Maßnahme völlig unnötig, und da man sich schließlich nicht die Waffen aus der Hand nehmen zu lassen braucht, wird an dem Gesetz außer seiner Formulierung nichts geändert werden. Heute hat man ja in den Kammern Deputierte, die sehr gern zu solchen unschuldigen Manövern bereit sind.

Montesquieu
Ist das alles?

Machiavelli
Ja. Denn das ist viel, vielleicht schon zu viel. Aber ich glaube, ich darf hierüber beruhigt sein. Meine Armee ist begeistert, meine Beamtenschaft ist treu, und meine Strafgesetzgebung funktioniert mit der Regelmäßigkeit und der Präzision jener alles ver-

mögenden und furchtbaren Maschinen, die die moderne Wissenschaft erfunden hat.

Montesquieu
So werden Sie also an den Pressegesetzen nichts ändern?

Machiavelli
Sie würden das selbst nicht wünschen.

Montesquieu
Auch nichts an den Gesetzen für die Verwaltung der Gemeinden?

Machiavelli
Wie wäre das möglich.

Montesquieu
Auch nichts an Ihrem System der Beeinflussung der Volksabstimmung?

Machiavelli
Nein.

Montesquieu
Auch nichts an der Organisation des Senats, an der des gesetzgebenden Körpers, an Ihrem System der Innen- und Ihrem System der Außen-

politik, an Ihrer Volkswirtschaft, an Ihrer Finanzwirtschaft?

Machiavelli
Ich ändere nur das ab, was ich Ihnen gesagt habe. Um es deutlich zu sagen: Ich trete aus der Zeit des Terrors heraus und begebe mich auf den Weg der Toleranz. Ich kann das ohne Gefahr tun. Ich könnte sogar dem Volke wirkliche Freiheiten wiedergeben, denn man müßte jeden Sinn für Politik verloren haben, wenn man nicht erkennen könnte, daß meine Gesetzgebung zu der von mir angenommenen Zeit alle ihre Früchte getragen hat. Ich habe das Ziel erreicht, das ich Ihnen gezeigt habe. Der Charakter des Volkes hat sich geändert. Die Erleichterungen, die ich gewährte, waren für mich nur das Maß, mit dem ich die Größe meines Erfolges gemessen habe. Alles ist nun vollbracht, alles ist vollendet. Ein Widerstand ist nicht mehr möglich. Es gibt keine Klippe mehr, an der ich scheitern könnte. Es gibt überhaupt nichts mehr! Und deshalb werde ich auch nichts zurückerstatten. Sie haben es schon ausgesprochen: So sieht die Wahrheit in der Praxis aus.

Montesquieu
Kommen Sie schnell zum Ende, Machiavelli. Möge mein Schatten Ihnen nie wieder begegnen, und möge Gott alles, was ich gehört habe, bis zur letzten Spur aus meinem Gedächtnis auslöschen.

Machiavelli

Sehen Sie sich vor, Montesquieu. Bevor die jetzt beginnende Minute in der Ewigkeit versinkt, werden Sie in Angst hinter mir herlaufen, und das Gedenken an diese Unterredung wird Ihre Seele ewig peinigen. .

Montesquieu

Reden Sie.

Machiavelli

Kehren wir also zur Sache zurück. Ich habe das alles, was Sie gehört haben, getan. Durch diese Konzessionen an den liberalen Geist meiner Zeit habe ich die Parteien mit ihrem Haß entwaffnet.

Montesquieu

Sie lassen also diese Maske der Verstellung nicht fallen, der Sie sich bedienten, um Frevel begehen zu können, die noch in keiner menschlichen Sprache beschrieben wurden. Sie wollen also, daß ich aus der ewigen Nacht heraustrete, um Sie zu bekämpfen. Aber Machiavelli! Sie selbst haben doch die Menschen nicht gelehrt, die Menschheit so tief zu erniedrigen! Sie haben doch die Menschen nicht dazu verleitet, gegen ihr Gewissen zu handeln, Sie sind doch nicht auf den Gedanken gekommen, aus der menschlichen Seele einen Dreck zu machen, in dem der göttliche Schöpfer nichts mehr von seinem Ebenbilde erkennt.

Machiavelli
Das ist sehr richtig, man hat mich darin noch übertroffen.

Montesquieu
Machen Sie, daß Sie fortkommen. Setzen Sie diese Unterhaltung nicht einen Augenblick lang fort.

Machiavelli
Ich werde fertig sein, bevor die Schatten, die sich da unten drängen und herankommen, diese dunkle Schlucht erreicht haben, die sie noch von uns trennt. Bevor sie noch dorthin gekommen sind, werden Sie mich nicht mehr wiedersehen und vergebens nach mir rufen.

Montesquieu
So enden Sie denn Ihre Rede. Das soll die Strafe sein für die Unbesonnenheit, die ich beging, als ich mich auf diesen ruchlosen Wortstreit einließ.

Machiavelli
O du Freiheit! Mit welcher Kraft wirst du doch von einzelnen Seelen festgehalten, während das ganze Volk dich verachtet oder sich über deinen Verlust mit ein paar Kindereien trösten läßt. Lassen Sie mich Ihnen hierzu eine ganz kurze Geschichte erzählen: Dion erzählt, daß das römische Volk dem Augustus zürnte, weil einige Gesetze, die er erlassen hatte, zu hart waren, daß sich aber die Unzufrieden-

heit legte, als er den Komödianten Pylades, den die Revolutionäre aus der Stadt verjagt hatten, zurückkommen ließ.

Das ist meine Geschichte. Und nun der Schluß, den der Autor aus ihr zieht; denn ich zitiere hier einen Autor. Er sagt dazu: »Ein solches Volk fühlte sich weit mehr dadurch tyrannisiert, daß man einen Possenreiter vertrieb, als dadurch, daß man ihm alle seine Rechte nahm.«*

Wissen Sie, wer das geschrieben hat?

Montesquieu
Darauf kommt es mir wenig an.

Machiavelli
Erkennen Sie nur sich selbst wieder, Sie waren es. Wenn ich nur niedrig gesinnte Menschen um mich her sehe, was kann ich dafür? Komödianten wird es auch weiter unter meiner Herrschaft geben, und sie müßten sich schon recht schlecht benehmen, wenn ich mich dazu entschließen sollte, sie hinauszuwerfen.

Montesquieu
Ich weiß nicht, ob Sie meine Worte genau wiedergegeben haben; aber jetzt bringe ich Ihnen ein Zitat, für das ich bürgen kann: »Der Charakter der Fürsten trägt zur Freiheit des Volkes ebensoviel bei wie die Gesetze. Er kann, wie sie, aus Menschen Tiere machen und aus Tieren Menschen. Liebt er die

---

* Montesquieu im *Geist der Gesetze*, XIX. Buch, 2. Kap.

freien Seelen, so wird er Untertanen haben, liebt er die niedrigen Naturen, so wird er Sklaven haben.«*

Das ist meine Antwort. Und wenn ich heute diesem Zitat etwas hinzuzufügen hätte, so wäre es dies: »Wenn auch die im Volke herrschende Ehrbarkeit von den Höfen der Könige verbannt wird, wenn sich dort auch eine schamlose Korruption breitmacht, so wird sie doch immer nur in die Seelen derer eindringen, die es mit einem schlechten Herrscher zu tun bekommen. Die Liebe zur Tugend lebt weiter im Herzen des Volkes, und ihre Macht ist so groß, daß der böse Fürst nur zu verschwinden braucht, damit durch die im Wesen der Sache selbst liegende Kraft die Ehrbarkeit zugleich mit der Freiheit in allen Handlungen der Regierung wiederkehrt.«

Machiavelli
Das ist sehr schön gesagt und sehr schlicht in der Formulierung. Sie haben nur mit dem, was Sie da sagten, kein Glück, und zwar deshalb nicht, weil ich selbst in den Köpfen und Herzen meiner Völker die personifizierte Tugend bin, ja, noch mehr: Ich bin die Freiheit in Person, so wie ich die Revolution, der Fortschritt, der moderne Geist und schließlich alles Gute bin, was es in der Kultur meiner Zeit gibt. Ich behaupte nicht, daß man mich achtet, daß man mich liebt, aber ich behaupte, daß man mich ver-

* *Geist der Gesetze,* XII. Buch, 17. Kap.

ehrt, daß das Volk mich geradezu anbetet, daß ich mir, wenn ich es wollte, Altäre errichten lassen könnte; denn das Schicksal hat mir — und das müssen Sie sich klarmachen — die Gaben verliehen, die auf die Massen wirken. In Ihrem Lande hat man Ludwig XVI. enthauptet, der für sein Volk nur das Beste wollte, der es in voller Aufrichtigkeit wollte, mit der ganzen Inbrunst seiner wirklich ehrlichen Seele, und wenige Jahre vorher hatte man Ludwig XIV. Altäre gebaut, der sich um das Volk weniger kümmerte als um die geringste seiner Maitressen, der beim geringsten Vorfall in die Massen hätte schießen lassen, während er selbst mit Lauzun Würfel spielte. Aber ich bin mit dem Volksentscheid, auf den sich meine Macht gründet, noch viel mehr als Ludwig XIV. Ich bin ein Washington, ein Heinrich IV. Ich bin der heilige Ludwig, ein Karl der Weise. Ich nehme Ihre besten Könige zum Beispiel, um Ihnen damit eine Ehre zu erweisen. Ich bin zugleich ein König von Ägypten und von Asien, ich bin ein Pharao, ein Cyrus, ein Alexander, ich bin ein Sardanapal. Das Herz des Volkes schlägt höher, wenn ich vorübergehe. Das Volk läuft wie berauscht hinter mir her. Man treibt mit mir einen Götzendienst. Der Vater zeigt mich seinem Sohne, die Mutter ruft in ihren Gebeten meinen Namen an, das junge Mädchen blickt zu mir auf, seufzt dabei und denkt, daß, wenn mein Blick zufällig auf sie fiele, sie vielleicht einmal auf meinem Lager ruhen könnte. Wird ein unglücklicher Mensch bedrückt, so sagt er:

Wenn der König das wüßte. Will einer sich rächen, hofft er auf Hilfe, so sagt er: Das sollte der König wissen. Im übrigen wird niemals einer zu mir kommen, dem ich nicht mit den Händen voll Geld entgegentrete. Die Leute in meiner Umgebung sind allerdings hartherzig, gewalttätig, sie sind oft wert, daß man sie prügelt, aber das muß auch so sein. Denn ihr hassenswerter, verächtlicher Charakter, ihre niedrige Begehrlichkeit, ihre Übergriffe, ihre schmähliche Üppigkeit, ihr schmutziger Geiz stehen im Gegensatz zu meinem sanften Wesen, zu meinen schlichten Gewohnheiten, meiner grenzenlosen Großmut. Ich sage Ihnen, man betet mich an wie einen Gott. Wenn ein Unwetter ausbricht, eine Teuerung eintritt, eine Feuersbrunst entsteht, dann eile ich herbei, das Volk wirft sich mir zu Füßen, es würde mich auf seinen Armen bis in den Himmel tragen, wenn Gott ihm Flügel gäbe.

Montesquieu
Was Sie nicht daran hindern würde, es beim geringsten Anzeichen eines Widerstandes mit Maschinengewehren auseinanderzujagen.

Machiavelli
Das ist richtig. Aber es gibt nun mal keine Liebe ohne die Furcht.

Montesquieu
Ist dieser scheußliche Traum nun zu Ende?

Machiavelli
Ein Traum! O nein, Montesquieu! Sie werden noch lange jammern. Zerreißen Sie Ihren *Geist der Gesetze,* bitten Sie Gott, daß er Ihnen in seinem Himmel das Vergessen schenkt; denn jetzt wird die furchtbare Wahrheit kommen, von der Sie wohl schon etwas geahnt haben. Das alles, was ich Ihnen gesagt habe, ist nicht geträumt.

Montesquieu
Was wollen Sie damit sagen?

Machiavelli
Das, was ich Ihnen beschrieben habe, alle diese ungeheuerlichen Dinge, von denen sich unser Geist abwendet, dieses Werk, das nur der Teufel selbst vollbringen könnte, das alles ist vollbracht, das alles gibt es, das alles gedeiht im vollen Sonnenlichte, jetzt, zu dieser Stunde an einer Stelle dieser Erde, die wir verlassen haben.

Montesquieu
Wo?

Machiavelli
Nein, das kann ich nicht sagen. Das hieße, Sie einen zweiten Tod sterben zu lassen.

Montesquieu
Aber sprechen Sie doch, um des Himmels willen!

Machiavelli
Nun denn ...

Montesquieu
Was?

Machiavelli
Meine Stunde ist dahin! Sehen Sie nicht, wie der Sturm mich davonträgt!

Montesquieu
Machiavelli!

Machiavelli
Sehen Sie die Schatten, die dicht an Ihnen vorbeifliegen und sich die Augen zuhalten? Erkennen Sie sie wieder? Das sind Ihre Freiheitshelden, um die Sie die ganze Welt beneidete. Jetzt fordern sie von Gott ihr Vaterland zurück ...

Montesquieu
Ewiger Gott, und das hast du geschehen lassen! ...

DOSSIER

KURZE GESCHICHTE EINES PLAGIATS

Wie schon Terentianus wußte, haben Bücher oft seltsame Schicksale. Keinem dürfte ein aberwitzigeres Los zuteil geworden sein als Maurice Jolys *Dialogue aux enfers*. In einem obskuren Verlag und in einer winzigen Auflage erschienen und alsbald verboten, war seine unmittelbare Wirkung minimal; bis heute fehlt der Autor in den meisten Kompendien und Literaturgeschichten. Indirekt und auf höchst verschlungenen Pfaden, plagiiert und entstellt, ja in seiner Intention und seiner Aussage auf den Kopf gestellt, entfaltete es einen makabren Masseneffekt und wurde, gleichsam als sein eigenes Negativ, zu einem der größten und verhängnisvollsten Bucherfolge des 20. Jahrhunderts.

Im Jahre 1903 erschien in einer Petersburger Zeitung eine Artikelserie unter dem Titel *Die Protokolle der Weisen von Zion*. Herausgeber war ein mystischer Schriftsteller namens Sergej Nilius, ein berüchtigter Antisemit, der sich guter Beziehungen zum Zarenhaus rühmen durfte. Zwei Jahre später nahm er den Text in die dritte Auflage seines Buches *Das Große im Kleinen* auf. Der Zar war begeistert und ließ Auszüge aus den *Protokollen* in allen Kirchen Moskaus verlesen. Es kam zu einem Skandal, eine Untersuchungskommission wurde eingesetzt, das angeblich authentische Programm einer jüdischen Weltverschwörung wurde als Fälschung entlarvt und seine Verbreitung durch staatliche oder kirchliche Stellen verboten.

Der Wirkung der Hetzschrift tat das keinen Abbruch. In Rußland erschienen immer neue Auflagen, und von 1917 an traten die *Protokolle* einen Siegeszug durch die ganze Welt an, der bis heute anhält. In Deutschland erlebte die Fälschung zahllose Auflagen. Sie gehörte zum propagandistischen Kanon der Freikorps, der Deutschnationalen und der Nationalsozialisten. Der Mord an Walter Rathenau geht direkt auf die angebliche Zugehörigkeit des Opfers zu den »dreihundert Weisen von Zion« zurück, von der der Attentäter felsenfest überzeugt war.

Auch in Frankreich, in England, in den Vereinigten Staaten fand das Machwerk gläubige Leser; neben Alfred Rosenberg und Julius Streicher haben Henry Ford und Louis-Ferdinand Céline seine Verbreitung tatkräftig gefördert.

Hitler schrieb im ersten Band von *Mein Kampf:*

»Wie sehr das ganze Dasein dieses Volkes auf einer fortlaufenden Lüge beruht, wird in unvergleichlicher Art in den von den Juden so unendlich gehaßten *Protokollen der Weisen von Zion* gezeigt. Sie sollen auf einer Fälschung beruhen, stöhnt immer wieder die *Frankfurter Zeitung* in die Welt hinaus: der beste Beweis dafür, daß sie echt sind. Was viele Juden unbewußt tun mögen, ist hier bewußt klargelegt. Darauf aber kommt es an. Es ist ganz gleich, aus wessen Judenkopf diese Enthüllungen stammen, maßgebend aber ist, daß sie mit geradezu grauenerregender Sicherheit das Wesen und die Tätigkeit des Judenvolkes aufdecken und in ihren inneren Zusammenhängen sowie den letzten Schlußzielen darlegen. Die beste Kritik an ihnen jedoch bildet die Wirklichkeit. Wer die geschichtliche Entwicklung der letzten hundert Jahre von den Gesichtspunkten dieses Buches aus überprüft, dem wird auch das Geschrei der jüdischen Presse sofort verständlich werden. Denn wenn dieses Buch erst einmal Gemeingut eines Volkes geworden sein wird, darf die jüdische Gefahr auch schon als gebrochen gelten.«

Zwei Jahre nach der »Machtergreifung« wurden die *Protokolle* zur Pflichtlektüre in den deutschen Schulen. Noch Ende 1944 hieß es im *Politischen Dienst* des Propagandaministeriums:

»In diesem Kriege geht es im Kern nur um die Brechung der jüdischen Weltherrschaft. Wenn es uns gelänge, die 300 heimlichen Judenkönige, die die Welt beherrschen, schachmatt zu setzen: **die** Völker dieser Erde fänden ihren Frieden.«

Eine der absurdesten Pointen des antisemitischen Massenwahns, dem die *Protokolle* als Vehikel dienten, hat Adolf Eichmann geliefert. Um den Untergang des Nazi-Reiches zu erklären, behauptete er 1961 vor dem Jerusalemer Gericht, Hitler selbst sei nur eine Schachfigur, eine Marionette in den Händen der »satanischen internationalen Hochfinanz der westlichen Welt« gewesen — womit er natürlich, wie Norman Cohn, der wichtigste Erforscher dieses ganzen Komplexes, bemerkt hat, »die geheimnisvollen, unsichtbaren, allmächtigen Weisen von Zion meinte.«

Aber auch nach dem Zweiten Weltkrieg war die Karriere der Hetzschrift keineswegs beendet. Geflüchtete Nazis wie Johann von Leers brachten die *Protokolle* in den Nahen Osten, wo sie auf breite Resonanz stießen. Der ägyptische Präsident Nasser pflegte das Buch an seine Gäste zu verschenken. In den achtziger Jahren gab es mindestens neun verschiedene arabische Übersetzungen und zahllose Auflagen der Broschüre, die auch in Saudi-Arabien, Libyen, dem Irak und dem Iran weite Verbreitung fand. Neuerdings brachten es die *Weisen von Zion* auch in Japan zu Millionenauflagen, und in Deutschland ist die Schrift seit 1986, leicht retouchiert, unter dem Titel *Wer regiert die Welt? Protokolle der Weltdiktatur* wieder lieferbar. Zugleich erlebt die Sage von der jüdischen Weltverschwörung in Rußland eine Renaissance; sie gehört zu den wichtigsten Programmschriften der Pamjat-Bewegung. Ein Ende dieses mörderischen Bucherfolgs ist nicht abzusehen.

Was aber haben die *Protokolle der Weisen von Zion* mit Maurice Jolys Dialog zwischen Machiavelli und Montesquieu zu tun? Welchen denkbaren Zusammenhang kann es geben zwischen Jolys radikaler Verteidigung der Demokratie gegen ihre Verächter und einer paranoischen Verschwörungstheorie, deren Konsequenz die »Endlösung« war? Gewiß, der Fall ist einzigartig und extrem; selten dürfte es einem Plagiator gelungen sein, ein Werk so vollkommen in sein Gegenteil zu verkehren; doch wirft er ein Licht auf die Praxis der Textmanipulation überhaupt. Das läßt sich an einem vergleichsweise harmlosen Beispiel zeigen. So ist es einer langen Serie von Bearbeitern gelungen, eines der skandalösesten Bücher der Weltliteratur in ein harmloses Kinderbuch zu verwandeln. *Gullivers Reisen,* ein Klassiker der Misanthropie, wurde so zur gemütlichen Gute-Nacht-Geschichte. Die Exegese der Bibel liefert weitere Beispiele dafür, daß ein Text — jeder Text — der Manipulation zu beliebigen Zwecken ausgeliefert ist. Es hängt nur von der Skrupellosigkeit des »Bearbeiters«, will sagen des Fälschers, ab, wie weit die Zerstörung des Originals geht.

Die Geschichte der *Protokolle der Weisen von Zion* ist bis heute nicht lückenlos aufgeklärt. Vermutlich geht die Fälschung auf das russische Büro der Ochrana, des zaristischen Geheimdienstes, zurück; als Verfasser vermutet Norman Cohn den Journalisten Elie de Cyon und den Polizeichef Pjotr Iwanowitsch Ratschkowski. Die Plagiatoren haben über 160 Stellen aus Jolys Buch benutzt. In neun Kapiteln machen die Entlehnungen mehr als die Hälfte des Textes aus. Zugute kam den Fälschern, daß der *Dialogue aux enfers* um das Jahr 1898, als die *Protokolle* entstanden, so gut wie vergessen war. Deshalb konnte erst 1921 durch einen Artikel in der Londoner *Times* die Quelle nachgewiesen und das angeblich authentische Papier als Fälschung entlarvt werden. Daraufhin mußten sich Gerichte in mehreren Ländern (in Berlin 1924, in Johannesburg 1934, in Bern und Basel 1935 und 1936) mit der Affäre befassen; natürlich stellte sich jedesmal heraus, daß die antisemitische Hetze auf Wahnvorstellungen beruhte. Freilich zeigt der Fall der *Protokolle* darüber hinaus, daß sich Delirium und bewußte Fälschung nicht ausschließen, daß die Literatur, wo das Copyright nicht mehr greift, prinzipiell vogelfrei ist und daß der Wahn, eben weil er Tatsachen nicht kennt, jede Widerlegung überlebt.

H. M. E.

Dieses Resumé stützt sich vor allem auf Norman Cohns Buch *Warrant for Genocide*, deutsch unter dem Titel *Die Protokolle der Weisen von Zion. Der Mythos von der jüdischen Weltverschwörung*. Aus dem Englischen von Karl Römer. Köln/Berlin: Kiepenheuer & Witsch 1969. Ferner wurde zu Rate gezogen: Hans Sarkowicz, *Die Protokolle der Weisen von Zion*. In: *Gefälscht! Betrug in Politik, Literatur, Wissenschaft, Kunst und Musik*. Herausgegeben von Karl Corino. Nördlingen: Greno 1988.

MAURICE JOLY

Rechenschaft im Kerker*
In einer schäbigen Arrestzelle der Polizeipräfektur schreibe ich diese Zeilen.

Verhaftet wurde ich auf Befehl der provisorischen Regierung der *Commune*, deren schwache Autorität ich im Verlauf des 31. Oktober im Rathaus verteidigt habe; verleumdet von nichtswürdigen Journalen, die schrieben, ich hätte »Herrn Jules Favre beleidigt und einen Pistolenschuß auf den General Trochu abgegeben«; angeklagt durch das Schweigen der Regierung, die diese erbärmlichen Vorwürfe nicht dementiert hat und ihnen außerdem noch die Last einer Inhaftierung hinzufügt — jetzt ist es an der Zeit, daß die Öffentlichkeit mich kennenlerne, so sie dies wünscht.

In langen Gefängnisstunden, in einem eiskalten Loch, beschließe ich, eine kurze Geschichte meines Lebens zu verfassen. Ein gefährliches Unterfangen, doch in der Lage, in die niederträchtige Feinde mich gebracht haben, entspricht dieser Entschluß dem Freimut meines Charakters noch am besten.

Arrestzelle der Polizeipräfektur,
am 4. November 1870

---

* Auszug aus *Maurice Joly, son passé, son programme, par lui-même*, Lacroix, Verbœckhoven et Cie, Paris 1870 (Aus dem Französischen von Dietrich Leube).

Ich wurde 1833, in den ersten Jahren der Regierungszeit Louis Philippes, in Lons-le-Saulnier geboren. Meine Mutter Florentine Corbara, italienischer Herkunft, ist mit den besten Familien von Bastia verschwägert.

Die Kürze meines Berichts erlaubt mir nicht, zu sagen, welch bewundernswerter Mutter Sohn zu sein ich das Glück habe.

Mein Großvater, Sproß einer Familie von Saint-Laurent-Laroche, die mit den Lorencin und den Saint-Leger verwandt ist, blieb in der Erinnerung der Menschen, die ihn gekannt haben, als einer vom Schlage jener, die mit seltener Energie ausgestattet sind, gepaart mit einer höchst unverblümten Originalität. Er war ein gelehrter Wissenschaftler und streitbarer Geist, unbeugsam in seinen Überzeugungen, gleichwohl ein glänzender Gesellschafter. 1813 wurde er aus dem hohen Amt*, das er bekleidete, entlassen, weil er zum Zeitpunkt unseres Zusammenbruchs eine Ode der Rache veröffentlicht hatte, von der ich freilich nur diese Strophe im Gedächtnis behalten habe:

Welch fürchterliches Schweigen
Herrscht über meinem trauernden Vaterlande!
Tyrannei und Wahnsinn
Haben es in einen gewaltigen Sarg verwandelt!

---

* Generalzahlmeister von Korsika. Er hieß Laurent Courtois. Mein Vater Philippe-Lambert Joly, geboren in Dieppe, erfreute sich eines ehrbaren Wohlstands und war bekannt ob seiner fortschrittlichen Ideen und seiner Unparteilichkeit. Fast zehn Jahre lang war er, unter Louis Philippe, Mitglied des jurassischen *Conseil général*.

Er bestritt aufs entschiedenste Napoleons I. Genie und rechtfertigte seine Ansicht mit den lebhaftesten Gründen, die damals jedoch verlacht wurden. »Er ist trotz allem ein großer Mann«, pflegte man ihm zu sagen. »Ein großer Räuber«, entgegnete er stets unbeirrt, und ich muß gestehen, daß ich über die sonderbaren Vorstellungen meines Großvaters als Kind gleichfalls lachte ...!

Der Abscheu vor dem Gymnasium war das oberste meiner Prinzipien. Ich entfloh all diesen gräßlichen Anstalten, auch wenn meine Mutter Tränen vergoß, und obgleich ich noch ein Kind war, bezeugte ich ihr mitunter auf so handgreifliche Weise meine Unfähigkeit, mich der Ordnung zu beugen und irgend etwas nach dem System der Oberschulen zu lernen, daß sie mich einen Satan hieß und mich lachend wieder zu sich nahm.

Die Legende, die ich in meiner Vaterstadt hinterlassen habe, besagt, ich sei nacheinander aus fünf Gymnasien geflüchtet, dem in Lons-le-Saulnier, dem in Dôle, in Dijon, in Châlons und in Besançon; und die Legende ist wahr.

Meine Mutter, die mir in allem meinen Willen ließ, und mein Vater, der meinen Eigensinn nicht zu bezwingen vermochte, ließen schließlich die Zügel locker, und in Dijon bestand ich das Zweite Examen in Literatur nur durch allergrößten Zufall.

Ich übergehe die Kindheits- und Jugendabenteuer, die hier fehl am Platze wären.

Freunde besaß ich bald hier, bald dort; ich habe die seltsamsten Menschen getroffen, meinem eigentümlichen Charakter entsprechend; ich habe die sonderbarsten Geschichten erlebt, denn nie war es mir möglich, einen Umweg einzuschlagen, um an das Ziel zu kommen, das ich mir gesetzt hatte und zu dessen Erlangung ich stets eine hartnäckige Willenskraft entfaltete, die Willenskraft meines Großvaters.

1849 unterbrach ich mein Studium der Rechte in Dijon, um in Paris den Spuren eines meiner Freunde zu folgen, dessen Geist und Gebaren einen Einfluß auf mich ausübten, so stark wie der, den einst Venture auf Jean-Jacques Rousseau ausgeübt hatte. Wir trennten uns nach einigen gemeinsam verbrachten Monaten, in deren Verlauf sich mancherlei Mißgeschick zutrug und wir das zu betreiben versuchten, was man in der Provinz »Literatur« nennt.

Eines schönen Tages befand ich mich in Paris ohne alle Mittel und mit meiner Familie zerstritten, die meine Abenteuer zutiefst mißbilligte. Ich war zwanzig Jahre alt; unendlich schüchtern und zugleich ohne jede Furcht, maß ich mir keinerlei Wert bei und erachtete die »Talente«, die man mir im Gymnasium nachgesagt hatte, für die Albernheiten eines Provinzlers.

Während ich nicht wußte, was ich tun sollte, stöberte ich eines Tages am Grunde meines Koffers und entdeckte eine Korrespondenz meines Großvaters mit hohen Persönlichkeiten des Ersten Kaiserreichs; ich dachte, ich könnte aus diesen Papieren vielleicht Nutzen ziehen.

Das war 1851, einige Monate vor dem Staatsstreich; ich unternahm ein paar Vorstöße, ich knüpfte die Beziehungen auf hoher Ebene wieder an, über die mein Großvater zu einer Zeit verfügt hatte, als er Generalsekretär des Marine- und Kolonialministeriums in Neapel war. Kurz gesagt, man bot mir einen mit 800 Francs dotierten Posten im Rathaus an. Einer der Freunde meiner Familie, in bester Stellung in Paris, führte mir vor Augen, daß es einer Verhöhnung gleichkomme, mir eine so geringe Beschäftigung zu offerieren. So wurde ich zum Attaché im Innenministerium ernannt, dessen Generalsekretär damals Herr Chevreau war.

Da ich durchaus nicht über hinreichende Mittel verfügte, um unter die Leute zu gehen, und unfähig war, auch nur den kleinsten Vorteil auszunutzen und Intrigen zu spinnen, vergaß man mich; und als ich einige Zeit nach dem Staatsstreich auf eine Besoldung angewiesen war, um leben zu können, gab man mir auf mein Gesuch hin eine mit 1200 Francs bezahlte Stelle bei der Regierung.

Dies ist die ganze Geschichte meiner Beziehungen zur kaiserlichen Beamtenschaft. Aus alldem hat man den falschen Schluß gezogen, ich sei Sekretär der Prinzessin Mathilde gewesen. Wäre dies wahr, so wäre ich es mit der Arglosigkeit gewesen, die mich zu jener Zeit kennzeichnete; als Kind der Provinz hatte ich den Ereignissen während des

Staatsstreichs zugesehen, ohne etwas davon zu begreifen. Ich interessierte mich nicht für Politik, ich suchte meinen Lebensunterhalt zu verdienen, und wenn ein Fürst oder eine Fürstin mich als Sekretär hätte haben wollen, so hätte ich das Angebot, befangen in den romanhaften Vorstellungen des Jugendalters, wahrscheinlich in Betracht gezogen und dankbar angenommen. Doch von dergleichen war nie die Rede, und ich frage die Dummköpfe oder die Böswilligen, wo sie diesen Unsinn hergeholt haben, mit dem man einen Mann zu treffen versucht, dessen ganzes Leben der Verleumdung zu trotzen vermag.

Ganze sieben Jahre verbrachte ich als Expedient bei der Regierung, arbeitete ohne jedes Ziel auf dem Gebiet der Literatur, der Kunst, der Politik und verbrachte meine Zeit zumeist in den Bibliotheken, ganz selten nur im Ministerium.
[...]
Wenn freilich der Ministerialbeamte, zumindest im Zweiten Kaiserreich, irgendeine Qualität zu besitzen schien, so war er in den Kanzleien unerwünscht. Meine Schrift über politische Ökonomie mißfiel; man forderte mich auf, diese Art von Arbeit einzustellen und mich statt dessen in meiner soviel ernsthafteren Beschäftigung als Expedient zu vergraben. Ein übler Mensch, dessen Namen ich lieber verschweigen will, Herr von C.,* behandelte mich

---

* Ein dreister Bonapartist; ich glaube, man hat ihn aus der Verwaltung hinausgeworfen oder wird es bald tun.

mit Unverschämtheit; ich warf ihm meine Kündigung ins Gesicht.

[...]

Das Jahr 1860 begann; ich wußte nun, was ich von meiner Arbeitskraft und meinem Willen erwarten konnte. Ich wurde Mitglied der Anwaltskammer, hielt Plädoyers, hatte damit leidlichen Erfolg. Herr Jules Favre, derselbe, der mich zur Zeit im Gefängnis festhält, war damals Präsident der Kammer. Er hatte von mir gehört; er begegnete dem noch wenig bekannten und ziemlich orientierungslosen Referendar mit Wohlwollen.

[...]

1862 kümmerte ich noch immer vor mich hin, da ich mich keinem Klüngel angeschlossen hatte und nach wie vor die kleinen Kniffe verschmähte, die zum Erfolg verhelfen.

Ich hatte Plädoyers gehalten in großen Verfahren wie in kleinen; doch von Geld keine Spur. Ich hauste in einer Mansarde.

[...]

Von 1863 bis 1864 scheint der Geist der Öffentlichkeit, erstarrt im Blutdunst des 2. Dezember, wieder zu erwachen.

Ab 1860 nahm ich als Anwalt am politischen Leben teil; ich begann das Kaiserreich zu verstehen, zu analysieren. Wenn meine Aufmerksamkeit sich eine Zeitlang auf einen Gegenstand richtet, gehe ich ihm auf den Grund; das liegt daran, daß ich umfangreiche allgemeine Vorstudien unternehme, ehe ich mich daran mache, die erste Zeile zu schreiben.

[...]

Kommen wir zum Jahr 1863. Ich spürte, daß mir dank beharrlicher Arbeit Krallen wuchsen, und es hatte sich sogar — ich muß es gestehen — der Wunsch nach Ruhm eingestellt. Wenn indes der Ehrgeiz ein hochgestecktes Ziel hat, darf man sich dann nicht dazu bekennen?

Seit einem Jahr dachte ich über ein Buch nach, das die entsetzlichen Breschen aufzeigen sollte, welche die kaiserliche Gesetzgebung in alle Zweige der Verwaltung geschlagen hatte, und die Abgründe, die sie aufgerissen, indem sie sämtliche öffentlichen Freiheiten mit Stumpf und Stiel ausmerzte.

Ich erwog, daß ein Buch in strenger Form von den Franzosen nicht gelesen würde. So bemühte ich mich, meine Arbeit in eine Form zu bringen, die unserem sarkastischen Geist gemäß wäre, der seit Beginn des Kaiserreichs genötigt war, seine Angriffe hinter Täuschungsmanövern zu verbergen. Ich dachte an eine Geschichte des spätrömischen Kaiserreichs; da entsann ich mich mit einem Mal des Eindrucks, den ein Buch auf mich gemacht hatte, das nur Liebhabern bekannt ist und den Titel trägt *Dialog über den Getreidehandel*, geschrieben von dem Abbé Galiani.

Lebende oder Tote sich über die gegenwärtige Politik unterhalten zu lassen — das war die Idee, die mir kam.

Eines Abends, als ich unweit des Pont Royal am Seineufer entlangging, bei einem Matschwetter, an das ich mich noch heute erinnere, kam mir plötzlich der Name Montesquieu in den Sinn als Inbegriff einer ganzen Richtung von Gedanken, die ich ausdrücken wollte. Wer aber konnte Montesquieus Gesprächspartner sein?

Ein Einfall schoß mir durch den Kopf: Donnerkeil! Es war Machiavelli!

Machiavelli als Verkörperung der Gewaltpolitik neben Montesquieu, der die Politik des Rechts vertritt; und Machiavelli sollte Napoleon III. sein, der höchstpersönlich seine abscheuliche Politik darstellen würde.*

Die Idee war gefunden. Die Durchführung begann nach unendlichen Recherchen, und ich will mich hier nicht bei den Schwierigkeiten aufhalten, die sie bereiteten. Ich dachte daran, das Buch in Frankreich erscheinen zu lassen; doch der Drucker Bourdier, dem ich gesagt hatte, es handle sich um die Übersetzung eines englischen Autors namens Macpherson, erkannte Napoleon III. bereits nach drei Dialogen wieder. Er weigerte sich, den Druck fortzusetzen.

Es war in der Ferienzeit, ich fuhr nach Belgien. Ich hatte folgenden Plan:

Da ich den frivolen Sinn der Franzosen und den heftigen Neid kannte, den neue Talente hervor-

* Die zweite Auflage, die im Druck ist und in Sainte-Pélagie unter dem Diktat der Ereignisse entstand, wird ein weit fesselnderes und umfangreicheres Bild bieten als das, welches das Publikum kennt.

rufen, wollte ich das Werk ohne Angabe eines Verfassers veröffentlichen. Ich war sicher, daß niemand auf das Buch aufmerksam würde, wenn es in Paris erschiene, daß man es jedoch vielleicht mit Genuß läse, wenn es als ein verbotenes Werk und als Schmähschrift gegen das Kaiserreich eingeführt würde.

Ich bezahlte 2500 Francs aus eigener Tasche, um das Werk in Brüssel* herauszubringen; man druckte eine hohe Auflage, und als diese Arbeit beendet war, zettelte ich auf eigene Faust eine regelrechte Verschwörung an, um das Werk nach Frankreich zu schaffen: Ich setzte mich mit fünf Kolporteuren in Verbindung, die nacheinander über die Grenze gehen und in Paris Depots anlegen sollten. Das Werk würde dann heimlich allen bekannten Politikern zugespielt werden; einmal bekannt geworden und gesucht, bekämen die ausgewählten Zwischenhändler den Auftrag, es unter dem Ladentisch zu verkaufen.

Gedacht, getan. Ich gab noch einmal 2000 Francs für den Druck und die Kosten des heimlichen Transports aus. Das in die verschiedensten Richtungen gestreute anonyme Werk rief die unerwartetste Wirkung hervor. Man riß sich die Exemplare aus der Hand; tausend Gerüchte waren über den wahren Verfasser dieser menippeischen Satire in Umlauf. Man nannte den Herzog von Aumale, Herrn Changarnier, Marc Dufraisse. Ich war darüber aufs höchste amüsiert.

* Beim Drucker und Verleger Mertens.

Da werden plötzlich an einem einzigen Tag fünfzig Durchsuchungen in Paris vorgenommen; der Falke der Polizei stößt auf sämtliche Zwischenhändler nieder. Ich wurde von meinen Kolporteuren verpfiffen, die, nachdem ich bereits mehrmals in eine Falle gelockt worden war, am Ende meinen Namen und meine Adresse kannten, und ich bedaure wahrlich, nicht die Zeit zu haben, um von den seltsamen, manchmal tragischen Episoden zu erzählen, den Treibjagden, deren Opfer ich war.

[...]

Wegen einer Veröffentlichung in Frankreich hat man mich verhaftet, vor Gericht gestellt und verurteilt, obwohl das Werk in Belgien erschien; Urteil des Kaiserlichen Gerichtshofs, Urteil des Kassationshofs; ich gehe durch alle Instanzen, und vor allen Instanzen verteidige ich mich selbst, nur nicht vor dem Kaiserlichen Gericht, wo ich Herrn Desmarest als Verteidiger hatte, der ebenso edelmütig und warmherzig wie hochbegabt ist. Achtzehn Monate Gefängnis, sechs Monate Prozeßdauer, in summa: zwei Jahre meiner Laufbahn verloren.

Sainte-Pélagie öffnete mir seine Pforten; immerhin hatte mir das Kaiserreich den Aufenthalt in der Arrestzelle der Polizeipräfektur erspart, in der ich mich zur Zeit befinde, schlotternd vor Kälte und an einem Rheuma des Ischiasnervs leidend, das ich mir in Bonapartes Gefängnissen zugezogen habe.

Wäre ich Bonaparte zu Diensten gewesen, so wäre ich heute wahrscheinlich unter den Machthabern und einer der Dezemvirn der Republik. O Schicksal, undankbares Schicksal, das nur die Höflinge begünstigt! Nichts wird mich jemals für das entschädigen können, was ich erduldet habe!

Das ganze Jahr 1866 und die Hälfte des Jahres 1867 verbringe ich im Gefängnis.

[...]

Zum Glück nähere ich mich dem Ende dieses langen, gleichwohl ungemein verkürzten Lebensberichts, und ich bitte den Leser, mir noch ein wenig Aufmerksamkeit zu schenken.

Ich glaube, daß die Revolution vom 4. September 1870 zu meiner Genesung beigetragen hätte, wäre die Republik nicht gleichzeitig von äußeren und inneren Feinden heimgesucht worden; die Preußen als Sieger über Frankreich auf allen Schlachtfeldern, bei allen Belagerungen; das alte Frankreich zu Boden gedrückt von der Faust des Herrn von Bismarck...! Doch warum darüber viele Worte verlieren? Am 7. September verließ ich unter Schmerzen mein Bett und begab mich ins Innenministerium.

[...]

Nun bleibt mir nur noch zu sagen, wie sich die provisorische Regierung mir gegenüber verhalten hat.

[...]

Was tut die Staatsmacht? Sie läßt die Plakate abreißen, die ich zu meiner Verteidigung hatte anbringen lassen. Doch nicht genug damit: Sie sperrt mich ein, stopft mir den Mund, und während ich hinter Gittern und mundtot gemacht bin, können die Rufmörder in aller Ruhe weiterhin ihrem Geschäft nachgehen.

[...]

Hier der Wortlaut der Anklageschrift:

»Besagter (Maurice Joly) ist angeklagt, sich folgender Verbrechen schuldig gemacht zu haben:

1. Des Attentats mit dem Ziel, einen Bürgerkrieg anzuzetteln, mittels Bewaffnung der Bürger oder Verleitung der Bürger, gegeneinander die Waffen zu ergreifen; Art. 91 des Strafgesetzbuchs.

2. Der willkürlichen Beschlagnahmung im Sinne des Artikels 341 des Strafgesetzbuchs.

3. Des Delikts der Nötigung, wie es Artikel 307 unter Strafe stellt.«

Diese Verfälschung der Tatsachen ist eines Inquisitionsgerichts würdig; dies ist ein machiavellistischer Akt, dessen Bonaparte sich nicht hätte zu schämen brauchen.

[...]

Ich komme zum letzten Teil meiner Sache, und dieser ist zweifellos der schwierigste.

Ich habe in wenigen Worten mein Leben geschildert, und nun soll man erfahren, welche Idee ich vertrete und wie es kommt, daß mir nach so vielen Kämpfen, so vielen Mühen, nach einer über jeden Zweifel erhabenen Existenz der Zugang zur Politik so lange verschlossen blieb.

Zu Beginn meiner schriftstellerischen Laufbahn hatte ich das Pech, zwei oder drei Zeitungen anzugreifen. Ich habe mich mehrfach gegen diese feudale und monopolisierte Presse aufgelehnt, die das Kaiserreich zur Verherrlichung seiner Anhänger und zur Vernichtung seiner Feinde geschaffen hatte.

Die Presse des Kaiserreichs hat mich mit ihrem Haß verfolgt, sie hat mich lebendig begraben und einen Stein auf mich gewälzt, den meine verzweifelten Anstrengungen hin und wieder um ein weniges anzuheben vermochten.

[...]

All das habe ich zehn Jahre lang erduldet, und das war anders nicht möglich, übte doch die Presse des Kaiserreichs eine Tyrannei aus, die so hassenswert war wie das Kaiserreich selbst.

Heute sind die Rollen völlig vertauscht. Wenn die Republik die entsetzliche Krise, die sie augenblicklich durchmacht, überwindet, so wird die völlige Pressefreiheit jegliche Unterdrückung der Presse verhindern, und keine Journaille wird mehr sagen können: »Das ist ein Mann, der uns mißfällt, wir werden ihn beseitigen.«

[...]

Und wohlgemerkt: Was ich im *Streit in der Hölle* angeprangert habe, was ich in der *Kunst, zum Erfolg zu gelangen* bloßgestellt habe, das ist das Übel, an dem die Gesellschaft stirbt; denn das *savoir-faire* ist es, das »Gewußt, wie«, das in allen öffentlichen Ämtern an die Stelle des Verdiensts getreten ist und das die Katastrophe Frankreichs herbeigeführt hat, selbst auf dem Schlachtfeld, wo sein uraltes Ansehen zunichte wurde.

[...]

Was ich als Idee, als politisches Programm vertrete, werde ich jetzt zum Abschluß sagen.

Erst mit fünfundzwanzig Jahren begann ich, ein paar allgemeine politische Vorstellungen zu entwickeln, und von fünfundzwanzig bis vierzig Jahren — das ist ungefähr mein jetziges Alter — hat sich in meinem Denken eine geradlinige Entwicklung vollzogen.

Erzogen von einer katholischen, mit einer unvergleichlichen Seele begabten Mutter, habe ich mich erst durch das Studium der Philosophie vom Katholizismus gelöst; auch für den umgekehrten Weg gibt es Beispiele, doch handelt es sich hier um *mein* Credo, nicht um das von anderen.

Aus der tiefen Überzeugung eines Mannes, dessen Intelligenz den höchsten Grad ihrer Reife erreicht hat, erkläre ich: Der Katholizismus ist ein Übel, das die französische Gesellschaft beseitigen muß, will sie die Sitten erneuern, welche der Katholizismus mit einem unauslöschlichen monarchischen Siegel geprägt hat.

Ich erinnere an das Schisma, das England gerettet, das große Amerika geschaffen und die Würde aller freien Länder begründet hat.

»Keinerlei Verbindung von Kirche und Staat!«, so lautet meine Losung in dieser Frage. Alles, was ich in dieser Hinsicht noch sagen könnte, wäre nichts als eine Erweiterung und eine zusätzliche Erörterung von Prinzipien.

Der Sozialismus erscheint mir als eine neue Lebensform für Völker, die sich von den Traditionen der alten Welt gelöst haben. Ich heiße eine große Zahl von Lösungen gut, wie sie der Sozialismus anbietet.

Doch ich mache dabei mehrere Einschränkungen: Zunächst mißfällt mir das Wort, weil es zu allgemein ist und weil sich ein Volk, das sich erneuern will, an Dinge und nicht an Worte halten muß, es sei denn, die Worte bezeichneten vollkommen eindeutige Vorstellungen.

Daher antworte ich klipp und klar und ohne Einschränkung: Ich lehne den Kommunismus als soziale Kraft oder als politische Institution rundweg ab. Und indem ich dies tue, wird ersichtlich, daß ich diejenigen, an die ich mich wende, nicht hinters Licht führe, wie dies gewisse Kandidaten tun, die bei allen extremen Parteien aus ihrem Schweigen Nutzen ziehen.*

Ich bin Revolutionär, doch verstehen wir uns recht: Zu sagen, man sei für alle Zeiten Revolutionär, wäre Dummheit; doch nicht Revolutionär zu sein, wenn man sich mitten in einer Revolution befindet, wäre ebenfalls eine Dummheit.

Ich bin Revolutionär, weil Frankreich mindestens fünfzig Jahre der Revolution nötig hätte, um seine Sitten und seine Einrichtungen zu erneuern. Da es nun aber unwahrscheinlich ist, daß ich neunzig Jahre alt werde, so laufe ich Gefahr, mein ganzes

---

* Der Kommunismus ist nur eine sozialistische Richtung unter vielen. Man kann sich einen Sozialisten nennen, ohne Kommunist zu sein, gleichwie man sich einen Christen, Protestanten oder Deisten nennen kann, ohne Katholik zu sein.

Leben lang Revolutionär zu bleiben, das heißt, mich fortgesetzt bis zu meinem Tode darum zu bemühen, unserem unglücklichen Land dabei zu helfen, sich zu wandeln.

In der Politik billige ich die extremen Mittel, um zu einem notwendigen und wohldefinierten Ziel zu gelangen; darin bin ich Jakobiner. Aber ich liebe keine Nachahmungen, und bei meinen Handlungen würde ich nie diese oder jene historische Persönlichkeit kopieren.

Man hat gesagt, Frankreich sei ein Land von Affen. An diesem Vorwurf ist etwas Wahres. Hören wir auf mit der Nachahmung! In der Politik wie in der Kunst gibt es immer Menschen, die Neues hervorzubringen verstehen, wenn man sie nur gewähren läßt.

Praktisch gesprochen, muß man alles wollen, was in allgemeiner Hinsicht erwiesenermaßen gut ist; doch man darf keinen Trugbildern hinterherlaufen und sein Vertrauen nicht Narren schenken. Seit zwanzig Jahren vermag Frankreich nicht mehr zwischen wirklich starken oder zumindest rechtschaffenen Menschen und Possenreißern, Scharlatanen und Dummköpfen zu unterscheiden. Es ist Zeit, damit anzufangen.

Ich befürworte die Dezentralisierung bis zum äußersten. Frankreich wird sich erst wieder beleben, wenn es den Geist seiner Provinzen wiederhergestellt haben wird; seltsamerweise hat der schreckliche Krieg, der uns verheert, jüngst bewiesen, daß die

Aufteilung Frankreichs in Departements das Land weit mehr zerstückelt hat, als es die Beibehaltung der alten Aufteilung in Provinzen bewirkt hätte.

Ich habe Verständnis für eine zeitweilige Diktatur oder ein Dezemvirat wie das *Cemité de salut public,* wenn es um das Wohl des Vaterlands geht. Ist aber das Vaterland einmal gerettet und die legale Ordnung wiederhergestellt, so wünsche ich mir eine Regierung, die so unauffällig wäre, daß man sie kaum wahrnähme.

Doch wie viele Stürme, bis man dahin gelangt sein wird ...! Was mich betrifft, so habe ich, wenn mir mein Land, wie immer sein wechselvolles Schicksal verlaufen möge, eine bescheidene Stelle in der Führung seiner Angelegenheiten einräumt, eine Devise gewählt, die der Natur meines Geistes und meines Temperaments entspricht:

Wer mit Energie, mit Leidenschaft die praktischen Dinge angeht und dabei auf den Beifall des heutigen Tages verzichtet, wird den Beifall des morgigen Tages verdienen.

Geschrieben in der Conciergerie
am 7. Oktober 1870 um Mitternacht
Maurice Joly

[Maurice Joly hat am 16. Juli 1878 in Paris seinem Leben ein Ende gemacht.]

SCHRIFTEN
VON MAURICE JOLY

Sur l'adresse du Corps législatif, Dumineray 1861.
La Question brûlante, Dumineray 1861.
Le Barreau de Paris, Études politiques et littéraires, Paris 1863.
Dialogue aux enfers entre Machiavel et Montesquieu, ou la politique de Machiavel au dix-neuvième siècle, par un contemporain, Mertens, Brüssel 1864.
César, 1865.
Les Principes de 89, 1865.
Recherches sur l'art de parvenir, 1868.
Maurice Joly, son passé, son programme, par lui-même, Lacroix, Paris 1870.
Les Affamés. Études de mœurs contemporaines, Paris 1876.

INHALT

VORBEMERKUNG *(S. 5)*

ERSTER TEIL

Erstes Gespräch: Gewalt geht vor Recht (S. 7)
Machiavelli eröffnet das Gespräch und verteidigt die These, alle erfolgreiche Politik stütze sich auf das Prinzip der Herrschaft durch List und Gewalt. — Er lobt die Despotie als beste Regierungsform.

Zweites Gespräch: Der Sieg der Vernunft über die Macht der Gewalt (S. 21)
Montesquieu erwidert: Politik muß verpflichtet sein auf die Verwirklichung der Prinzipien der Moral. — Eine Wiederherstellung der Despotie unter den Bedingungen des etablierten Rechtsstaats ist nicht möglich.

Drittes Gespräch: Prinzipien des Rechtsstaats (S. 29)
Die Idee des Rechtsstaats leitet sich ab aus dem Prinzip der Gleichheit aller Bürger. — Die Staatsmacht ist an das öffentliche Recht gebunden. — Die Rechtsordnung wird gesichert durch das Prinzip der Gewaltenteilung.

Viertes Gespräch: Der Wille des Volkes (S. 44)
Machiavelli wendet ein: Das Prinzip der Volkssouveränität birgt erhebliche Sprengkraft in sich. — Die Politik der Balance der Gewalten vermag den Klassenwiderspruch (arm — reich) nicht aufzulösen. — Die Volkssouveränität zerstört alle Stabilität und führt zu Revolution und Anarchie.

Fünftes Gespräch: Vertrauen in die Vernunft des Volkes (S. 57)
Montesquieu beharrt: Die Stärke des Rechtsstaats beruht auf dem Bekenntnis zu den moralischen Überzeugungen und auf der übereinstimmenden Meinung des Volkes über den hohen Wert der gewonnenen Freiheit.

Sechstes Gespräch: Vorzüge des liberalen Staats (S. 68)
Die staatliche Ordnung basiert auf dem Prinzip der Volkssouveränität. — Alle staatlichen Organe sind zur Förderung des Gemeinwohls verpflichtet. Dies ermöglicht die ungehinderte Entfaltung des industriellen Fortschritts.

Siebentes Gespräch: Der moderne Despot und seine Chancen (S. 77)
Machiavelli dagegen behauptet: Die Macht aller Einrichtungen des Rechtsstaats reicht nicht hin, um das Entstehen einer modernen Despotie zu verhindern. — Die öffentliche Meinung kann manipuliert werden. — In der Hand eines Despoten lassen sich die staatstragenden Institutionen zu Machtmitteln »umkehren«.

ZWEITER TEIL
Machiavelli zieht die Gesprächsführung an sich.

Achtes Gespräch: Griff nach der Macht (S. 91)
Eine Krise läßt sich zum Staatsstreich nutzen. — Widerstand wird durch Terror entmutigt. — Geeignete Maßnahmen zur Popularisierung des Diktators und Scheinbekenntnis zu den Prinzipien des Rechtsstaats.

Neuntes Gespräch: Entmachtung des Parlaments (S. 107)
Die Machtergreifung wird durch Volksentscheid legalisiert. — Vorlage einer eigenen, vom Volk zu billigenden Verfassung. — Die Macht des Parlaments wird durch Einschränkung seiner Befugnis auf die bloße Abstimmung über Gesetzesvorlagen des Diktators beseitigt.

Zehntes Gespräch: Verkehrung der Funktion des Senats (S. 123)
Die Kontrollfunktion des Senats wird infolge der vom Volk sanktionierten, aber einseitig auf den Diktator zugeschnittenen Verfassung aufgehoben, der Senat zu einem Rechtfertigungsorgan aller vom Diktator vorgesehenen Eingriffe in die bestehenden Rechte umgewandelt.

Elftes Gespräch: Beschneidung der Pressefreiheit (S. 138)
Neugründungen kritischer Zeitungen werden durch Einführung der Genehmigungspflicht unterbunden, bestehende Blätter durch fiskalische Belastungen unterdrückt, bei Pressevergehen erfolgt außergerichtliche Ahndung. — Verbot der Berichterstattung über heikle Interna der politischen Institutionen.

Zwölftes Gespräch: Die Presse als Stütze despotischer Herrschaft (S. 152)
Die zu gründende regierungseigene Presse wird aufgefächert in offizielle, offiziöse und scheinbar unabhängige Blätter. — Kontrolle der Meinungsbildung in allen gesellschaftlichen Bereichen, verdeckt durch den Anschein der Pressefreiheit.

Dreizehntes Gespräch:
Eingriffe in die Versammlungsfreiheit und Rechtsprechung (S. 171)
Freie Vereine und Logen werden zum Zweck ihrer Kontrolle unterwandert. — Aufruhr wird inszeniert, um die Aktualisierung »ver-

staubter« Notstandsgesetze zu erzwingen. — Das richterliche Pflichtbewußtsein wird durch die Entlassung altgedienter Persönlichkeiten aufgeweicht.

Vierzehntes Gespräch: Die Justiz als Werkzeug der Macht (S. 186)
Die konservative Grundhaltung des für Grundsatzurteile zuständigen obersten Gerichtshofs wird zur Stützung der Staatsautorität systematisch ausgenutzt.

Fünfzehntes Gespräch: Manipulation der freien Wahlen (S. 196)
Voraussetzung für eine Kandidatur ist der Treueeid auf den Souverän. — Aufstellung gekaufter Kandidaten. — Unverhältnismäßige Wahlversprechen der Regierungstreuen. — Oppositionelle Wahlkreise werden durch zweckdienliche Aufteilung zerschlagen.

Sechzehntes Gespräch: Ausschaltung der kritischen Intelligenz (S. 209)
Die Freiheit der Lehre wird durch die Verbeamtung der Lehrenden aufgehoben, ebenso die freie Advokatur durch Einführung amtlicher Zulassungsbestimmungen. — Pakt mit der Kirche unter Androhung einer Abspaltung der Staatskirche von Rom.

Siebzehntes Gespräch: Aufbau eines umfassenden Polizeiapparates (S. 224)
Einsatz eines vielgliedrigen Geheimdienstes, von zivilen Spitzeln. — Bruch des Briefgeheimnisses zur Erlangung totaler Informationen. — Eine geheime Staatsschutzpolizei wird zur Verfolgung und Einschüchterung Andersdenkender aufgestellt. — Verschärfung des Strafvollzugs. — Duldung der Folter.

DRITTER TEIL

Achtzehntes Gespräch:
Die Pflicht zur Offenlegung des Staatshaushalts (S. 237)
Montesquieu legt dar: Das Prinzip der öffentlichen Kontrolle der Staatsfinanzen verhindert die Verwendung von Staatsmitteln zum Zweck der Errichtung einer Despotie.

Neunzehntes Gespräch: Verschleierung des Staatsbudgets (S. 249)
Machiavelli glaubt dagegen, daß durch eine großzügige Handhabung der Offenlegungspflicht die tatsächliche Verwendung der Mittel hinreichend verborgen werden kann.

Zwanzigstes Gespräch: Unauffällige Erhöhungen des Budgets (S. 264)
Die notwendige Aufstockung des ordentlichen Haushalts läßt sich am unauffälligsten durch einen »außerordentlichen« Haushalt bewerkstelligen. — Finanzierungstricks. — Etwaige Unruhe über die

wachsende Staatsverschuldung wird durch manipulierte Bilanzen beschwichtigt.

Einundzwanzigstes Gespräch: Errichtung eines Finanzmonopols (S. 280)
Die »Konsolidierung« der Schulden erfolgt durch die Aufnahme von Staatsanleihen und durch Minderung der eingegangenen Verpflichtungen. — Errichtung regierungseigener Banken und Intervention an der Börse.

VIERTER TEIL

Zweiundzwanzigstes Gespräch:
Festigung der Macht durch glänzende Erfolge (S. 293)
Durch ruhmreiche Kriege wird das Volk begeistert, durch exemplarische Maßnahmen die materielle Situation des Proletariats scheinbar verbessert.

Dreiundzwanzigstes Gespräch:
Höchster Wert: Das Prestige des Staats (S. 304)
Ein Berufsheer wird aufgestellt. — Kolossalbauten zum Ruhme des Staats und des Despoten werden errichtet. — Brot, Spiele und Orden für alle. — Der Bürger erhält als Diener des Staats ein neues Selbstverständnis.

Vierundzwanzigstes Gespräch: Der Potentat im Zenit seiner Macht (S. 320)
Das glanzvolle Auftreten des Despoten wird das Volk blenden, und der Potentat als Zentralfigur eines Persönlichkeitskults wird wie ein Gott verehrt werden.

Fünfundzwanzigstes Gespräch: Gesten der Liberalisierung (S. 336)
Das Parlament erhält die Erlaubnis, dem Machthaber Neujahrswünsche zu entrichten. — Unbedeutende Lockerung der Kontrolle über Provinzgouverneure.
  Schluß des Gesprächs:
Machiavelli: »Das alles ist nicht geträumt. Alles ist vollbracht. Das alles gibt es.«
Montesquieu: »Ewiger Gott, und das hast du geschehen lassen! . . .«

DOSSIER

Kurze Geschichte eines Plagiats (S. 353)
Maurice Joly: *Rechenschaft im Kerker (S. 359)*
Schriften von Maurice Joly (S. 377)

Ein Streit in der Hölle. Gespräche zwischen Machiavelli und Montesquieu über Macht und Recht von Maurice Joly ist im Januar 1991 als dreiundsiebenzigster Band der Anderen Bibliothek im Eichborn Verlag, Frankfurt am Main, erschienen.

Die Erstausgabe dieses Buches trug den Titel *Dialogue aux enfers entre Machiavel et Montesquieu ou la politique de Machiavel au XIXe siècle, par un contemporain*. Der Verfasser hat sie, ohne Nennung seines Namens, 1864 bei der Imprimerie A. Mertens in Brüssel publiziert.

Die Übersetzung von Hans Leisegang erschien erstmals 1948 im Richard Meiner Verlag, Hamburg, als erster Band der Neuen Philosophischen Bibliothek.

Dieses Buch wurde in der Werkstatt von Franz Greno in Nördlingen aus der Korpus Baskerville Monotype gesetzt und auf einer Condor-Schnellpresse gedruckt. Das holz- und säurefreie mattgeglättete 100 g/qm Bücherpapier stammt aus der Papierfabrik Niefern. Den Einband besorgte die Buchbinderei G. Lachenmaier in Reutlingen.

1. bis 7. Tausend, Januar 1991. Einmalige, limitierte Ausgabe im Buchdruck vom Bleisatz.

ISBN 3-8218-4073-0. Printed in Germany.

Von jedem Band der ANDEREN BIBLIOTHEK gibt es eine Vorzugsausgabe mit den Nummern 1—999.